平松洋子

ルポ
筋肉と脂肪
アスリートに訊け

The Reportage
Muscle and Fat;
Ask the Athletes

新潮社

目次／ルポ　筋肉と脂肪　アスリートに訊け

序章　スタートライン　7
一章　相撲とちゃんこ　15
国技を胃袋が支える
二章　プロレスと筋肉　49
食べなければ得られない
三章　プロテインか、青汁か　85
自分の肉体を表現する
四章　サプリメントの発見　119
身体表現の一部として
五章　筋トレとはなにか　143
筋肉は身近な宇宙である
六章　脂肪と健康　177
体脂肪計をつくったひとたち

七章　見えないものを見る　201
腸内環境を覗く

八章　「勝つ」ための栄養　213
「公認スポーツ栄養士」という仕事

九章　アスリートを支える食のプロフェッショナルたち　253
野球、サッカー、駅伝

十章　弱さとスポーツ　293
「感動物語」の背景にあるもの

十一章　身体と時代　335
二〇二一年東京オリンピックのあとで

それぞれの現在　360

おわりに　375

ルポ　筋肉と脂肪　アスリートに訊け

序章　スタートライン

一九六四年。東京オリンピックのとき、私は六歳だった。

マラソンもバレーボールも水泳も、テレビの画面に映る東京オリンピックの中継で初めて知ることになったが、目は釘づけになるのに、近くて遠い奇妙な感覚がつきまとう。なぜ枝のような細い身体で、しかも、たったひとりでひたすら走り続けられるのだろう。なぜ白いボールを腕が折れそうなほどの力で弾き返したり、真下に飛びこんで拾ったりできるのだろう。そういえば、スポーツという言葉を聞いたのも、東京オリンピックが始まる年だ。

もしスポーツが得意だったら、自分の人生も少しは違っていたのかもしれないと夢想することがある。

記憶をたどると、運動をめぐる自分への充たされない思いや焦燥の原点は、路上のゴム跳び遊びから始まった。やっぱり東京オリンピックの前後、輪ゴムを何十個も結んでつくった一本の長いゴム紐を近所の子たちと順番に跳ぶのが流行っていた。ゴムの両端をふたりの子がそれぞれ持って道端に立ち、地面と平行にぴんと張って二メートルほどの長さに伸ばす。最初の高さは地面すれすれ、次は足首、膝、腿、腹、腰……小刻みに地面から離していくのだが、腰以上の高さあたりから難度が上がり、チャレンジを繰り返すようになる。三センチ、五センチ、十センチ……慎重に引き上がるにつれて跳べなくなり、くやしいから、後方に下がって渾身のスピードで助走をつける。失敗は三回まで、それ以上になると列を外れるルール。肩の高さまで上がってしまうと、渾身の力で右足を振り上げても、ズック靴の先は空《くう》を切る。でも、近所の同じ学年のあの子は涼しい顔で宙を飛び、ゴム紐を足先に引っ掛けてくるりと反転する瞬間、おかっぱの髪が扇の形に広がって蝶のようだ。あたしだって、今度こそ。念じながら毎日のように熱中していたけれど、望みは叶わないまま、いつのまにかゴム跳びの流行りは終わった。

　親しんださまざまなスポーツの場面において、たいてい残念な自分がいた。運動会のリレー競走のとき、バトンを受け取って全力で走っても、追い抜かれないように走るのがせいぜい。五十メートル走、高跳び、懸垂、バレーボール、バスケットボール、卓球、目前に現れたスポーツの機会に触れるのはとても楽しいけれど、とくに上達もしない。鉄棒の逆上がりにしても、ほかの子がやってみせる地上に降りないまま片足だけ鉄棒に引っ掛けて何度もくるくる回る光景は、憧れを超えて夢まぼろしだった。あきらめたつもりはなくても、運動に長けた子をすごいなあ、うらやましいなあ、と仰ぎ見る心持ちのほうが勝るから、競い合いたい、負けたくないという野心は薄い。もちろん、クラスのみんなでやるドッジボールは、懸命にチームに貢献する覚悟を持って勝ちにこだわったけれど。

　あきらめずに続けたのは水泳だった。小学四年のとき、教師に「やってみないか」と声を掛けられ、当時「特別練習」と呼ばれていた放課後の水泳チームに所属していた。泳ぐことが好きだったから、体育の授業以外にも泳げる機会がうれしく、スカウトしてくれた教師の期待にも応えてみたい。プール開きから二学期の最初まで毎日のように「特別練習」に参加して黒光りするくらい日焼けしたけれど、ストップウォッチが刻むタイムは、チームのなかでは中の上止まり。声を掛けてくれた教師が、口にこそ出さなかったけれど、「なんだ、おまえはその程度だったのか」と、だんだん私に興味を失ってゆくのもわかっていた。中学のときは辞めていた水泳だったが、高校に入って性懲りもなく水泳部に入り、やっぱり控えの補欠選手として対抗試合のベンチを温めた。もっと速く泳ぎたい望みは捨てていなかったけれど、たいしたことのない自分を受け容れたうえで楽しく泳ぐ術《すべ》を身につけていた。受け容れなければ水のそばを離れるしかなかったし、プールという居場所をみずから手放す勇気は出なかった。

　あれは小学六年の夏だった。市が開催する学校対抗試合の日、炎天下のプールサイドで声を嗄《か》らしてチームメイトを応援しながら、ぴかりときた。自分は、選手として泳ぐ側ではなく、熱い視線を送りながら応援する側なのだ、と。どんなに回転レシーブや高速サーブの練習をしてみても、「アタックＮｏ．１」の鮎原こずえの姿に憧れるしかなかったように。

　スポーツをすることは、私にとって、少しずつ自分に落胆してゆくことを意味していた。どんなスポーツも、鍛錬を重ねながら技術を磨き、昨日より今日、先月より今月、去年より今年、つねに右肩上がりを糧《かて》として、実現の喜びや目的につなげる。高校時代には、クロール、平泳ぎ、背泳ぎ、バタフライをひと通り泳げるようになって個人メドレーをこなせるのはうれしかったけれど、さらにその先へ伸びるためにどんな練習方法があるのか、あるとしたらなにをすればいいのか、どうすれば自分が伸びるのか、結局わからず仕舞いの頭打ち。かといって、よし見ていろ、と競争心が騒ぐわけでもなく、ひっそりと図書館に向かう。挫折といえるほどの血の滲むような努力や鍛錬ができていたわけでもなく、スポーツをする私はどこまでも中途半端で、それがありのままの自分だった。

フィールドに立つ側ではなく、自分はスポーツを観る側なのだという自覚は、このようにして十代の頃に芽生え、根を下ろした。以来、それがどんなスポーツであっても、フィールドのなかに立つアスリートに対して、畏《おそ》れにも似た憧憬の感情を抱かずにはいられない。

一九七二年。札幌オリンピックのとき、私は十三歳だった。

純白の雪景色を突っ切って飛行するスキージャンプは、にわかには信じられない人間離れしたものだったし、スケートリンクで着氷に失敗しても愛くるしい笑顔のまま滑るジャネット・リンが銅メダルを首に掛けたとき、こんなきらめきが世界にはあったのか、夢なら覚めるな、とうっとりした。

いま、このようにして、網膜に刻まれたさまざまなアスリートの姿を媒介にすると、かつて自分にとって落胆をもたらしたスポーツとの距離がすこしだけ縮まってくる。きわだつ身体性、磨き上げた技能、それらを育んできた努力、克己心、精神力。勝っても敗れても、怪《け》我《が》や不調に苦しんでも、ふたたび立ち上がる姿の奥にあるものに思いを馳せようとすると、激しく揺さぶられ、なにか尊いものに触れる心地さえ抱く。

スポーツは、私を拒絶していたのではなかった。

息を詰めて目の前で繰り広げられる野球や駅伝や陸上競技やサッカーや相撲やテニスやフィギ

ユアスケートや、あらゆるスポーツの一場面、一瞬一瞬に接して固唾《かたず》をのむとき、自分の内部に化学反応が起こる。勝って欲しい、負けてくれるな、と前のめりになって応援するのとは少し違う。おかしな感覚だと笑われるかもしれないが、ほんのわずかだけアスリートの心身と混じり合い、身体の境界線が滲んで、ふっと同化するような共有感が飛来するのだ。ただのシロウトの妄想に過ぎないのに、アスリートは他者を受け容れてくれている、フィールドへ招き入れてくれていると思えるのはなぜだろう。

しだいに自問するようになった。

アスリートの身体と精神の内側に、私なりに分け入ることはできるだろうか。

生きる者すべての身体は食べたもので出来ているのは歴然たる事実だが、身体そのものを磨いて記録に挑み、目標を達成しようとするアスリートにとって、なにを食べるか、どのように食べるか、なにを食べないか、食べものをめぐる行為自体も重要な技術のひとつであり、そこにトレーニングと休息の質量が大きく関わってくる。そう考えれば、生身がもつ筋肉が、脂肪が、身体が、ひとりひとりのアスリートによってなされる表現に見えてきて、その厳しさに戦慄《せんりつ》さえおぼえ、想像もつかない未知の地平について知りたい、追ってみたい、書きたいという思いに突き動かされた。そして、虚心坦懐を心がけて取材を重ねていくと、スポーツの世界とそれぞれのアスリートの立つ地平には、驚きと発見と学びがぎっしりと詰まっていることに圧倒された。

密度と濃度に背中を押されて重ねた取材の旅は、足かけ五年にわたる。ルポルタージュとして本書に書き綴《つづ》ったのは、スポーツの世界のごく一部に過ぎないが、いっぽう、自身のフィールドへ招き入れてくれたアスリートたちと、彼ら彼女らに深く関わるプロフェッショナルたちのリアルな言葉の数々は、だれに対しても公平に開かれ、さまざまな示唆や気づきを与えながら思考をうながすものだ。

本書のゼロ地点で、まずひとつだけ紹介したい。

マツダ陸上競技部のエース、山本憲二《やまもとけんじ》選手に「トップアスリートの条件はなんですか」と訊《き》いたときの答えである。

間髪を入れず、山本選手が口にした。

「変化できなければ厳しいと思います。自分を変えて修正できなければ、いくらいい指導者がいても、すぐに限界がくる。いろんなものを考え、必要なことは柔軟に取り入れるために自分で思考を変えられなければだめだと思います」

（八章「『勝つ』ための栄養」）

思考と身体の回路をつうじ合わせ、みずからの修正を恐れず、変化を受け容れながら一瞬一瞬を更新してゆく——山本選手の言葉を聞きながら、アスリートに課せられた過酷な宿命を思い知らされ、まっ白なノートを開いた心地がした。

各人を取り巻く状況や環境には、コロナ禍をふくむ五年間のうちにそれぞれ大小の変化がある。アスリートの現在は、修正、試行錯誤、変化の連なりの線上にあるもの。だからこそ、一瞬一瞬に発せられた言葉には大きな意味がある。

しだいに思うようになった。アスリートが発する言葉や息遣いは、身体が上げる意志と感情の声なのだと。

私たちは、身体から離れては生きられない。その究極を表現するアスリートには、自分だけが知る身体の声がある。

「スポーツの祭典」という耳慣れない言葉を、おとなたちがさかんに連呼していた一九六四年。ちょっといじけた気分を味わいながら、飛び越えようとしてもいっこうに揺れないゴム紐を道端で見上げていたけれど、何十年も経ったらこんなふうに未知の扉が開いたんだよ、とあの頃の自分に教えてやりたい。

一章

相撲とちゃんこ

国技を胃袋が支える

- ●相撲部屋の朝稽古
- ●マッスルメモリー
- ●手探りで体重を増やす
- ●えびすこは強い
- ●ジョコビッチの「戒律」
- ●和食はアドバンテージである
- ●根性論では勝てない

江東区清澄《きよすみ》、二《に》所《しょ》ノ関《せき》一門の相撲部屋、尾車《おぐるま》部屋を訪ねたのは二〇一九年冬だった。東京の東、両国国技館にほど近い江東区や墨田区あたりには、相撲部屋が多く点在する。

朝八時。建物の前に立つと、りっぱな厚みの木札に揮毫《きごう》された「尾車部屋」の文字。墨痕《ぼっこん》鮮《あざ》やかな筆致を見上げていると、気合いを帯びた音が漏れ聞こえてきた。

ぱあん、ぱあん。

なにかを叩く鋭い音が断続的に聞こえてくるたび、路上の空気までぴりりと引き締まる。この音はなんだろう。

耳を澄ませて四、五回めの「ぱあん」が響いたとき、合点がいった。もう朝稽古が始まっているのだから、これは稽古の音なのだ。力士はなにを叩いているのだろう。

玄関に立って「おはようございます」とおとないを告げ、奥から出てきた男性にあらかじめ約束していた取材の用件を伝えると、すぐ稽古場に通された。

相撲部屋の稽古のようすは、「見学」という名目で一般に公開されているが、しかし、土俵の周囲には独特の緊迫感が張り詰め、おいそれとは部外者を寄せつけない空気がある。気後れしながら、土俵を取り囲んでカギ型に設置された座敷席におずおずと座った。

十人ほどの力士たちの全身がうっすら熱を帯びている。朝稽古はすでに始まっていた。

「いち、に、さん」

「に、に、さん」

「さん、に、さん」

ひとりの力士が号令を掛け、両脚を交互に高く持ち上げ、全員がそれぞれに四股《しこ》を踏んだ次の瞬間。

ぱあん!

路上まで聞こえていたのは、自分で自分の尻を叩く音だった。ゆっくり四股踏みを繰り返すたびに片手で尻を激しく叩くのは、自分に気合いを入れるためなのだろうか。一、二メートルの至近距離で見る力士の巨体にみなぎる、言葉を奪うほどの迫力。何人かは、足や手首にバンデージをぐるぐる巻きにしてカバーしているようすが痛ましいのだが、痛みこそが相撲という競技に関わるリアルな人間像に結びついているのかもしれない——そんな思いも脳裏をかすめた。

相撲の伝統的な稽古の基本は四つ。

四股　両脚を左右交互に上げ、手を膝に当て、力を込めて地面を踏みこむ。

鉄砲　鉄砲柱と呼ばれる太い柱を左右の手で交互に突きながら同じ側の足を出し、上肢と下肢の連動を鍛える。

股割り　左右に大きく両脚を開き、上半身を地面につける。

摺《す》り足　中腰の姿勢を維持したまま、足裏を摺るようにして地面から離さず進む。

いずれも相撲独特の鍛錬である。とりわけ腰を下へ深く落として重心を下げ、両脚の膝も深く曲げたままおこなう摺り足は、剣道、柔道、弓道などの武道、能や日本舞踊、茶道をはじめとする日本の伝統芸能の所作の基本形。爪先から歩を進め、床をすーっと摺るようにして前へ進むとき、足の裏は見えず、視線は一点を捉えたまま上体が揺らがない。この歩法をスムーズにおこなうためには、股関節、大腿《だいたい》四頭筋、腰椎《ようつい》、膝、足首などを連動させる高度な技術が要求され、さらに、上半身を前傾させずに美しく動くための強い集中力が求められる。日本の武道や伝統芸能の多くは、まず摺り足を身につけなければ成り立たないといわれる。

そもそも、「和の動き」なしには語れないのが相撲という競技である。たとえば「立ちしゃがみ」。取り組みを待つときから退場するまで、何度となく〈立つ／しゃがむ〉動きが繰り返される。または〈蹲踞《そんきょ》〉。取り組み前、取り組み後、仕切り線をはさんで対戦相手と向かい合うさいの礼の座法で、爪先で立ち、膝を折って腰を深く落とし、上体をまっすぐに起こしたまましゃがむ。この、独特の姿勢を取って股関節を割る日本古来の所作は、筋トレのスクワットに似ているように見えるけれど、じっさいに自分でやってみると、まったく違う動きだということがわかる。「蹲踞」には、「立ちしゃがみ」にも共通する独自のバランス感覚が武道の鍛錬として取り入れられており、剣道では、「蹲踞」は試合前に竹刀を合わせて相対する礼の形である。

繰り返し、丁寧におこなう摺り足もきわめてハードなものだ。

まず、土俵に上がり、ぐーっと腰を低く落としたまま両手を交互に前へ押し出し、その勢いとともに両脚に体重をかけ、足の裏を摺りながらぐっ、ぐっと勢いよく進む。この両方の掌《てのひら》を交互に前へ押し出す動きは、よく見ていると、どうやら足と手を連動させる役目を果たしているとわかってくる。

手の動きは、足の動きとは一見関係がないように見えるが、そうではない。

「人間の身体の中で、誰もがうねらず細かく割った動きができているのが、掌です。一瞬で全体がいっしょに動きます。伝言ゲームのように次々と伝わってというのではなく、同時並列的に動きます。同時並列的に処理できる動きは効率がいいのです。身体全体を掌化させるため、踏ん張らず膝を抜いて身体の落下を使えるように、また肩も下方へ十分落とせるようにしておきます。そしてそれらのより細かく割れた動きを合成して、働きのある動きを生み出すのです」

（甲野善紀著『古武術に学ぶ身体操法』岩波書店）

何度も繰り返される摺り足の鍛錬を見ていると、相撲は、身体全体を連動させる柔らかな筋肉をもとめる競技なのだと気づく。しかも、摺り足はウォーミングアップや基本の踏襲でありながら、トレーニングとしてきつい。

相撲の稽古の型には、身体操法の道理が数多く潜んでいる。しかも、力士の体重は百数十キロにおよび、負荷はいや増す。重心のバランスが崩れれば、動きのスピード感を損なうだけでなく、股関節や膝関節に大きな負担がかかるのだから、安定を心掛けなければならない。親方たちが口を酸っぱくして「相撲はとにかく基礎が大事」と諭《さと》し、最近の若い力士に怪我《けが》が多いのは「身体の柔軟性と安定性を高める基本の稽古をなおざりにしがちだから」と言われる意味が、地味な稽古の現場からも伝わってきた。薄紙を重ねるようにして日々鍛えた身体だけが、相撲がもとめる下半身の粘りや強靱《きょうじん》さを獲得させるのだろう。

　力士たちの背中に汗が噴き出し、吐く息がハッ、ハッ、ハッと荒くなってゆく。しかし、まだ朝稽古は始まったばかりだ。えんえんと続く「いち、に、さん」の号令、言葉を発する者はおらず、会話もない。一種独特の緊迫感のなかで粛々と進行する稽古をつうじて、力士たちが自身の四肢との対話を掘り下げている。そう思いいたると、四股や摺り足の動作ひとつ、手指から足の裏にいたるまでの動きが全身の筋肉のポテンシャルを高める集中作業に見えてきた。

　午前八時二十五分。

　髷《まげ》を結ったTシャツ、ハーフパンツの男性が入ってくると、稽古場の空気にあらたな緊張が走った。

　尾車部屋付き、第二十二代押尾《おしお》川《がわ》親方。二〇一九年一月、現役を引退したばかりの元豪風《たけかぜ》関である。二〇二〇年二月一日に両国国技館でおこなわれた「豪風引退　押尾川襲名披露大相撲」を控えていた。

　三十九歳で現役引退した東十両十二枚目、豪風。最高位は関脇。幕内準優勝一回、十両優勝一回、敢闘賞二回、金星一個。百七十二センチ、百五十二キロの小兵は、重心を低くして立合い、ここぞというとき後に引かない意志の強さを持ち味としてファンを魅了してきた。得意技は突き、押し、一本背負い。

「最年長」という冠を戴く存在としても、豪風は忘れがたい。一九七九年、秋田県生まれ、本名成田旭《なりたあきら》。金足《かなあし》農業高校柔道部から相撲部に転じ、中央大学に進学後、大学四年のとき全国学生相撲選手権で学生横綱を獲得。「身体が小さいから厳しい」と周囲から反対されながらも角界入りを決意し、尾車部屋の門を叩く。幕下付出《つけだし》での初土俵から三場所目で十両昇進、六場所目で新入幕を果たし、二〇〇八年一月場所、初の三賞を獲得。翌三月場所、新三役で小結に昇進。二〇一四年、戦後最年長の三十五歳で関脇昇進を記録し、話題をさらう。以降も、三十七歳で幕内での三場所連続勝ち越しの記録を達成。二〇一八年、三十八歳で果たした再入幕は、昭和以降二位の高齢再入幕。引退会見のさい「悔いはひとつもない」と話す姿にさわやかな潔さがにじんでいたのは、自身の相撲人生をまっとうした充足感があればこそだったろう。

　師匠の尾車親方は、愛弟子豪風の相撲人生を「努力と節制のたまもの」と評し、「横綱白鵬《はくほう》にも負けないくらいの準備運動を行って土俵に上がっていた」と語った。じっさい、故障に悩まされた相撲人生でもあった。二十代のとき網膜剥離で眼科手術を経験、三十代半ばには二度の右肘の手術とリハビリを経験しているのだが、そのたびに驚異的な復活力を発揮し、再起を繰り返す。原動力は、なんとしても相撲を続けたい、勝ちたい、勝って世話になった恩師や医師、家族に恩返しがしたいという執念にも似た強い気持ち。なみはずれた集中力と捨て身の生き方が、現役時代の豪風を支えた。巡業先では、稽古のあとの食事と風呂を終えたのち、さらに自分でトレーニングジムを探して通っていたというのだから、「努力と節制」は相撲を長く取り続けるための策であり、最大の武器であり防御でもあった。

　輝かしい実績をもつ大先輩が名跡《みょうせき》押尾川を引き継いで指導に当たるのだから、部屋の若手力士たちもいっそう気が引き締まる。稽古を見学するこちらにとっても、部屋の空気に漂う緊張感がひしひしと伝わってくる。尾車部屋を率いる尾車親方は、日本相撲協会の理事を五期にわたって務める相撲界の重責を担う（二〇二二年四月、六十五歳で定年を迎えるに当たり、初場所後に部屋を閉じた）人物なのだから、いっそう興味深い。

押尾川親方が、土俵全体を見渡す定位置に立つ。

「だらだら長い時間かけないぞ。短期集中でやるぞ」

切れのいい掛け声を発し、さっそく空気を引き締める。阿吽《あうん》の呼吸で新弟子が竹箒《たけぼうき》を使って土俵をきれいに均《なら》し、浄《きよ》めの塩がぱっと撒かれると、いよいよ取り組みの稽古が始まった。

バスッ。

どおおん。

がちーん。

シュッ。

土俵の上で巨体と巨体が正面からぶつかり合う重低音、破裂音、擦過音。肉体が激突するとき、こんなに多彩な音が立つものなのか。勝ち残り方式で次々に相撲を取り、押し出し、寄り切り、はたき込み、送りだし、引き落とし……息もつかせぬ申し合い稽古の総力戦だ。

うおっ。

はっ。

うすっ。

身体の奥底から吐き出される呼吸が、声にならない声となって土俵の上に響く。

押尾川親方の声が飛ぶ。

「押したらだめだ、やられるぞ」

「上に行ったらこういうでかいのがいるんだぞ」

「言われたことを意識して動かなきゃだめだ」

上位番付の力士の相撲を目の当たりにするのも、見《み》取《とり》稽古と呼ばれるりっぱな稽古だ。おなじ部屋に所属して稽古に励み合う仲間でありながら、同時に、ここでは自分以外のすべてがライバルである。

ぶつかり合い、転んで土俵の砂まみれになりながら立ち上がる力士たちの額や胸や背中に玉の汗が噴き出し、幾筋も滝のように流れ、髷が乱れる。肌がしだいにピンク色に染まってゆく。


「なにを訊《き》いてもいいっすよ」

押尾川親方に、尾車部屋の近くの喫茶店で話を伺うことになった。気さくで、嵩《かさ》にかかったところがない。「僕でいいのかな、ちゃんと答えられるといいんだけど」と、こちらを気遣うので恐縮する。手に持つアイスコーヒーのグラスがさすがに小さく見えるのだが、それでも現役時代より一年間で二十キロ以上体重が落ち、いま百三十キロを切ったあたり。

「現役のときはたくさん食べるのがしんどかったから、自分の場合は食事の量が少なくなると、痩せるスピードが速いんですよ。本当はもっとゆっくり、時間をかけて徐々に体重を落としていきたいんですけどね。あんまり体重が落ちるスピードが速いと、皮しか残んない」

ここの喫茶店の椅子は小さいから掛けにくくないですか、と訊くと「こないだもこの椅子に座って壊れなかったんで、全然大丈夫っす」。打てば響く言葉のはしばしにユーモアがある。

訊きたいことがたくさんあった。まず、幕内在位八十六場所の実績をもち、十七年もの長い現役生活を重ねた土台は、どのようにして培われたのかということ。その背景が見えてくれば、相撲と身体との関係が少しずつ解きほぐされてゆくように思われた。

――長く相撲を取りたい、現役を続けたいと意識し始めたのはいつごろからでしたか。

「三十過ぎた頃かなあ。でも、基本的にいつも『前に、前に』。振り返らず、攻めの姿勢で過ごしていたし、『あの身体でよく長くやってるな』と周囲に言われても、自分ではまったくそうは思っていなかった」

――三十代半ばで、肘の手術を二度も。ふつうなら心が折れかけます。

「大学を卒業して二十二でこの世界に入ったときの決意を思い出すと、こんなことで辞めるわけにはいかない、一生懸命治してまた相撲が取れるところまで持っていきたい、必ず這い上がってやるんだと思っていました。お医者さんや看護師さんが懸命に治療してくださる姿にも感動して、必ず勝って報告しにくるんだ、と。二度目の手術のときは、お医者さんが立てたプランよりずっと回復が早かった。野球選手なら肘の手術をしても次のシーズンまで数ヶ月の間があるけれど、僕らの場合は、一ヶ月半後には次の場所が来る。考えられない回復のスピードだと驚かれましたが、そのときも〝やるんだ、やるんだ〟という前に進む気持ちだけでしたね」

――深刻なダメージを抱えた身体を奮い立たせたものは、なんだったのですか。

「それは簡単ですよ、目標があるからです。もう一回三賞をもらいたい。勝ち越しじゃなく、三賞が欲しかった。三賞の表彰式というのは独特の空気があって、すごく好きなんです。なぜこれだけ長くできたか。自分で振り返ってみると、やると決めたらなにがなんでもやり遂げるための目標の持ち方がほかのひととは違っていたのだと思います。

　やっぱり長くがんばって、長くお客さんに応援してもらうとみなさんの記憶に残るし、記録にも残る。自分はそれが相撲道だと思うんですよね」

　なにを訊いても明快な言葉が返ってくる。

――ただ、気持ちは勝《まさ》っていても、入院生活やリハビリを経ると、鍛えていた筋肉はやはり失われがちではありませんか。

「いや、筋肉は覚えているんですよ。マッスルメモリー。ちゃんと自分の筋肉を記憶している。入院や手術をしてそのままなら筋肉はみるみる落ちていきますが、プランを立てて徐々に戻してゆくと、鍛えた筋肉はもとに戻せると経験上わかっていました。最初は飛ばしたら怪我をするので、三、四日間は基礎練習だけ。次は、当たる練習。その次に、本格的に相撲を取る練習。十日かけてもとの身体に戻しました」

「筋肉は覚えているんですよ」「マッスルメモリー」という経験値から導き出された実感に、説得力がある。筋線維の外側にはサテライト細胞があり、トレーニングによってサテライト細胞が分裂・融合し、あらたな筋線維をつくる。トレーニングをいったんやめても、つねに筋線維の外側に保持されているサテライト細胞によって、「マッスルメモリー」が発動されるのだ。以前、読んだ本のなかに、筋肉を活発に動かし続けると、脳と神経シグナルの交信が繰り返されることによって脳神経細胞が刺激を受け、活性化されるという一節があったことを思い出す。筋トレは、つまり脳トレであるという言説もよく聞く。厳しいトレーニングを積んで鍛えた筋肉は、それだけ脳の記憶に強く刻み込まれるからこそ、リハビリ期間を経たあとでも筋肉はもとに戻せるという経験と実績を、親方の言葉のなかに感じた。

――相撲においては、身体の重量そのものも大切な武器だと思うのですが、そもそも筋量がなければ体重は維持できない。

「そうです。だから、稽古しながら体重を増やしてゆく。ただ、過酷な稽古をしつつ太れというのは、その時点で矛盾している。だから、意識的に食べなきゃだめなんです。ビタミンや繊維質も摂《と》らなきゃならないけれど、それだけじゃカロリーは摂れないし、大きな身体にはなれない。とはいえ、カロリーの多い食べものばかり食べていたら身体を壊す。相撲は、よく考えて自分の身体を見つめながら食べないとだめですね。

相撲は、筋肉と脂肪の両方がなければ十五日間ぶっ続けで戦えないんです。プロレスラーの身体みたいに脂肪が少ないと、体重の減りも早い。ある程度の脂肪がなければ衝撃を受け止められないし、ぶつかり合うときのクッションが保てません」

脂肪が削《そ》がれてしまうと、怪我を招く。力士にとって、脂肪は自分を守る防具でもあるのだ。

相撲を取るうえで、理想的な体脂肪率の数字を意識するのだろうか。

「トップレベルは体脂肪率三〇%くらいと言われています。だめなのは三〇%代後半から四〇、最悪は五〇%。やっぱり三〇くらいないとだめですね。ただ、自分らはあまり体脂肪率を見ないんですよ。見るのは除《じょ》脂肪体重、つまり筋肉や骨量です。九十キロから三桁《みけた》あればスーパーボディと言われています。体脂肪があっても、除脂肪体重が百キロあるというのは、相撲においてはすさまじく優秀な身体なんです。自分の場合は、引退したあと最近測った除脂肪体重は八十七キロ、体脂肪率は三〇%くらい。相撲取りの身体は、筋肉の上にちょっと脂肪が乗っているというのが理想的です」

鍛錬によって必要な筋肉をつけ、さらに食事によって筋肉や脂肪を上乗せしてゆく。とかく「相撲取りはたくさん食べて身体を大きくする」というイメージが先行しがちだけれど、それは違う。相撲をはじめ、レスリング、ボクシング、柔道など格闘技系のフルコンタクトの競技では、体格の大きさも実力の一部なのだから、デリケートな体重管理ができなければ、力士の身体は「戦える大きさ」を獲得できない。いっぽう、体重過多になれば、体脂肪量や内臓脂肪量が必要以上に増えすぎ、心血管代謝リスクを招く可能性が高くなることもわかっている。

——現役時代はどんな体重管理を実践していたのですか。

「自分で細かく選んで食べていましたが、もともとたくさん食べられるほうではなかったから、体重の維持はきつかったですね。この身長（百七十二センチ）なので、やはり二～三キロの差はでかいんです。三十歳を過ぎたあたりは百四十キロ後半で相撲を取っていましたが、いま力士の平均体重が上がっているので、現役最後のほうはギアを上げて百五十キロ台半ば、場所が終わる頃は百五十になるように持っていっていました。

そもそも本場所十五日間を戦い抜くのが大変なんです。中日《なかび》あたりまでは食べられても、終盤が近づくにつれてだんだんバテてきて、めしが食えなくなってくる。新大関や新十両はとてつもなくプレッシャーがかかってきますから、初日と千秋楽では体重が十キロくらい違うと聞きますね。場所に入ると普段より稽古量が少ないのに体重が減るのは、戦うために頭を使うし、ストレスも大きいから。まあ、ただの食いしん坊ならあんまり減らないかもしれないっすね」

　本場所十五日間の取り組みを走り抜けるだけで体重が落ちる、その事実に大きな衝撃を受けた。しかし、体重の重さは武器のひとつなのだから、十五日のあいだに自己修正する意志と知恵をもたなければならず、勝ち負けのストレスに打ち勝つ精神力がなければあっというまに押し潰され、番付から消えてしまう弱肉強食の世界。

——体重を増やす、維持するという自己管理術において、やはり数字の管理も目標達成の戦略ですね。

「一日に何回も体重計に乗って測ります。朝、寝起きの体重は測らないんです。その理由は、朝はおのずと減っているので嫌な思いをする。世の中のひとと逆ですね（笑）。稽古して、昼めしを食べて、プロテインを飲んで、腹いっぱいになったところで、『さあ今日は何キロかな』。いい数字を見てストレスを溜めないための工夫ですよ。

　稽古しながら、体重を手探りで増やしていくわけです。まわしを締めた感触がちょっときついな、少し動きが鈍くなった、一回身体を絞ってみたけれどやっぱり戻そう……つねに自分の感覚を研ぎ澄ませていなきゃならない。相撲という格闘技は、大きいのを小さいのが倒すところにも面白みがありますが、長年をつうじてみれば、小さいのが番付に残り続けられるかどうか、ちょっと厳しい。ですから、身体を大きくしながら、自分で自分の動きをコントロールできる体重を探るんです。小錦関は二百キロ以上の身体で相撲を取っていましたが、たまたまそれがベスト体重であり、コントロールできる筋力、筋肉の柔軟性があったということ。基本的には百四十〜百八十キロの体重でなければきついと思いますね。あんまり身体を大きくすると、やはり血圧の問題や内臓の病気も関わってくる」

「手探りで体重を増やしていく」という言葉に、ぞくりとするリアリティがある。自分の身体の特徴、個性、得意技、戦い方のスタイルなどを総合したうえで鍛え、食べ、同時に勝負を自分のものにするだけの瞬発力を培う――。

その課題に応えてきたのが、ちゃんこである。相撲部屋に長く伝承されてきた鍋を中心にする食事は、現在にいたるまで力士たちを育て、支え続けている。

「ちゃんこは最強の食事だと思います。すべての栄養素がまんべんなく摂れる。しかも、ちゃんこをベースにして旬の新鮮な食材を食べていけば、三百六十五日をトータルでみたとき偏《かたよ》りなく栄養が摂れているというのが自分の考えです。若いときは炭水化物を中心に摂って体重を増やしても構わないんですが、年齢を重ねると、炭水化物を控え、たんぱく質や食物繊維を多く摂るというふうに逆転させてゆく。でも、食いしん坊なやつ、放っておいても量がたくさん食べられるやつは、あんまり考えないで食べてるね。自分の場合は、食べものの摂り方は本を読んで勉強しました。嫁さんは栄養管理の勉強をして栄養士の資格を取り、食べるタイミングまで考慮して料理してくれています。自宅では玄米や雑穀米が中心で、もちろんたんぱく質も摂りますが、やはり野菜が多いですね。

食べものも毎日の積み重ねが大事なんです。稽古やトレーニングと同じで、俺はここまでやっているんだという自覚がなければ長続きしないし、とはいえ、それは努力というものでもない。自分のちからで自然に積み重ねることができて初めて、結果が出る。他人が見ているときだけがんばるのは努力ではないです。若い者には、よくそう言ってきかせるんですよ」

尾車部屋のちゃんこ番を十年間預かってきたのが富士《ふじ》ノ風《かぜ》真弘《まさひろ》さんである。一九七七年生まれ、兵庫県伊丹市出身。一九九三年に尾車部屋入門、序二段六十九枚目。体重百八十キロの堂々たる体軀《たいく》、浴衣を諸肌《もろはだ》脱ぎにした上半身がぴかぴか光っている。

「おはようございます、おじゃまします」

勝手口から顔をのぞかせて遠慮がちに挨拶の声を掛けると、ちょうどざく切りの白菜をつかんで大鍋に入れかけていた富士ノ風さんがこちらを振り返った。

「どうぞ」

すこし戸惑いながらも、笑顔で迎え入れてくれる。押尾川親方の厚意で、あらかじめ尾車親方に取材の旨が通されており、台所にも伝わっていた。給食室の調理場にあるのと同じようなアルミの大鍋の前に立つ姿は、力士の胃袋を一手に引き受けるちゃんこ番の風格十分だ。

尾車部屋の台所は、稽古場と壁一枚へだてたすぐ奥にある。朝八時過ぎ、建物の外側の通路から回りこんで勝手口から台所を訪ねると、大釜から白い湯気がもうもうと上がっており、壁の向こうからは「いち、に、さん」の号令やら気合いを入れる声が耳に入ってくる。

一週間前、尾車部屋のちゃんこをごちそうになっていた。

力士たちが食べるかたわらで味見程度に少しだけ、と思っていたら、まずお客から最初に食べるのがしきたりだと聞き、申し訳ない気持ちが先立つ。稽古を見せてもらっただけなのに、たっぷり三時間以上の稽古をしている力士を差し置いてちゃんこをいただくとは、恐縮至極。

もじもじしながら座布団に座っていると、若手の力士が料理を運んできた。
ちくわの磯辺揚げ
鶏胸肉のトマト煮込み
とうもろこしのかき揚げ
もやし炒め
塩ちゃんこ
手慣れた献立だなあというのが第一印象だ。色とりどり、目も喜ぶバランスの妙。煮もの、炒めもの、揚げもの、緩急のつけ方に年季が入っているのが見てとれる。お客がいなければ、稽古のあとの風呂をすませたあと、まず上位番付の力士から食べ始める。
少量ずつ皿に取り分けて箸をつけると、やっぱりこなれた味。とうもろこしのかき揚げはぱりっと見事な揚げ上がりで、だれが揚げたのだろうと思うほどの腕前だ。シンプルなもやし炒めは、しゃきっと歯ごたえがいい。
ちゃんこは、椀によそって供された。ひと椀に盛られた素材の豊かさにまた驚く。
キャベツ　にら　レタス　玉ねぎ　えのき茸　ごぼう　鶏肉
この日は塩ちゃんこ。あっさりとした味つけだが、だしが利いているうえ、野菜や鶏肉のうまみが混じり合った風味になんともいえない奥行きがあり、うまい。塩気がちょっと強めだな、と感じたのだが、すぐに思い直した。汗の噴き出す激しい稽古をしたあとなのだから、塩分の補給も大切なのだ。
押尾川親方が言う。

「稽古なしでは体重は増えません。厳しい稽古をしなければ身体は大きくなっていかないっす」

力士の身体づくりの特質がここにある。

ただ食べれば身体が大きくなるわけではない。基礎の稽古、勝ち残りのぶつかり合い、稽古で消耗した体力が激しければ激しいほど、そのぶん身体は消費したカロリーを補給しようとする。朝稽古によって極限まで動き、そのあとしっかり食べ、食事を摂った直後に睡眠をとって成長ホルモンを効果的に利用しながら身体を大きくしていこうというわけで、このサイクルを上手に後押しするのが、食欲をおのずと掻《か》きたてるうまいちゃんこなのだ。

台所を預かる富士ノ風さんと日替わりでちゃんこ番を務めるのは、若手力士三人。用意し始める朝八時は、ちょうど朝稽古がスタートした頃合い。前日に富士ノ風さんが決めた献立に従い、ちゃんこ番がメモしたリスト通りに近所のスーパーなどで買い揃え、自転車で部屋まで持ち運んで冷蔵庫に収めておく。店からの配達は頼まず、すべて自分たちで買物をするのが部屋の流儀だ。米は差し入れでまかない、日々の食材の経費は定期的に部屋の女将《おかみ》さんに申告し、直接手渡してもらうのもしきたりである。

〈今日の献立〉

鶏だんご　味噌炊き（ちゃんこ）

にら玉

チキンカツ

ほうれんそうごま和え

台所に入ると、まず野菜を洗って切り分けて用意し、つぎに鶏だんごを準備する。鶏ひき肉は二キロ、大鍋に入れて塩や調味料をくわえて混ぜ、タネをこしらえる。相撲部屋で鶏肉を使うことが多いのは、「縁起がいい（二本足だから、土俵に手をつかない）」と言われているからだ。

　包丁やお玉を持つ手つきは無駄がなくスピーディだが、よく見ていると、繊細な気遣いが行き届いている。大きさを合わせて切り揃えたキャベツ、しめじ、えのき、厚揚げ、一種類ずつ時間差で鍋のなかに入れる。鶏だんごのタネは意外なくらい小ぶりに形を整え、一個ずつ丁寧に、均一の大きさに摘《つ》み入れる。ぐつぐつ沸騰させず、じんわりと火を通して煮ながら素材の味を引き出してゆく。

　富士ノ風さんに訊くと、照れながら訥々《とつとつ》とした口調で教えてくれる。

「だんごは、兄弟子に『小さめのほうが食べやすい』と昔教わったので、それを守っています。相撲部屋にはとくにレシピもないし、細かく教えてもらうということもないので、見たり、直接聞いたりしながら覚えるんです。そうっすね、試行錯誤しながら、自分が食べた味に近づけるようにつくるというか」

　舌で覚えた尾車部屋のちゃんこの味。どの相撲部屋にも、こうして部屋の味が伝承されている。

　尾車部屋の味は、とても丁寧で繊細だ。溶き入れる味噌を薄めにするのは、稽古が終わってから全員が食べ終わるまで二時間近くのタイムラグがあるから、多少煮詰まることを計算に入れてのこと。最初にスープをすこし取り分けておき、途中で注ぎ足して味を調整することもある。ざっくりつくったちゃんこを大量にかきこむ図は、世間一般の勝手なイメージに過ぎない。また、ちゃんこの風味にもいまどきの変化がある。味つけは、醤油味、ソップ炊き（味が薄め、濃いめ、両方ある）、味噌味、カレー味、トマト味……目先を変え、飽きないためのいろんなバージョンが時代とともに増えてきた。

以前と較べて、力士が食べるめしの量もずいぶん変化している。十四人の力士が所属する尾車部屋では、ガス釜で一度に炊く量は平均四升。しかし、ひとりの力士が食べる量はかなり減っています、と富士ノ風さんが言う。

「僕のときは、食べないと大きくなれないと言われ、最低丼五杯のめしがノルマでした。これがすごくつらかった。だいぶ厳しい。若い下のほう（番付）だと、前日に余った冷やご飯から食べ始めなきゃならないこともあったから、お茶とかちゃんこのスープをかけて無理やり食べたり。ふりかけをかけて味をつけないと、もう入っていかないっす。でもいまは、『丼一杯か二杯でもういいです』みたいな感じで。自分にとっておいしいうちに終えてしまう」

自分にとっておいしいうちに終えてしまう――ちゃんこの現場を引き受ける立場ならではのシビアな指摘だ。相撲の世界だけにとどまらず、とかく守りの姿勢にこもりがちな今どきの若者の気風をものがたっている。

あらかた台所仕事を終えたとき、富士ノ風さんがつぶやいたこの言葉も相撲の本質を突くものだった。

「相撲が強いひとは胃袋も強いっす」

相撲の世界には「えびすこ」という隠語がある。語源は恵比須講、大食いのこと。つまり、「えびすこは強い」。第五十五代横綱北の湖は、中学一年で入門したとき、ちゃんこといっしょに丼めし八杯、うどん大盛り二杯、お茶漬二杯を平らげたが、そのあと、翌朝まで空腹で眠れなかったというエピソードを残している。第七十二代横綱稀勢《きせ》の里《さと》は、二十代前半までは米一升を軽々食べていたというのもよく知られた話だ。強い相撲取りには、ごついえびすこ伝説がつきまとう。食べるから強いのか、強いから食べられるのか。

台所のすぐ隣りに、風呂場がある。稽古を終えた力士たちが風呂やシャワーを使い、汗を流し終えると、いつものように番付上位の力士から順番に食事が始まる。

午前十一時過ぎ、稽古が終わりかけるタイミングを見計らい、味噌を溶き入れて味を調えたちゃんこの大鍋に、にらのざく切りがたっぷり足された。よく煮えたキャベツがとろりと柔らかく、形のきれいな鶏だんごもふんだんに入っている。まろやかな香り、白い湯気、大鍋にたっぷり煮えた熱いちゃんこが生命力を湛《たた》えた生きもののようだ。にらの濃い緑も目に鮮やかな、尾車部屋の鶏だんご味噌炊き。

なんの稽古もしていないくせに、ごくっと喉が鳴った。

ちゃんこは、もともと相撲部屋で食べる日常の食事全般を指す。

ちゃんこの語源には諸説あり、「ちゃん」は〝父さん、爺さん〟、それに「こ」がつき、炊事番の力士を若手が親しみをこめて「ちゃん」「ちゃんこ」と呼び始めたという説、力士たちが使っていた中国鍋を「チャンクオ鍋」と呼んでいたことから、という説もある。ちゃんこのうち、大きな鍋で煮て供する料理を「ちゃんこ鍋」と呼び（ほとんどの場合「鍋」を省略する）、材料は野菜、鶏肉や豚肉、魚、豆腐など。各相撲部屋によってつくり方や味つけの流儀があり、水炊き（ちり鍋）、ソップ炊き、塩炊き、味噌鍋などが基本とされている。水炊きに使うポン酢のつくりかたもいろいろで、いまは柑橘類を使うけれど、ひと昔前は薬局で酒石《しゅせき》酸を買ってきて、湯で溶かした酸っぱい液に醤油やねぎを刻んで入れた。第五十二代横綱を張った北の富士勝昭は、「そうじゃないと百人からのポン酢つくれませんもの。それがまた、妙にうまいんですよ」(『大放談！大相撲打ちあけ話』新講社)と述懐している。

じっさい、相撲部屋でちゃんこ鍋を食べる場に同席して感じるのは、料理としてのちゃんこ鍋はきわめて合理的かつ機能的だということ。

・一食でたくさんの栄養素を摂れる
・大人数分作っても食材費がかさまない
・調理時間が短い
・調理道具や皿が最小限におさえられる
・片づけが簡便

これらの要素にくわえ、汁が多いため、ご飯をより多く食べられる利点もある。一食のなかに多彩な要素が凝縮されているからこそ、ちゃんこ鍋は相撲部屋の食事のかなめとなってきた。日本独特の食文化から生まれたちゃんこ鍋は、栄養バランスの整う健康食として、アスリートを中心に評価され始めている。先に挙げた利点の数々は、よく考えてみれば、家庭の食生活にもそのまま通じるものばかりだ。「身体を大きくするための食事」として捉えるのではなく、栄養バランスのいい機能食として活用できる可能性が、ちゃんこ鍋にはある。

食べものによって肉体改造し、劇的にパフォーマンスのレベルを上げたアスリートとして、まっさきに思い浮かぶのはプロテニス選手、ノバク・ジョコビッチだ。ジョコビッチは、二〇〇三年プロに転向したあと、とかく疲労がたまりがちで身体の重さに悩まされ、もがいていた。その原因がピザやパスタなどを中心にする食生活にあるのでは、と医学博士から指摘を受けて検査をすると、グルテン不耐症であることが判明、さっそくグルテンフリーの食生活を実行する。それまでの食生活を徹底的に見直した翌年、二〇一一年に全豪、ウィンブルドン、全米の三大会を制覇。歴代三位のグランドスラム十七勝を成し遂げている。ジョコビッチが独自におこなった食事変革は、ストイックというより、ほとんど戒律のように厳密だ。

ジョコビッチは、自身の著書『ジョコビッチの生まれ変わる食事』(タカ大丸・訳　三五館)で、こう書いている。

「私が一種の宗教として守っている4つの原則、
①ゆっくり、意識的に食べよ。
②肉体に明快な指示を出せ。
③前向きであれ。
④量ではなく、質を求めよ。」

そして、断言する。

「エネルギーは口からやってくる」
「食物は情報だ」

アスリートの命運は、身体パフォーマンスそのものが行方を握っている以上、なにをどう食べて自身の身体能力を獲得するか、つねに突きつけられる。もちろん、身体は食べたものによってつくられるのだから、たとえアスリートでなくとも、健康維持のためには「エネルギーは口からやってくる」。

トレーニングや試合のたびに多くのカロリーを消費するアスリートは、エネルギー不足に陥らないために競技内容に合わせた食事を摂る必要がある。日本人の成人男子の平均的な一日のエネルギー摂取量二三〇〇キロカロリー、成人女子一七五〇キロカロリー（いずれも二十代）と比較すると、例えばサッカー選手にもとめられる数字は三五〇〇〜四〇〇〇キロカロリー、水泳やラグビー選手は四〇〇〇〜四五〇〇キロカロリーといわれる（女子選手は約二四〇〇〜三五〇〇キロカロリーの範囲とされる）。つまり、アスリートは種目やトレーニングの内容に応じて消費するエネルギーを把握したうえで、食事内容や休養の取り方にもプロフェッショナルであることが要求されるということだ。

第六十九代横綱、白鵬関（現・宮城野《みやぎの》親方）の圧倒的な強さを支える要素は食事にもあったという話は広く知られている。ちゃんこから摂る動物性たんぱく質や脂肪分を減らし、豆類や野菜の摂取を増やしてエネルギー源の内容を変えることにより、力士としてより長く現役生活を送れる身体にシフトチェンジしていく。生涯成績千百八十七勝、幕内四十五回優勝。百九十二センチ、百五十一キロの身体を維持するうえで食べものはいっそう密接な関係にあっただろうし、二〇二一年九月、三十六歳で引退するまで日々のちゃんこが横綱の身体に大きく寄与していたことは間違いない。

相撲部屋におけるちゃんこの意義に注目するのが、管理栄養士・公認スポーツ栄養士として広く活躍する橋本玲子《はしもとれいこ》である。数多くのアスリートの栄養アドバイザーを務め、二〇〇三年ラグビーワールドカップ日本代表、サッカー横浜Ｆ・マリノス、ジャパンラグビーリーグワン・埼玉パナソニックワイルドナイツほか、オリンピック・パラリンピック出場アスリートの食生活やコンディション管理に携わる栄養のスペシャリストだ。

初めて橋本がちゃんこに出会ったのは二〇一四年、関東屈指の相撲強豪校、埼玉栄高校相撲部だった。練習時間が少ないのに強いことで定評があり、元豪栄道《ごうえいどう》関ほか多くの力士が輩出している秘密はなにか、ＴＶのニュース番組から栄高校相撲部のちゃんこ鍋の栄養分析を依頼されたことがきっかけになった。

埼玉栄高校相撲部の食事情には、大きな特徴がある。全寮制で、山田道紀《みちのり》監督夫妻がみずから台所に立ち、朝食、弁当、夕食（日替わりのちゃんこ鍋とおかず）をつくる。つまり、親元を離れて暮らす十代の子どもたちの食生活はこまやかな質の管理がなされている。日本大学相撲部出身の山田監督が徹底して食事にこだわるのは、大学時代の相撲部監督が食べものに気を配っており、食事によって自分の身体が大きく変わる経験をしたからだという。山田監督のモットーは「めしがうまければ、魚も野菜も食べる」。じっさい、橋本が調査した一日の食事の写真を見せてもらうと、とにかく色鮮やか。ご飯の白、鮭や紅生姜やトマトの赤、卵の黄色、野菜の緑、煮ものや揚げものの茶色……変化に富んでいるから、写真を見ているだけで食欲をかきたてられる。夕方の稽古が終わったあと、当番制で生徒がちゃんこづくりの手伝いをし、恒例のちゃんこ鍋は十九時半スタート。相撲部屋でふるまわれるのとおなじく野菜や肉を多彩に組み合わせた大鍋仕様だ。一日の平均エネルギー摂取量六五〇〇～七〇〇〇キロカロリー、百キロを超える成長期の男子にとって申し分のない数字である。

二〇一四年から三年間、栄高校相撲部の食生活を調査した橋本は、ちゃんこ鍋をこう分析する。

「疑う余地もなく、すべての栄養素がまんべんなく含まれている食事内容です。食べ飽きないのも大きな特徴で、毎日味つけや中身を変える工夫がなされています。野菜をざっくりと切るのは、短時間でつくるためだけではなく、結果として栄養素を損なわないメリットがある。どこの相撲部屋にも共通することだと思いますが、ちゃんこ鍋は、稽古とおなじくらい気を遣ってつくられていると思います。

ただ、私はちゃんこ鍋だけが優れているとは思っていないんです。エネルギー源になるお米を中心とした食事だということ、これが重要なポイントだと考えています。アスリートは、トレーニングが激しければ食欲がなくなって食べられなくなる。ほかの競技のアスリートにも、『ご飯が進む料理を出してほしい』とよく言われるのですが、その意味で、ちゃんこ鍋はお米をたくさん食べるためのおかずであり、スープであり、スープをご飯にかければ主食にもなり得る」

スポーツを続けるうえでアスリートが最優先したいのは、いかに病気や怪我を予防し、筋肉をつけながらむだな体脂肪量を減らすか。そのためには、「よほど食生活をコントロールしなければ、現役生活は短くなってしまう」と、橋本は指摘する。だから、低脂肪、高たんぱく質、エネルギー源になる食事を効率よく摂るために、米を食べることには大きな意味がある。欧米のアスリートは、身体を大きくするために〝肉を食べる〟というイメージが強いけれど、それをそのまま日本人に当てはめてしまうと、たんぱく質や脂質の過剰摂取を招き、栄養バランスが崩れがちになる。米を中心に置くバラエティ豊かな食生活は、つまり和食に通じている。外国人のアスリートに接する機会の多い橋本は、あるラグビー部監督から「アスリートにとって、和食の存在はアドバンテージだ」と言われたという。

しかし、スポーツの世界でも「米を食べなくなった」というのが橋本の偽らざる本音であり、リアルな現状評価だ。

「スポーツの現場の監督や指導者たちは、『いまの子どもたちはとにかく食べない。食が細いから覇気がない、バテやすい』と口を揃えて言います。お米を食べないだけではなく、食べることに興味を持てない子も少なくありません。相撲部屋でもおなじで、若手の力士はちゃんこ鍋をあまり好まず、少しだけ食べて、あとはファストフードやコンビニで自分の好きな弁当やカップ麺を買い足したり。ちゃんこ鍋のよさを本当に活かし切れているのかどうか、正直なところ少し疑問があります。オーストラリアのスポーツ栄養士が来日したとき、相撲部屋の朝稽古に同行してちゃんこ鍋を試食してもらったのですが、あの大きな肉体と運動量を維持する鍋やご飯のバランスのよさに感激していました。古い伝統かもしれないけれど、この食事のすばらしさは発信していかないとね、と力説していたのが印象的でした。私が栄養サポートを担当したサッカーの中村俊輔選手は、『海外に出た選手ほど、日本人には米を中心にした和食が合っていると体感する』と話していました」

大きな懸念が、橋本にはある。スポーツに関わる成長期の子どもたちにおいても、〈バランスのとれた食事・質の良い睡眠・休息を取る〉という基本中の基本がないがしろにされている。食の優先順位が低く、招かれて栄養セミナーに出向くと、〝そんなの無理〟〝面倒くさい〟と親が身構えてしまう。けっきょく最後に訊かれるのは、「トップの選手がプロテインを飲んでいるから、子どもにも飲ませたほうがいいですか」「背を伸ばすために何を食べたらいいですか」……すぐに結果を求めようとする風潮が強い。しかし、本当に強くなるために重要なのは毎日の食事なのだということを、橋本はあの手この手で伝えようと模索を続けている。

「親が忙しいし、料理が苦手なお母さんたちも少なくない。また、自分がやっていること、つくっている料理に自信が持てない方も多い。コンビニや外食など二十四時間好きなものが食べられる時代にあって、なにをどんなふうに食べれば健康を維持できるのか、考える時間を持てていないことも影響をおよぼしているのだと思います」

ドイツのサッカーチーム「ボルシア・ドルトムント」では、選手の食事改革に取り組むと同時に、親にも栄養学を学ぶことを推奨している。その背景にあるのは、「子どものときに正しい食事をしていたものは、プロになってから怪我が少ない」という考え方だ。

さあ、そこでちゃんこ鍋の出番だと思うのである。繰り返し挙げたように、ちゃんこ鍋は、バランスよく栄養素を摂れる・食材費がかさまない・調理時間が短い・調理道具や皿が少ない・片づけが簡便……家庭料理としても申し分がない。野菜、肉や魚いずれかのたんぱく質、豆腐や油揚げなどの大豆製品もあれば、筋肉をつくるたんぱく質の材料も、ちゃんと揃っている。

「どの種目にも共通して言えますが、強い選手ほど、自分で考えて食べています。まず取り入れ、試行錯誤して、自分に合う食べ方を模索する。多くのアスリートを見てきて思うのは、言われるがまま、出されるがままにものを食べているあいだは、本当の意味で強くなれない、ということです。

日本よりもサプリメントを摂取するアスリートが多い欧米では、近年、〝Real food not nutrients（栄養素ではなく食べもので）〟という考え方が見直されています。これは、食べものには、まだ解明されていない成分が含まれており、それらの成分が相互に作用して身体の中で有効なはたらきを発揮するため、できるだけ自然な食べものから栄養を摂ろうという考えに基づくものです。

その意味では、体が資本のスポーツをする人たちこそ、米を中心に肉や魚介類、大豆製品、旬の野菜や海藻などがまんべんなく摂れる日本の伝統的な食生活を大事にしてほしいと思います」

押尾川親方には、指導者としての懸念がある。

「稽古はもちろん大事です。ただ、稽古をする準備のほうがもっと大事だと思うんです。食事、睡眠、環境。稽古が大事なことは百も承知ですが、稽古をする環境がもっと大事です。人様から大事な息子さんを預かっているわけだし、年齢や状況に応じて栄養の摂り方も違ってくる。栄養学をはじめ、部屋の親方、相撲協会が勉強しなきゃいけないし、情報を発信していかなければならない」

後進を育て、伝統のある尾車部屋を牽引する立場としての切実な思いだろう。

「偏りなくその子を見て、しっかり責任をもって導く指導者が求められていると思います。強くさせるために竹刀を持って殴ったり、上から『あれしろこれしろ』はあり得ない。『俺の時代はこうだった』とか、昔の自慢話をしている時間もない。本人に寄り添って、目を合わせながら手探りでいっしょに道を見つけていくのが本当の指導者だと思う。

ただ、自主性のない子はかわいそうですね。いい素質を持っているのに自分から動かない。昔は、ぶん殴ってでも無理やり稽古させて引っ張り上げたものですが、いまは時代が違う。だから余計に、自主性が大事になってくるんです。名古屋場所で名古屋に行って、コメダの喫茶店にみんなで行って甘いシロノワールとかソフトクリーム食べて喜んでるようじゃだめです。あれは身体をつくるためじゃなく、ただのリフレッシュ、気分転換。自分は何歳でどの番付にいきたいのか、相撲取りとしての自覚を育てる必要があるし、この子たちを動かすにはどうしたらいいか考えていかないと」

すでに書いたように、相撲という競技において、食べることによって身体を大きくしながら筋肉と脂肪の両方をつけるのは身体づくりの要諦《ようてい》であり、勝負に勝つための戦略の一部でもある。ただ、結果として、それらを一手に引き受けてきたのが角界で伝承されてきたちゃんこ鍋だという印象もぬぐえない。

「相撲の世界はだいぶ遅れてるっすね。年齢と目標も関わってくるからむずかしいのですが、そもそも相撲の世界での栄養管理は、かなりアバウトです。私は、これから栄養士やアスリート専門のフードマイスターのような本格的な人材を入れてもいいんじゃないかと思っているんです。われわれも勉強ができますしね」

力士のあいだでも活用されているサプリメントについては、あくまでも稽古や食事のサポートとしての扱いだという。筋肉づくりのためのプロテイン、パフォーマンスを高めるＢＣＡＡを始めアミノ酸系のサプリメント、瞬発的な動きが必要になる場所前にはクレアチンも摂る。また、それぞれの部屋によっても、サプリメントに対する考え方や摂り方は違うが、押尾川親方は、力士ひとりひとりの判断に委ねている。相撲界では、かつては稽古中に水を飲むこともタブーとされていたが、十年ほど前から改善された。

　相撲は一対一の格闘技、向き合う者同士がたったひとりで勝負に挑み合う。

「けっきょく土俵の上で、あの短い瞬間に何ができるか。もうね、やってきたことしかできないんですよ。考えたり見たりして反応していたら、あっというまにやられる。それじゃあ、番付だめですね」

　どんな稽古を重ねてきたか。何をどんなふうに食べてきたか。自分が「やってきたこと」が、わずかな時間のうちに凝縮され、すべてが露呈する。

　かつて青年時代、力士のなみはずれた大きな身体に惚れ、憧れを抱いて角界入りを目指したという押尾川親方の言葉。

「みんななんのためにこの世に生まれてきたかって、やっぱり幸せになるため、楽しい時間を送るために生まれてきたのであって……楽しくないとだめですよ。自分にとってはそれが相撲だったのですが、でも、相撲はきつい、つらい。けれども、しんどくて厳しいなかから楽しいことを見つけ出せる能力がないと、潰れていきます。そのうえで自分の目標やライバルを発見したり、目標を達成したり。ライバルを追い越すと、やっぱりうれしいじゃないですか。楽しくなったら、もういい方向に進みますよ。ただし、そこまでがんばらなきゃだめなんです。その前に諦める者が多いし、昔みたいに根性論で押し通した時代とは違うから、落とし穴にはまったあと、這い上がってくる者も少ない。そもそも思い通りになんかいくわけないんです。思い通りにいくほどつまらない人生はないですから」

相撲の朝稽古の締めくくりは、股関節を柔らかく解きほぐす股割りである。両脚を百八十度近く広げ、そのまま上体を前にぐーっと倒して、胸をぺたんと床につける。驚異的な股関節の柔らかさに圧倒されながら、これは力士として生きる鍛錬のしるしとしての股割りなのだと思うと、まわしをつけて玉の汗を流す姿がじいんと目に染みてきた。

二章 プロレスと筋肉

食べなければ得られない

●新日本プロレスの寮生活

●自炊もトレーニングのうち

●チートデーを活用する

●ちゃんことの結びつき

●エンターテイナーの意味

●オーラを消した「100年に1人の逸材」

東京・世田谷区野毛《のげ》。

東急電鉄の等々力《とどろき》駅を出て二十分ほど歩くと、新日本プロレスリングの寮と練習場に着く。通称「道場」。閑静な住宅街を抜けて住所を確認すると、間違いない。

意外だった。右側に黒とブラウンを基調にしたモダンな建物が一棟、その左隣に年季の入ったプレハブの建物が一棟。いまどきのリゾートホテルと古い倉庫が隣り合わせたようなちぐはぐした並び。たぶん右側が寮だろうと見当をつけるのだが、汗の匂いがする無骨な建物だと思いこんでいたから、洒落た外観に肩すかしを食らった。二棟を合わせると建坪だけでゆうに百坪を超えそうだ。

一九七二年、新日本プロレスを旗揚げするにあたってアントニオ猪木の自宅を改装して作られた道場である。以来四十年、団体がくぐってきた怒濤《どとう》の歳月に翻弄《ほんろう》されて老朽化が進み、会社自体が窮乏に喘《あえ》ぎながら迷走を続けてきたから修繕もままならず、柱の補修はガムテープが頼りだった。目先を取り繕いつつどうにか使ってきたけれど、鉄骨は錆《さ》びつき、レスラーが手をついたら壁が抜ける危険な事態に陥っていた。

そこで、一計が案じられた。二〇一三年、テレビのリフォーム番組「大改造!!劇的ビフォーアフター」の企画に乗るかたちで、大規模な改築に踏み切る。会社は改築費約四千万円を投入したというのだが、この話を聞いたとき、サイコロの振り方がさすがはプロレスだな、と感心したものだ。ボロ屋同然の総本山を世間にさらし、その代償として、全国ネットで二時間番組がオンエアされれば大宣伝になる。しかも、「新日本プロレスはご覧のとおり生まれ変わりました、ぴかぴかの再出発です」とアピールできるのだから、マスコミの使い方がわかっている。

おずおずと玄関の前に立つと、ドアの上方、大きなドアノッカーに見えたそれは、ライオンの顔が刻まれた直径二十センチほどの精巧なエンブレムだった。新日本プロレスのシンボルに出迎えられ、のっけからいちいちドラマティックだな、とドアを開けると、玄関先に十五、いや二十もあるだろうか、ぎっしり並んだでかいスニーカーやトレーニングシューズが定規で測ったみたいにぴっちり列をなしている。

みごとな整頓ぶりに見とれていると、がっちりとした体格と端正な顔立ちがすこしアンバランスな若者が現れた。

「おはようございます！」

きちんと腰を折って挨拶する歯切れのいい声に、あわてて返す。

「おはようございます。今日はお世話になります。どうぞよろしくお願いします」

「お待ちしておりました！　こちらこそよろしくお願いします」

頭を下げると、ハーフパンツから伸びた脚のふくらはぎに、りゅうと盛り上がった筋肉が存在感を放っている。

これまで、雑誌の取材のために後楽園ホールでプロレスの試合を何度か観たことがあるのだが、そのとき、考えずにはいられなかった。この並外れた屈強な身体や盛り上がった筋肉を売りものにするプロレスラーは、なにを食べているのだろう。しかも、おなじレスリングでも、オリンピックなどで見るレスリング競技のアスリートとは明らかに異なる筋肉のつきかた。あれほどの体《たい》躯《く》を自在に操りながらリングで飛び跳ねられる背景には、どんな練習や食生活があるのだろうか。

　以前、二〇〇〇年シドニーオリンピック女子マラソン金メダリストで、現在はキャスターや解説者として活躍する高橋尚子《なおこ》にインタビューしたとき、聞いていた。小出義雄監督のもとから独立して最初にしたことは、コーチ、トレーナー、調理担当をふくむ四人で「チームQ」を結成し、まずトレーニングと周到な食事管理をおこなう体制づくりだった、と。そもそも小出監督が率いるリクルートに入社したさいは、マラソンのレースに照準を合わせた炭水化物のコントロールを徹底的に指導されたという。また、プロサッカー選手の長友佑都《ながともゆうと》は、体調管理と運動能力向上のために専属シェフを雇っているという新聞記事も読んだ。

　食べものは人間の身体をつくる。身体そのものを資本とする人々は、だからこそ食べものとダイレクトに結びついている。テニス選手にはテニス選手の、サッカー選手にはサッカー選手の、プロレスラーにはプロレスラーにとっての有効な食べものがあり、食べかたがあるはずだ。観客の目を釘づけにしながらリング上のパフォーマンスに惹き込むエネルギーに、食べものはどんなふうに関わっているのだろう。豪快な大食らいの話や酒にまつわる自由奔放なエピソードが引き合いに出されることは多いけれど、その背景にある日常の食生活の工夫や努力がくわしく披露されることはほとんどない。なぜなら、プロレスラーには個々のキャラクターがあり、それを表現し、観客を沸かせるのはリングという舞台の上なのだから。

では、一人前のプロレスラーに育つために、ひとつ屋根の下で共同生活を営みながらトレーニングを積む若手選手たちは、どんな日常を送っているのか。


網膜に刻みこまれた映像の記憶がある。

昭和三十年代から四十年代にかけて、テレビで放映されていた毎週金曜夜八時のプロレス中継を横目でちらちら観ていた。父はとくにプロレス好きというわけではなかったが、金曜夜になると日本テレビ系列にチャンネルを合わせる習慣ができたのは、このゴールデンタイム枠で「三菱ダイヤモンド・アワー」と銘打って「日本プロレス中継」と「ディズニーランド」の二番組が隔週交替で放映されていたからだ。四本脚の白黒テレビに映しだされる「ディズニーランド」はウォルト・ディズニーが司会役を務めるアメリカのバラエティ番組で、外国の香りがふんぷんと漂ってきて夢中になった。風呂から上がってパジャマに着替えてから、妹と肩を並べて観る魅惑のキャラクターたち。プロレスとディズニーというギャップの激しすぎるタッグは一九五八年から六八年まで十年間にわたって続くのだが、「三菱ダイヤモンド・アワー」は、男たちと女子どもの両方を取り込もうと目論んだのだろうか。あっ、今週はディズニーじゃない、プロレスだ……内心がっかりしながら、角のまるいブラウン管に映し出されるジャイアント馬場の見たこともない長身が強烈に目に焼きついた。つけ加えれば、日本で初めてＮＨＫと日本テレビがプロレス中継を放映したのは五四年、街頭テレビを取り囲む黒山の人だかりや老若男女がプロレス中継に見入る光景は、土門拳の写真などでもおなじみだろう。五九年、日本プロレスがシリーズ興行を開催するようになると、プロレスとテレビ、つまり興行とテレビ放映料の関係が形成されてゆく。

つぎに私がプロレスと出会ったのは八〇年、大学時代に手にした一冊の本によってだった。村松友視著『私、プロレスの味方です』（情報センター出版局）。プロレスとまったく縁がない女子大生がなぜこの本を手に取ろうと思ったのか、ふたつの理由がある。まず、その直前に出会った椎名誠著『さらば国分寺書店のオババ』の版元とおなじだったこと。情報センター出版局刊、どちらもつるんとなめらかなコート紙のカバー、キッチュな色彩のイラストレーションがサブカルチャーの匂いをふんぷんと漂わせていた。

ふたつめは、タイトルの切れ味である。「私、プロレスの味方です」。本の題名は書物の第一行めとばかり、鮮烈な態度表明にぐっときた。

当時、プロレスがおおいに世間を騒がせていたことはもちろん知っていた。七六年六月、日本武道館でおこなわれたアントニオ猪木とモハメド・アリの「格闘技世界一決定戦」。試合前、来日したアリのビッグマウスや公開スパーリングを伝える過熱気味の報道はいやおうなしに耳に入ってきたし、いざリングに上がれば、アリと対峙《たいじ》しながら寝転がって足蹴りを続けるアントニオ猪木の映像（写真だったかもしれない）は、じつに奇妙な光景として記憶に刻印された。とかく不可解なもの、よくわからない存在としてのややこしさを、著者はどう解いてみせるのか。

さっそくページをめくった。息もつかずに読み、頭のなかがシャッフルされた。大学の授業で出会うロラン・バルトの言葉はしゃっちょこばって堅苦しかったが、『私、プロレスの味方です』で遭遇したロラン・バルトは、じゅうぶん敬意が払われたうえで「古い」「さようなら」と引導を渡され、プロレスに分け入る意味を説くための刺身のツマといった役割をあてがわれていた。プロレスの大ファンだった少年時代の眼を保ちながら、深い森に入ってゆく筆さばきに翻弄されたが、なにより教えられたのは、「ものを見る」行為の意味深さ。大学の先生も教科書も友人も、だれも教えてくれなかった思考の飛び道具だった。

たとえば、こんなくだり。

> 「この、相手の技を受ける必要性からくるプロレスラーの訓練は、たしかに他のジャンルの格闘家とはちがった激しさがあるだろう。プロボクサーが『殴られる』練習をするときより、プロレスラーが『受け身』の訓練をするときの重要性は大きい。『防御』をするかわりに『受け身』を鍛える。これがプロレスラーの一大特長といえるようだ。しかし、ここにまた今日のプロレスの問題点も発生してきている」
>
> 「ちゃんと見る者は、ちゃんと闘う者とは完全に互角である。思想的にも感覚的にも『プロレスを見る』というのは『過激な行為』なのだ。プロレスという世間的に脆弱なジャンルの中で過激に闘う者、そのプロレスを過激に見る観客、この過激な二者の合体こそが『プロレス』という世界なのだ」
>
> 「プロレス・ファンは、それぞれの感性を研ぎすまして〝自分の見方〟を編み出している。やはり、〝やる側〟と〝見る側〟は互角なのである」

受け身、つまり技を受けながら相手を輝かせ、試合の流れをつくって場内を沸かせ、結果として自分をも魅せる――プロレスは〈見る／見られる〉行為によって成立する。
見ていたつもりなのに肝心のところを見ていない、見えていなかったと臍《ほぞ》を噛む場面は、日常にもごろごろ転がっている。また、プロレスを語るとき、「虚実皮膜」という言葉が持ち出されることもあれば、「エンターテインメント」「パフォーマンス」「アート」という言葉があてがわれることもある。試合の勝敗や記録や数字だけでは語りおおせない、底なし沼の奥に蠢《うごめ》くナニカ。それこそがあの屈強な肉体のなかに隠れているもの、プロレスをプロレスたらしめているもの。

寮の玄関を上がると、すぐ右脇のロビーに通された。十二畳ほどの部屋の壁ぐるりに沿って置かれたベンチ、コーナーにテレビ、雑誌やスポーツ新聞を収納するラック、収納棚などがあり、共有スペースとして使われているようだ。

「なかをご案内します」

ヤングライオンふたりが案内してくれるというので、彼らのあとについて寮をめぐる。新日本プロレスで「ヤングライオン」と呼ばれる寮生たちは、デビューを目指して毎日練習に明け暮れている。

一階は、ロビーのほか風呂場と洗濯室、食堂、キッチン。二階は全九室、このときはヤングライオン八人と練習生二人、総勢十名が共同生活を営んでいた。

「遠慮なく見てってください、むさくるしいですけど」

おっかなびっくり半歩入ると、目の前に木枠の二段ベッド、脇に収納ケース、部屋のかたすみには共有のミニ冷蔵庫一台と衣類や本を収納する棚で手いっぱいだ。四畳ほどの部屋に、練習に明け暮れる若者の日常がぎゅっと詰め込まれている。

吹き抜けの階段の脇に大量の洗濯物が干され、やはり整理整頓の目が行き届いている。

「この階段の板、何だと思います？」

問われて、いま自分が踏んでいるスリッパの下を眺めると、つるっと黒光りして艶《つや》がある。

「取り壊す前の寮に使われていた板材なんです。ほかはぜんぶ廃棄したらしいんですが、設計の方が『階段に生かせる』と残してくれたと聞いています」

そうだったのか。一日に何度となく上り下りするこの厚い板に、歴代の選手たちの汗が染み込んでいる。アントニオ猪木をはじめ、藤波辰爾《ふじなみたつみ》、長州力《ちょうしゅうりき》、藤原喜明《よしあき》、前田日明《あきら》、髙田延彦《のぶひこ》、「闘魂三銃士」と呼ばれた武藤敬司《むとうけいじ》、蝶野正洋《ちょうのまさひろ》、橋本真也《しんや》、そして中邑真輔《なかむらしんすけ》、棚橋弘至《たなはしひろし》、オカダ・カズチカ……新日本プロレス出身のスターたちが汗を流してきた名残とともに、先輩たちがにらみを利かせている。

寮が改築された二〇一三年は、新日本プロレスが迎えた大転機だった。

〇五年、アントニオ猪木は借金にまみれた会社の大赤字を解消するため、自身が所有する新日本プロレスの持ち株の五〇％以上をゲームソフト制作会社のユークスに売却したが、経営破綻寸前に追い込まれ、ほどなく全株式を同社に売却。上場企業の親会社ができ、資金援助も受けたものの、契約レスラーの大量解雇やギャランティの遅配が重なり、残された選手やスタッフが一丸となって立て直しにかかったが、いぜん不透明な経営状態から脱却することができずにいた。ちょうど頭角を現していた二十代の棚橋弘至や中邑真輔を売りだそうとする会社の動きも、周囲の選手たちの納得を取りつけられず、空中分解寸前。

　一二年、新日本プロレスをグループ会社のひとつに譲り受け、あらたに経営に乗り出すことになったのがトレーディングカードゲーム会社ブシロードである。高校時代から熱心なプロレスファンだった木《き》谷《だに》高明《たかあき》社長は、思い切ったプロモーション活動に乗り出してイメージを一新、野毛の寮の改築も宣伝活動と考えた。それまで、夏場は室温四十度を超える異様な暑さ、冬場の冷たいすきま風も修業のうち。

　午前十時。ちょうど練習がスタートする時間だと教えられ、食堂と台所をあと回しにして道場へ向かう。

　寮と道場は短い廊下でつながっている。そろりと入口の引き戸を開けると、体育館のような空間、ロープを張り巡らせたリング、壁ぎわに数種のトレーニングマシン。リング脇に、円陣をつくって準備運動をする若い選手たちの姿があった。

「これから準備運動をはじめます」

　練習に入っても、やっぱり礼儀正しい。

「身体を回してください」

「身体をひねってください」

「手首、足首を回してください」

「足の甲を伸ばしてください」

「反対、お願いします」

　声が掛かるたび、「イチ、ニ、サン、シ、ゴ……」、野太い掛け声がいっせいに響く。入念な準備運動が、これから始まるトレーニングの厳しさを予感させた。

じっさいのトレーニングは、聞くと見るとでは大違いの質量である。

入念にストレッチしたあと、股割りスクワット、二十回。

十二キロのダンベルを持っておこなうダンベルスクワット、二十回。

胸を大きく前後に漕いでおこなうライオン・プッシュアップ、ワンセット五十回。

さらに、伝説のプロレスラー、カール・ゴッチ考案、腕の筋肉に負荷をかけるためのバーを敷いておこなうプッシュアップ、五十回。

往復運動をプラスするリバース・プッシュアップ、百回。

……スクワット鬼の千回は、「カール・ゴッチ時代から道場に引き継がれる新日本の常識です」と聞いて、震え上がった。スクワットは下半身を鍛える自重トレーニングで、大臀筋《だいでんきん》、大腿《だいたい》四頭筋、ハムストリングス、ふくらはぎ、脊柱《せきちゅう》起立筋など大きな筋肉群を効果的に鍛える筋トレの王道だが、千回とは凄まじい。

「うおい！」

「うおい！」

腹の底から声を絞り出すスクワットが続くうち、額から、太い首筋から、玉の汗が噴き出してつたう。休憩時間はない。

道場の入口の上に、額が掲げられている。太い二文字の威圧感。

「闘魂」

アントニオ猪木の揮毫である。じつは、かつて道場の正面には、アントニオ猪木の大きなパネル写真もいっしょに飾られていたが、「もう写真はいいんじゃないか」と進言したのは棚橋弘至。思い切った主張に賛同したのが、現在も寮の管理人を務める大先輩、小林邦昭《こばやしくにあき》。こうして、道場からアントニオ猪木の写真パネルは取り外された。

それにしても想像を絶する過酷なトレーニングだなと舌を巻いていると、今度はふたりひと組みになって腹筋運動五十回、二セット。組んだ相手の首を押えて負荷を与えながら、同じ回数の腹筋運動。ブリッジは、床に頭頂部をつけ、腕を胸の位置で組んだまま身体を弓なりにそらす。こんなトレーニングを日々積み重ねているから、プロレスラーの首はあれほど太くなるのだ、と納得する。プロレスの技には、急角度で落下させる投げ技バックドロップをはじめ危険な技がみられるが、訓練によって投げる／受ける技術を習得するだけでなく、尋常ならざる頑健な身体の持ち主でなければ、そもそもプロレスの技を成立させられないことを思い知らされる。

以前観た、テレビのドキュメント番組のワンシーンを思いだしていた。

かつて新日本プロレスのコーチを務め、鬼軍曹と呼ばれた山本小鉄《こてつ》が片手に竹刀を握って指導に当たっている場面。トレーニングについてゆけず、床に転がった若者にすかさず「おまえは夜、おなじ練習をしておけ」。容赦なく言い渡す。逃げ出したり、脱落していったりした者がいったい何人いるのだろう、この道場の歴史は死屍累々だと気づくと、ぞっとした。プロレスラーの練習ほどハードなものはないと聞いてはいたけれど、練習という名前の修羅場をくぐり抜けた者だけが、プロレスラーとして生きる資格を与えられる。

「つぎ、ロープ登りをやります」

汗に濡れたTシャツを背中に貼りつかせ、わざわざこちらを振り返って説明してくれるので恐れ入る。部外者の見学などじゃまに違いないのに、置いてきぼりにしない心遣いに感じ入った。

道場の天井から垂れ下がった極太のロープがゆらゆらと引き出された。固唾《かたず》をのんで見守っていると、「じゃあ最初にいきます」。ひとりが前に出てロープを両手で握り、腕だけを使ってわっし、わっし、わっし、天井までゆうに五メートルはある距離をつたい登ってゆく。体重九十キロはある偉丈夫が必死の形相で挑むロープ登り。

「あいつは新日本のサルと呼ばれている奴です」

天井まで登り詰めた選手は、ただ滑り降りるのではなく、腕の筋肉をすみずみまで活用しながら降りてくる。そのあと全員がサルになった。

ひととおり全身をアップさせると、リングに上がってロープワークや試合形式の練習を午後二時ごろまで。この日は、デビューしたてのヤングライオン六人が汗を流した。

日常生活は、きわめて規則正しい。

朝八時起床　掃除、洗濯、洗濯物干し
午前中　トレーニング
午前十一時　食事当番が昼食準備開始
昼過ぎ　昼食
午後～午後九時　トレーニング
午後十時　入浴
午後十一時　就寝

「朝食と夕食はおのおのにまかされているが、一日の食事の柱である昼食は、選手自身が毎日交替で受け持ちます」

今日の食事当番の選手に説明されたとき、思わず「えっ本当ですか」と声が出た。寮で最年長のこの選手は、一二年に全日本レスリング選手権大会フリースタイル百二十キロ級に優勝したアマレスエリートで、サラリーマン生活も経験している。てっきり、寮にはスポーツチームのように栄養士の存在があると思いこんでいたが、そうではなかった。台所に立って料理するのも、配膳も、洗い物も、すべて選手自身の担当だという。昼食の素材は、あらかじめ近所の八百屋や肉屋に注文したものを配達してもらうが、朝食と夕食のための買い出しは、自分たちで責任をもつ。

私は、動揺した。ついさっき目撃したあの過酷な練習をこなす身体を、若い選手たちが自己管理しながら支えていることが、にわかには信じられなかったのだ。

とっさに頭に浮かんだのは、柔道家、吉田秀彦にインタビューしたときのことだ。

吉田は九二年バルセロナオリンピック柔道男子七十八キロ級金メダリストで、以降、三大会連続でオリンピックに出場、そののちプロ柔道家に転身、現在は吉田道場を設立して後進の指導にあたっている。プロレスラーの体格と共通する屈強な身体に柔道着をまとった吉田に訊くと、若い頃の食事はプロの栄養士にまかせっきりで、選手時代に新日鐵の寮に入っていたときは、栄養士が食パンの厚さをミリ単位で指定、その指示にしたがって寮母が素材を用意し、つくってもらった料理にひたすら従う毎日でした、と話していた。

いっぽうプロレスの現場では、栄養士の存在はおろかカロリー計算もなく、選手が毎日自炊する。しかし、そのときはまだ、プロレスラーが自分自身で食事の内容を決め、調理まで担当することの深い意味に気づいていなかった。

午前十一時、当日の食事当番ひとりが練習を早引けし、寮の台所に入る。献立はあらかじめ週単位で決まっており、今週の献立表が壁に張り出してある。

月　キムチ
火　豚ちり
水　ソップ
木　豚しゃぶ
金　鶏醤油
土　豚みそ
日　塩なべ

毎食の基本は、相撲部屋のちゃんこの流れを汲む。日本最初のプロレス興行は一八八七年（明治二十年）、アメリカで活動していた日系人レスラー三国山が銀座で開催した「西洋大角力《おおずもう》」（観客が集まらず、興行は失敗したらしい）。そののち相撲部屋出身の力道山の存在を得て、相撲とプロレスはちゃんこを通じてつながった。

今日のソップ、つまりちゃんこ当番は最年長二十六歳の選手だ。道場から引き揚げてきたときはＴシャツとトレーニングパンツだったのだが、ふたたび台所に現れた姿を見て、のけぞった。

目を丸くする私たちを尻目に、にやり。

「プロレスラーたるもの、裸でエプロンが当たり前です！」

エプロンの下からむきだしの上腕の筋肉が盛り上がって違和感たっぷりだったが、すぐに見慣れたのはなぜだろう。

　料理に一家言あるらしく、包丁を握って言う。

「料理は愛情っていいますけど、料理は愛情と手間です。なんせ僕の料理は、棚橋さんのアンケート第一位ですから」

　のっけからの先制攻撃。ちゃっかりエースを引き合いに出してくるところが計算高い。とっさの反応に困っているところへ、ちょうど道場を訪れていた新日本プロレスの海野《うんの》レフェリーが台所をのぞいて聞きつけ、速攻のツッコミを入れる。

「なに言ってんだ、だれがつくっても同じだろう」

「いや違います。愛情のかけ方が違いますから」

「え、愛情入ってんの？　よけいマズくなるだろう」

　カウントの叩きつけ方がすばやかった。

　ちゃんこの材料はバラエティに富んでいる。ささがきごぼう、さといも、にんじん、油揚げ、大根、えのきだけ、しめじ、しいたけ、ねぎ、白菜（ときどきキャベツに替わる）、にら、豆腐、鶏もも肉一キロ。

　冷蔵庫から三十センチ四方の大きな保存容器を二個取り出すと、切り揃えた野菜が整然と並んでいる。中身が減るたび、野菜を切って補充しておくのは練習生の役目だという。

「野菜にはエイロクがあります」

――なんですか、そのエイロクとは。

「大根、しいたけ、ねぎ、えのき、豆腐、白菜の六種です。どんな味のちゃんこでも、僕のなかで絶対切らしちゃいけない永遠のエイロク」

髭面のこわもてなのに、意外にオトメなのだった。

昼食の基本は鍋と決まっているものの、飽きないようにバリエーションが工夫されている。

冷蔵庫の扉に、「基本鍋」というタイトルが書かれたメモ書きが貼ってあった。

豚ちり
豚しゃぶ
キムチ鍋
カレー鍋
鶏しゃぶ
湯豆腐
塩鍋
鶏団子
香味ペースト鍋
トマト鍋

そのほかチキンカレー鍋、豚カレー鍋、チーズ入りトマト鍋……知恵とアイディアをこらした味のあれこれ。ちゃんこは調味料さえ変えれば応用自在、ひとつの鍋で作れて手間いらず、栄養バランスのいい料理だ。

「裸でエプロン」の最年長選手の手ぎわがすばらしい。大鍋に湯が煮立ったら和風インスタントだしをくわえ、大根、さといも、にんじん、固い野菜から沈めてゆく。油揚げを四角に切り、豆腐を丁寧に切り分ける手つきはお母さんのそれ。にらをざくざく切る裸の背中で、エプロンのひもの蝶々結びがリズミカルに揺れている。

――すごく丁寧ですね。

「料理は見た目なんで。火が通りにくいものを先に入れて、葉物はあとです。そういう細かいことはちゃんとしないと。豆腐の切り方ひとつに性格がでます」

盛り込み方にも、こまかく気を配る。最後に散らしたにらのざく切りの緑、豆腐の白のあざやかなコントラストも完璧だ。

「加熱し過ぎると野菜が崩れますから」

時計をちらちら気にしながら、コンロの火加減をいったん弱める。

「寮に入ったとき、先輩からちゃんこの作り方を教わったのですが、そのとき教えられたのがちょっと濃い味つけだったので、自分で薄めに調整するようになりました。練習して汗をかいてから食べるでしょう、そうすると濃い味が欲しくなるんですよ。食卓でめんつゆやポン酢を足したりして、それぞれ自分の好みの味で食べたい。だったら、最初は薄味にしておいたほうがいいかなと」

もともとの料理好き、研究熱心、サービス精神旺盛。細やかな気遣いと裸とエプロンがみごとに一致している（彼は、この数年後、新日本プロレスのスター街道を進んでゆくことになる）。

醬油とみりんで味を調え、入念にあくを引いてからテーブルの中心に据えた電磁調理器の上に移すと、鍋の縁をくるり、ティッシュできれいに拭き上げた。

「めしは、これで炊いてます。ほぐすときはかなり大変です」
片手にわらじ大のしゃもじを握って開けたのは、二升の米がいちどきに炊ける巨大な炊飯ジャーだ。ふたを開くと、熱い湯気がどっと立ち昇る。特大しゃもじを差し入れて炊けたご飯をほぐすたび、上腕の筋肉がぐーっと盛り上がる。

　週に一度、順繰りに回ってくる食事当番は、選手それぞれの受け止め方が微妙に違うらしい。本音を探ると、「ちゃんこ番は気疲れする」「先輩が食堂に来ると緊張する」「味が気になって落ち着かない」、いろんな感情があるようだ。料理中でも、先輩に呼ばれればすっ飛んでいかなければならないし、電話番や来客の応対も修業のうち。寮の雑用係も兼ねているから、道場で練習しているほうが集中できて、むしろ気が楽なのだろう。身体を鍛えて大きくしなければならない若手選手にとって、食べることは大事な仕事のひとつだが、それを受け負うのもプロレスラーになるためのプロセスの一部だ。

　道場では、午前中から四時間ほど続けた練習にいったんひと区切り。

「姿勢を正して黙想！」

　しばし広がる静寂。

「やめ！　これで本日の練習終わります」

　正面の「闘魂」に向かって、一礼。

「練習ありがとうございました」

　練習を終え、シャワーを浴びた選手たちが三々五々入ってくると、食堂は一気ににぎやかになる。棚から取り出した自分用のプロテインを水に溶かして飲む者、いったん食卓について休憩する者、炊飯器の前へ直行し、丼にごはんを盛る者。

「いただきます！」

　つねに礼儀正しい挨拶ののち、ヤングライオンの食事タイムがはじまった。

　丼いっぱいのめし。お玉で鍋からよそう煮えばなの野菜、鶏肉、豆腐、油揚げ。自分用の丼に取り分けてからポン酢をかけたり、めんつゆをちょろりと足したり、各自それぞれに好みの味を作り、ばくばく食べ進む。丼めしのおかわりは、たいてい三杯。寮生活を送ると体重は平均十キロ増えるというが、しかし、野放図な早食いや大食いではない。

「おなかいっぱいになったあとからが食事のスタート」だ。寮で消費する米は、十日間で平均三十キロ。ひと月の寮の食費予算八十万円、食事はプロレスラー育成のための先行投資と位置づけ、食費を削ることはない。食べかたにも細かい工夫を凝らす。練習終了後三十分以内に食べるのは、栄養素の吸収の効率を上げるため。ウエイトトレーニング直後にプロテインを摂取するのは、効果的に筋肉を形成するためだが、バランスよく食べなければ質のいい筋肉は育たない。ごま塩、炒りごま、のりたま、紫蘇《しそ》ふりかけ、鮭フレーク、かにふりかけ、味つけ味噌、味塩……テーブルにふりかけ類が何種類も常備されているのは、身体を大きくするために欠かせない米をよりたくさん摂るためだ。消化のいい炭水化物を食事の最初に食べると血糖値が上がりやすくなり、取り込まれた糖はエネルギー源であるグリコーゲンになるから、筋肉をつけていくうえでは、食事によって血糖値を上げることも重要な手立てである。

　いっぽう、各自食べる朝食には、選手それぞれの工夫がある。

「身体をでかくしようとしているので、ゆで卵五個以上、めしを丼一杯」

「朝食を食べると練習のとき吐いてしまうので、いつも食べない」
「納豆二パック、ごはん一杯、プロテイン二〇〇cc。好きなプロテインはサワーミルク味」

夕食はひとり千五百円の予算内で、デビュー前の練習生がみんなの希望をとりまとめて買い出しに行き、それぞれが食べたいものを自分でつくる。食事の回数を増やすのも、筋肉づくりには有効だ。

食べる行為は、自分のモチベーションを上げ、目標とする身体を手に入れるための手段だから、よさそうだと聞けばまず試してみる。

ある選手が教えてくれた。

「体重を増やしているとき、コーラを飲みながら食事をしていた時期もあります。炭酸をたくさん飲むと、胃壁が伸びて大きくなると聞いたことがあって。真偽のほどはわかりません」

炭酸飲料も胃のトレーニングに役立てようというのだから、藁《わら》をもつかむ思い。

怪我《けが》をして療養中の選手が、食堂で話してくれた。

「たくさん食べてもなかなか身体が大きくなっていかない、痩せるタイプの人間は苦労します」

ゆでた鶏ささみを小さく切ってキッチンペーパーで水気をていねいに拭き取り、容器に並べて詰めているので、それはいつ食べるんですか、と訊くと、

「外出するときに持ち歩いて、口さみしくなったら食べるようにしています。僕の場合は痩せがちなので、つねに食べて、アナボリック（筋肉への同化作用）な状態の筋肉をつくる意識を保っていないとだめなんです」

おなじものを食べていても、筋肉のつきかた、増えかたはそれぞれの体質によって差が出てく

る。だから、自分の身体の癖や傾向を早めに把握する必要がある。

　ひとしきり食事が落ち着いて手が空いたところで、食事当番の選手があらたな行動に出た。冷蔵庫から取りだしたパックに「オーガニック・ラム４００ｇ」と書いてある。炒めるのかなと思ったら、鍋に湯を沸かし、そのままゆでて皿に盛る。裸でエプロンのままラム肉の皿を持ってテーブルにつくのだが、自分が用意したちゃんこの鍋には手をつけず、粉唐辛子やごまを足した焼肉のタレをつけながら、黙々とラム肉四百グラムだけを口に運ぶ。遠征先などで焼肉を食べる機会があっても、口にするのはロースかハラミ、脂肪分が多いカルビは避けるという。

「うかうかしていたら体重百三十二キロまで増えちゃいまして、身体が重くなってきたのでラム肉減量法を導入したんです。半年で三十キロ減量、現在九十九キロまで落としました。ちゃんこを毎日食べていると、一ヶ月で平均三キロ増えますね」

　彼はアマチュア時代、フリースタイル百二十キロ級で優勝経験をもつが、プロとしてデビュー後、体重百キロを超えると、自分の身体が少し重いと感じるようになった。得意な技、戦い方、プロレスラーとしてのキャラクターなど、自分の個性をどうつくるか、現在はプロレスラーとしての方向を模索中だ。


　翌日、また昼どきに道場を訪ねた。

ドアを開けると、玄関先の大量のシューズはやっぱりこれ以上ないほど整理整頓が行き届いている。

食堂に案内されながら、気になることがあった。今週の献立表に「豚しゃぶ」と書いてあったけれど、脂身のある豚肉をたくさん食べても大丈夫なんだろうか。いや、赤身だけなのだろうか。「身体を大きくするのは若手選手の仕事」とはいうけれど、デビューしたての若手選手たちは自分の身体をどうつくるか、デザインするか、昨日ひしひしと伝わってきたから、よけいに気になった。

今日の食事当番は、デビュー一周年を迎えたばかりの海野《うみの》翔太《しょうた》選手だ。精悍《せいかん》な身体つき、少年っぽさが残る甘いマスクは将来きっと人気が出るなとひそかに思う。海野レフェリーの次男、十八歳のとき入寮するまで東京の実家暮らしだったから、家事の経験は一切ない。それまで包丁に触ったこともなかった。

「野菜は切れたから包丁の扱いはどうにかなったんですけど、調味料の使い方がまったくわからなかった。ちゃんこをつくるときは、醤油をちょろっと一周回して、味をみて、また一周回して味をみて、少しずつ料理を覚えていきました。先輩が寮にいないときがチャンスなんですよ。失敗したら『なんだこれ』と怒られちゃうから、留守を見計らって自分で練習しました」

失敗という甘い逃げ道は用意されていない。おなじ寮生だけでなく、練習のために道場にやって来る先輩レスラーが食事をすることもあるから、気は抜けないという。前日の食事当番の選手が「僕の料理は、棚橋さんのアンケート第一位ですから」と自慢げに言っていたのも、プロレスラーという人気商売の一端につながっている気がして、はっとさせられた。料理は、ひとりよがりでは上達しない。これがうまいと一方的に押しつけるのではなく、食べる相手のよろこぶ顔を思い描き、おたがいの対話のなかから育っていった料理がけっきょく胃袋をつかむ。食事当番を経験しながら学んでいるのは、理屈を超えた相互理解の回路だ。プロレスラーは「『防御』をするかわりに『受け身』を鍛える」（『私、プロレスの味方です』）という言葉も、リアルに立ち上がってくる。料理をつくることもまた、他者を受けとめる行為である。

時計の針が正午に近づくと、海野選手がテーブルを調えはじめた。ぴしっと横一列に並べた鍋、お玉、大皿に盛り合わせてラップをかけた野菜、大根おろしの丼、薬味用の刻みねぎの皿。すきのないセッティングに独自の美意識がみてとれるのだが、それ以上に伝わってくるのは工夫のあと。自分で取り分ける皿盛りスタイルをつくっておけば、あとは各自に委ねられるし、自分の仕事も増やさないための頭脳作戦だ。

「そうなんですよ、食事当番はなにかと仕事が多いから、手をかけずにすむコレを思いつきました」

炊飯器のごはん二升は、あらかじめさっくりほぐしておくのも当番の仕事だ。

「重いです、これだけでひと仕事です。疲れますねー」

あっというまに準備を終えていたずらっぽく言い、早くも手持ち無沙汰になるのだから要領がいい。今日は電話も来客もなく、寮のなかはしんと静まり返っている。素材を並べるだけの豚しゃぶは、海野選手にとってのラッキーアイテムだ。テーブルにセットしたつけだれは市販のポン酢、キムチの素、めんつゆ。

豚肉には、ほどよく脂身がついていた。ばら肉ではなく、赤身の多いロース。出入りの肉屋さんが部位を選び、一人前三百グラム強の薄切り豚肉を扇状に盛りつけた丸皿十五枚を配達してくれたもの。脂肪分も、若手選手には大切な栄養素だ。

午前中の練習メニューをこなした選手たちがシャワーを浴びて着替えてから食堂に入ってくると、ゆっくり三十分ほどかけながら丼めしをおかわりし、肉も野菜も着々と胃袋に納めてゆく。減量中の選手は、豚肉には手をださない。

海野選手は、九十キロ台に増量した体重をそのまま一定にしながら身体を絞っているところだという。

「体重を気にせずに重くするだけならいくら食べてもいいんですが、今のままキープするのがいいかなと思って、甘いものは節制しています。この前、誕生日にデビュー一周年のお祝いをしてもらったとき、久しぶりにケーキを食べたんです。そうしたら、ひと口めはものすごくおいしかったけれど、二、三口めになったらもういいや、と。食べたくなくなっていた。あれは不思議な感覚でした。コンビニに行くと、好きなお菓子の前で四往復しながら耐えてます。ものすごい葛藤です」

ずっと我慢を重ねていれば、ストレスが溜まる。精神的な負担を軽減するための方策が、週一度のチートデーだ。アスリートのあいだで広く導入されているもので、その当日だけ食べものを制限せず、好きなものを好きなだけ食べていい。また、食事制限を続けていると、飢餓状態に備えて身体と脳が代謝を落とす方向に向かうため、チートデーを設け、〝飢餓状態ではない〟とだます（チート）ことによって、停滞を切り抜ける。意図的に食物摂取のアップダウンの波をつくって代謝を上げる効果も期待でき、もちろんストレス解消にもなる。チートデーを楽しみにして切磋琢磨する自己管理の日々のなかで、上手にセルフコントロールできる者だけが生き残ってゆく。

エースの座を夢見て日夜鍛錬に励む若者たちが、丼めしを片手に言った。

「プロレスの練習より、はっきりいってここは花嫁修業の場です。いいダンナになりますよ。料理、洗濯、掃除、なんでもできます」

「そうだよな、おれたち魅力しかねえよ！」


プロレスラーと食生活の関係を、みずからの存在を示しながら解き明かす人物がいる。寮の管理人を務めて二十年余り、小林邦昭。往年のプロレスファンなら、その名前を聞くと目の色が変わるに違いない。一九五六年生まれ、十六歳で新日本プロレス入門、翌年デビュー。メキシコ遠征を経て、アメリカ時代は「キッド・コビー」のリングネームで活躍する。凱旋帰国後、初代タイガーマスクとの抗争劇でヒールに徹し、マスク剝がしの「虎ハンター」として人気を集めた。全日本プロレスにも参戦、新日本に復帰後はヘビー級に転向、そののち二〇〇〇年に引退。スカウト部長やプロレス中継の解説ほか、現在は寮の管理人として若手選手の育成にたずさわり、厚い信頼を集めている。

小林は、毎朝二十分かけてバイクを走らせ、道場に通う。

百八十三センチ、広い肩幅、ぶ厚い胸板、がっちりと太い二の腕は、現役時代を彷彿とさせる。偉丈夫の口から直接聞く若手時代の実話は、迫力満点だ。

小林は鬼軍曹、山本小鉄にさんざんしごかれた。

「小鉄さんの口ぐせは、『食わねえなら荷物まとめて田舎に帰れ！』『デカくならなきゃだめだ』

『ゴツくなれ』。めしを食ってるときは、ずっとそばについて、『おまえ何杯食べた』『じゃあ、あと何杯だ』……言われためしの量を食べ終えるまで、許してもらえなかった。これはあちこちで話してるから有名な話になっちゃいましたけど、浜松から小倉まで新幹線に乗ったとき、僕が食堂車でスパゲッティやカレーを食べてたんですよ。そしたら小鉄さんがいて、『コバヤシ、おれが奢るからメニューに載ってるものを全部食え』。目の前にどかっと座って、食べるのを見てるわけです。泣きそうになりながら、小倉に着くまでずっと食べ続けました。そうだねえ、三十皿近くあったんじゃないかなあ。おしまいにはウエイトレスからコックまで外に出てきてね、みんなで応援してくれましたよ。いやあ、あれはつらかった」

七二年の話である。『真説・長州力 1951-2018』（田崎健太著　集英社文庫）に描かれる、長野から上京したばかりの小林についてのくだり。小林青年は、新日本プロレスを旗揚げしたアントニオ猪木が新弟子を募集しているという記事を読み、みずから志願して寮生活に入った。

「その日、小林が戸惑ったのは食事だった。
テーブルの上に置かれたアルマイトの大きな鍋を、上半身裸のレスラーたちが箸でつつき始めた。小林は他人が箸を突っ込んだ鍋は不衛生で、食べる気にならなかった。（中略）米飯を食べることで軀を大きくするというのが山本の方針だった。小林がプロテインサプリメントを飲んでいると、山本が血相を変えて飛んできた。
『馬鹿野郎、プロテインなんか飲むんじゃねぇ。化学の力で軀《からだ》を大きくしてもしょうがねぇだろう。飯を食え』

山本はプロテインの袋を小林から奪うとゴミ箱に捨てた。
(高い金を払って買ったのに)
小林はゴミ箱に入ったプロテインの袋を恨めしそうに見た」

プロテインについては次章でくわしく書くが、とにかくプロレスラーの食事は「米のめしとちゃんこが基本」だと叩きこまれる。ひと目見ただけで「すごい」と舌を巻かせなければならない。お金のとれる身体でなければならない——これが鬼軍曹の持論であり、プロレスラー観だった。

「僕らの時代は、身体が大きくて目を引くことが重要だったし、そこに立っているだけで威圧感を与えたものです。街を歩けば人が振り返って見たし、タクシーに乗ったら『お客さんすごいですねえ、お仕事は何なんですか』と訊かれる。そういう注目される身体をつくるために朝からお鉢を抱えて三十杯分くらい平らげていたわけだけど、まあとにかく『何でも食べろ』と命じられて怖かったですよ。当時は、細い選手でも最低百キロはありましたから。今はジュニア級だと八十キロくらいですか。今のレスラーは体を絞ってますから、昔に較べると全体に小さい。街を歩いていてもべつにプロレスラーだとわからないし、目立ったりもしないでしょ。最近のプロレスは飛んだり跳ねたり、動きが激しいから、逆に軽くないとケガしちゃう」

むやみに身体を大きくしたり筋肉をつけると、キレのいい動きや技を要求する現在のプロレスの潮流には合いにくい。身体のつくりかたにも、時代性が反映される。

「若手選手は、それぞれ自分の目標を立てて、プラス何キロ、マイナス何キロと設定して計画的に体重を管理します。トシを取ってきたら、少しずつ体重を減らしてゆく。とにかく自己管理が八割ですね。だれもかまってくれません」

小林の言葉には含蓄がある。

「プロレスラーは、完全に自分まかせの世界なんです」

「自分まかせの世界」を生き抜く弱肉強食の論理が身に染みているからなのだろう、若手選手たちにたいする面倒見のよさ、優しさは天下一品だ。

ちゃんことごはんだけでは飽きるから、と手製の料理を一品添える。きのう、小林が近所のスーパーで買ってきたのは、まぐろの赤身だった。ボウルに味噌とコチュジャンを入れてささっと合わせ、そこへまぐろを入れて手ごねにして、ちゃんこのテーブルに添えた。今日は、通称「道場ステーキ」。近所のスーパーで買ってきた牛リブロースのステーキ肉、一枚五百グラム見当。包丁でとんとん叩いて繊維を断ち、ガーリックパウダーを振りかけ、ついでに「お肉やわらかの素」(「まぶして5分　酵素が効く!」とラベルに書いてあった)も振って、バターを溶かしたフライパンでじゅーっと焼く。フライパンの表面にでた脂をこまめにキッチンペーパーで拭き取る手つきがとても丁寧で、お母さんのような愛情を感じる。ときには、おやつ代わりにパンケーキも焼くし、あんこ巻きをつくるのがブームだったときもある。

「寮に入っていちばんびっくりしたのが、小林さんの料理がめちゃくちゃおいしかったことです。サーモンのソテーに特製ソースをかけて、いくらと葉っぱも添えてあってびっくりしました。小林さんのパンケーキを原宿で食べたら二千円しますよ」

小林さんは全能です、と海野選手は絶賛するのだが、その全能ぶりは内外に広く知られるところ。新日本プロレスの家宝である。

ロビーのかたわらに、小林愛用の主婦向けの雑誌やレシピ本がたくさん置いてあり、スーパーマーケットに置いてあるリーフレットのレシピまでファイルにまとめてある。最近のヒット作はなんですか、と訊くと「うーん、なんでもつくるからねえ」と言いながら雑誌を開いてぱらぱらめくり、「これかなー」と指差したのは「トロぷる柔らか〜い鶏胸肉の簡単みぞれ煮」だった。食堂に観葉植物やインテリア小物を置いてなごみの空間をつくるのも、洗面所に手製のかわいい折り紙細工を飾ったりもする。男所帯の寮を、自他ともに認める驚異の女子力で盛り立てる。

しかし、「女子力」で片づけていると重要なことを見落としてしまうと気づいたのは、小林がこう語るのを聞いたからだ。

「プロレスラーはエンターテイナーじゃなければ務まらないんですよ。試合だけやってるわけじゃないですから」

試合だけやってるわけじゃない——それは、ただ強ければいいわけではないということ。プロレスは強さを競うが、試合の勝ち負けや結果だけでは終わらない、〝魅せる〟要素が大切だと小林は示唆している。

「引退後、飲食店をやって成功するプロレスラーは多いんです。キラー・カーン、グレート・カブキ……プロレスラーは食べものとの縁が深い。修業の最初にまた戻るんだね。自分のルーツに戻るというかね。でも、人気があるからとか活躍したからとか、変なプライドを持ってるとだめなんです。地方巡業に行けば応援して下さる方の接客も大事だし、グラスが空いたらビールを注ぐとか、周囲を楽しませる気遣いができないと。ファンにたいするサービスも大切です。だから、プロレスラーはエンターテイナーじゃないとだめなんです」

遅まきながら、気がつく。昨日の食事当番の〝裸でエプロン〟、あれは外からやってきた私たち〝お客さん〟に向けたエンターテインメントだったのだ。道場で、練習メニューをていねいに説明してくれたのも、天井までロープをつたって登る荒技を披露してくれたのも、サービス精神の発露やエンターテインメントの訓練だったのではないか。

道場で共同生活を営み、毎日おなじ食卓を囲むのは日本ならではのありかただと指摘するのは、国内外のプロレス事情に精通する流《ながれ》智美《ともみ》だ。流は一九五七年生まれ、一橋大学卒業後、『週刊プロレス』創刊号から今日まで連載をもち、プロレスに関する知識と情報量は右に出る者がいない。アメリカでの事情に精通している流に、練習で汗を流したあと、みんなで鍋をつついて食事をするちゃんこスタイルはどんなふうに映っているのだろう。

「アメリカのプロレスラーはフリーランスの集まり、つまり個人事業主です。だから、日本のように合同練習をやる道場があるわけではないし、そもそも団体の概念がありません。気の合う者同士がめしを食うことはあっても、いっしょにちゃんこを食う理由はないわけです。おたがいがライバル、ボスはプロモーター、棲み分けがはっきりしている。いっぽう、日本のプロレス団体は共同体ですから、だれかがつくったものをいっしょに食べるちゃんこは、いまだに有機的な役目を果たしていると思いますね。団体が一丸となって同じベクトルに向かって走るという局面があれば、よりいっそう機能を果たすわけです」

——つまり、共同体を維持していくうえで、日本ではちゃんこという食習慣が必要とされてきた、と。

「そうです。間違いなく必要なんだと思います。ただ、稀勢の里の師匠、隆の里が『絶対にほかの相撲部屋の力士とご飯食べるな』と言い渡していたというのはよくわかりますね。食事をいっしょにすれば、どうしても情けが出てしまう。これが本来の姿でしょう。アメリカで唯一の団体ＷＷＥでは、試合が終わったあと、試合会場にケータリングの豪華なワゴンが並べられて、みんなでそれを食べる。いわゆるアメリカ流のちゃんこです。いまＷＷＥでは三十人くらいが同じ飛行機に乗ってツアーするのですが、まるでリングリング大サーカスです。いっぽう、日本の昔のプロレスはぎこちなくて、だからめっぽう面白かったし、惹きつけられました」

ひとつの鍋を囲んでめしを食うという行為には、諸刃の剣が潜んでいる——プロレスの見巧者《みごうしゃ》として、第一線でペンを揮《ふる》ってきた流にしか持ち得ない視点だと思った。「勝つ」という使命を背負う者にとって、共食がもたらす複雑な意味を考えさせられる。

プロレスが、プロレスラーが、道場というスタート地点で少しずつ解きほぐされていった。ただ強さを競うなら数字や結果を相手にする記録の世界の住人だが、その枠をエンターテインメント性や表現力、人間味で突き破ってみせるのがプロレスラーという職業なのだとわかってくる。

ふらりと食堂に入ってきた男性と鉢合わせになった。

金色に近い長髪が肩のあたりで跳ねている。Ｔシャツの半袖を盛り上げる上腕三頭筋。目を釘づけにするがっちりと厚い胸板。なのに、アンバランスなほどおだやかな物腰。このひとを知っている、だれだろうと思ったら、それは新日本プロレスを背負って立つ「１００年に１人の逸材」棚橋弘至選手だった。オーラが完全に消えている、消している。

椅子に座って、棚橋選手が台所にいる選手に声を掛けた。

「今日の隠し味なに？」

穏やかな声で訊かれ、彼は弾かれたように食器を用意しに走った。道場に置いてあるコスチュームを受け取って移動する途中、ついでに食堂で昼食をすませるらしい。

食器が運ばれてくるのを待つ棚橋選手に訊いてみた。

――ここで食べる食事はおいしいですか。

「道場は安心するんですよ。〝いつ来ても、かならずちゃんこがある〟という安心感があるんですよね」

立命館大学卒業後、新日本プロレスに入団した棚橋選手にとって、九九年から〇一年まで二年間、きつい練習に明け暮れた古巣である。四十代に入って体重百一キロ、身長百八十一センチ、鍛錬を重ねてつくり上げた肉体美は、棚橋選手の魅力を担う大きな武器である。

ちゃんこの大鍋は電磁調理器のコンロにかかっているので、食堂にある間はずっと熱いままだ。ふたを取ると、ほわっと湯気が上がる。棚橋選手が自分の丼によそうのは、野菜と鶏肉だけ。最初からご飯の丼はない。

大根、しいたけ、ねぎ、にんじん、豆腐、選り好みせずまんべんなくよそうのだが、お玉を底のほうに差し入れ、鶏肉をたくさんよそっている。鶏肉は良質のたんぱく質だ。

食べる姿を見て、あっと思った。箸で鶏肉をつまむと、肉についている皮や脂肪をいちいち指で取り除いている。

――ここまで細かく気をつけているとは……驚きました。

「皮や脂肪もいっしょに食べちゃうと、三十分よけいに練習しなくちゃいけなくなるから、効率が悪いんですよ。食べもののカロリー数はだいたい頭に入っています。摂取した脂質やたんぱく質も把握しています。今日の昼めしは一グラム（脂質）九キロカロリー、全部で二〇〇キロカロリーくらいだと思います」

野菜や鶏肉のだしが染み出た熱いスープを少し飲み、言った。

「かっこいい身体になりたかったから、ずっとこういうふうにしてきました」

毎日の食事を写真に撮るのは、レコーディングダイエットに活用すると同時に、ＳＮＳの発信ツールにするためだ。

「応援してくれるファンにとって、食べものは親しみやすい情報かなと思って」

ソフトクリームの広告写真の前で、「むう」とコメントをつけて立ち尽くす棚橋のツイッター写真は、共感を超えて胸がときめく。あの並外れた筋肉の美しさは努力と節制のたまものだと察せられるし、人間味や親しみやすさが伝わってくる。プロレスラーも自分とおなじ生身の人間なんだなと思ってもらえれば、プロレスとの距離が縮まって親しみを持たれる――食べものを巧みに使いこなすクレバーさもまた、「１００年に１人の逸材」を名乗る根拠に思われる。

じっさい、棚橋弘至から聞く食べものとの関係は、聞きしにまさる律儀なものだった。

三章

プロテインか、青汁か

自分の肉体を表現する

●ミケランジェロと勝負する身体

●棚橋弘至と六十分

●真夜中に飲むプロテイン

●食べたいものを食べない

●玄米と十円玉　石井智弘

次に棚橋弘至《たなはしひろし》に会ったのは二〇一八年秋、主演映画『パパはわるものチャンピオン』の公開を間近に控えたタイミングだった。初主演した映画のプロモーション用に充てられた取材日で、午前中のイベント出演から夕方まで数十分刻みの取材がびっしり組まれているなか、六十分のインタビューの機会が設定されたのはありがたかった。

もちろん、映画はすでに試写会に足を運んで観ていた。同名の原作絵本『パパのしごとはわるものです』『パパはわるものチャンピオン』（板橋雅弘・作　吉田尚令・絵　岩崎書店）を映画化した作品で、かつてトップレスラーとして頂点を極めた主人公、大村孝志が負傷欠場したのち、プロレスを続けるためにマスクを被って悪役「ゴキブリマスク」としてリングに上がる。自分の父親の仕事が悪役レスラーだと知って衝撃を受ける九歳の息子、祥太。理髪店を営みながら夫を支えてきた妻、詩織。孝志は悪役レスラーの仕事をまっとうしながらも、父親の仕事について悩む息子との向き合いかたに苦しむ。プロレスラー棚橋弘至と映画の役柄が重なりながら、家族の物語が描かれていた。

スクリーンを観ながらあらためて感じ入ったのは、棚橋の伝達力、あるいは並外れた表現力である。かつて映画監督、大島渚が理想的な映画俳優について「一に素人、二に歌うたい、三、四がなくて五に映画スター、六、七、八、九となくて十に新劇」と語ったのは有名な話だが、まさにそれと同じだと思わずにはいられなかったし、「歌うたい」を「プロレスラー」に置き換えてみたくもなった。じっさい大島渚は、『戦場のメリークリスマス』でデヴィッド・ボウイ、坂本龍一、内田裕也、ジョニー大倉、三上寛《かん》などの「歌うたい」を登場させ、一種異様な緊張感とリアリティを引き出してみせた。役になりきるプロの役者より、楽曲を歌いながら個人として虚実をまとう「歌うたい」に潜む表現の可能性。坂本龍一が演じた陸軍大尉ヨノイ役には、そもそも「歌うたい」友川カズキを当てるつもりだったが、秋田訛《なま》りは直さないという強い意志を友川カズキが崩さなかったため、やむなく出演依頼を断念したというエピソードもある——そんな記憶まで蘇《よみがえ》ってきたのは、演技力の巧拙を超えたところにある表現者としての棚橋に納得させられたからだ（悪役コンビ、ギンバエマスクを演じたプロレスラー、田口隆祐《たぐちりゅうすけ》の演技も出色だった）。

　プロレスラーとしての棚橋のスタートにも、ある種のドラマ性を感じる。一九七六年、岐阜県生まれ。新日本プロレスの門を叩いて入門テストに合格した九八年、アントニオ猪木が現役を引退。立命館大学を卒業し、新日本プロレスに弟子入りした九九年は、ジャイアント馬場が六十一歳で亡くなった年でもある。日本のプロレス界を牽引してきた巨星が相次いで去り、あらたな団体Ｋ－１やＰＲＩＤＥが台頭して格闘技ブームが起こり、二〇〇〇年代に入ると低迷の一途をたどる新日本プロレスから退団者が続出……スタート地点がどん底だった。いっそアメリカに渡って自分の理想のプロレスを追求したいと悩んだこともあったようだが、自分の手で新日本プロレスを変えたいと腹を括《くく》る。「ストロングスタイル」という猪木イズムの呪縛から逃れるようにして、棚橋弘至が始めた日本中を行脚する地道なプロモーション活動は、芽が出るかどうかもわからない草の根運動に等しかった。

当時の棚橋を、ノンフィクション作家、柳澤健はこう評している。

「ストロングスタイルというイデオロギーを信奉する新日本プロレスの中にあって、棚橋弘至は圧倒的に異質な存在であり、だからこそ、古いファンからのブーイングを受け続けた。

その一方で、誰よりも深く新日本プロレスを愛する棚橋は、自ら先頭に立って会社を再建しようとした。残酷な流血戦や、後味の悪い遺恨試合は必要ない。女性や子供が見てくれないからだ。

ストロングスタイルは前世紀の遺物であり、21世紀の新日本プロレスは、観客が楽しい記憶を持って帰れるハッピーエンドのプロレスを提供するべきだ。

棚橋はそう考えていた。

創業者の思想を完全否定して、まったく新しい思想を提唱する。

棚橋弘至は思想家であり、革命家であり、煽動者であり、それゆえに孤独だった」

（『２０１１年の棚橋弘至と中邑真輔』文藝春秋）

そののち、奇跡ともいわれる現在の新日本プロレスのＶ字復活ぶりは周知の通りだ。

棚橋は着々と国内外で存在感をアピールし、「棚橋時代」を実現させてゆく。肩になびく長い茶髪、少年時代に憧れた、仮面ライダーからイメージしたコスチューム、コーナーポストに上がって観客に向けて叫ぶ「愛してま〜す」……インパクトの強いパフォーマンスひとつひとつが、この十数年におよぶ自己プロデュースの戦略である。ひときわ目を引く肉体はみごとにデザインされ、りゅうと盛り上がった大胸筋、上腕二頭筋の張り、ずっしりと厚みのある三角筋、あるいは腹部中央の腹直筋の存在感、優美なウエストのくびれを描く鍛え抜かれた腹斜筋、そして、うっすらと筋肉に乗った脂肪。棚橋の立ち姿は、華がある肉体の代名詞そのものだが、華を咲かせたのは過酷なトレーニングだというメッセージを無言のうちに伝えてよこす。一八年夏、国立西洋美術館で開催された「ミケランジェロと理想の身体」展の公式告知を見たときには、思わず声が出た。ミケランジェロ作の裸体の彫像写真と肩を並べてポーズを決めた棚橋弘至の肉体美。映画のみならず、棚橋はアートシーンにまで進出していた。一九年、スポーツ誌「Ｎｕｍｂｅｒ」（文藝春秋）が〝現役最高のプロレスラー〟を投票で選ぶ「Ｎｕｍｂｅｒプロレス総選挙」で一位に返り咲き、キャリア二十年、四十二歳の棚橋は圧倒的な存在感を示した。ただ、一六年は左肩剝離骨折と二頭筋断裂、一七年は右上腕二頭筋腱遠位断裂、一八年は右膝変形性関節症、一九年は肘部管症候群と診断されるなど、手術や負傷欠場の期間もあり、満身創痍でもあった。新日本プロレスを牽引するエースとしての力だけでなく、プロレス愛をはじめとして棚橋の身体から発せられるメッセージの深さが、プロレスファンの心の琴線をかき鳴らすのだろう。

――お疲れのところお時間をいただき、ありがとうございます。

「いえ、全然疲れてません。これまで疲れたことは一度もありませんから」

そうでした。失礼しました。先日のＮＥＷ ＪＡＰＡＮ ＣＵＰの決勝戦を拝見したのですが、会場の反応がものすごく熱かったのには驚きました。

「自分が思っていた以上に棚橋推しの空気があって、これはもう乗るしかないなと思って。もっと声援が割れるかなと思ったんです。やっぱりファンは新しいチャンピオンも見たいはずだと思っていたら、予想以上に棚橋推しの空気があって、ラッキーだと思いましたね」

――どのタイミングでそれを感じましたか。

「リングでゴングがカンと鳴って、ワーッとなるじゃないですか。僕はいつも『たーなはし』ってお客さんの声援を煽《あお》るんです。その時に反応が来ればいいし、来なければそれに応じたリアクションをすればいいと思ってやっているのですが、すごい声援が来たので『あ、今日はそういう感じなんだ』。ビビッときて戦略を変えました。これは普段のままいけるな、と」

――試合会場の状況を敏感に察知して、すみやかに流れや組み立てを変えていく。

「そうです。プレイ・バイ・イヤー、耳で試合する。声援に合わせて次の動きを考えるわけです。瞬発力というか、判断力。年間通して百十何試合ありますが、ひとつとして同じ反応がない。この技をやれば盛り上がる、出ていけば大丈夫、ではなく、そのときどきでシチュエーションも声援も違うので油断できません」

――判断の変化は、対戦相手にも瞬時に伝わっていますか。

「伝わるものじゃないですかね。それがこのプロレスという仕事の、一番の醍醐味です。毎日違う、安心がない、緊張感が切れない」

――今日伺いたいのは、食べものとプロレスラーという仕事の関わりについてです。このところ後楽園ホールに足を運んで観戦しながら気がついたのですが、プロレスラーはそれぞれの選手像を自分自身で作っています。「棚橋弘至選手」としてのパフォーマンスを自分で意識していらっしゃるし、つねに自分を客体化しながら選手像をつくっていると感じます。ここが、プロレスのエンターテインメント性と大きく関わっているところではないかと。

「さすがです。お察しがすばらしいです」

——恐縮です。それが、観る側にとって大きな魅力になっているのだと思いました。だから、観戦する者にとっては、記録や結果を更新する場面に立ち会うのとは意味が大きく違う。そこがプロレスの魅力をつくっていると感じます。だからこそ、鍛える、身体を養うために食べる、両者は同一線上にあるのではないかと。

　つい、いきなり話のどまんなかに突っ込んでしまった。それは、目の前の棚橋弘至から発せられる空気がきわめてオープンで、明晰な口調から伝わってくる〝いかようにでも応じる〟という懐の深さに導かれてのことだった。もしかしたら、プロレスを語るときしばしば重要視される「受け身を取る」ことにも通じているのかな、と一瞬頭をよぎった。

　あの道場の食堂での光景も思い出していた。新日本プロレスの道場の食事を取材に行ったとき、コスチュームを受け取りに立ち寄った棚橋が食堂でちゃんこを食べ始めた。箸で鶏肉の切り身をつまみ上げるたび、いちいち皮をはずして丼の外によける様子を見ながら、ここまで徹底して自己管理しているのかと驚かされ、ミケランジェロの彫刻の隣に立ってもひけをとらない肉体美の理由におおいに納得させられたものだ。

　二十代前半の若者たちと肩を並べてちゃんこを食べる姿には、拍子抜けするほど一切のオーラがなかった。ところが、いま目の前でにこやかに笑っている人物は、Tシャツの下からみごとな大胸筋や上腕三頭筋が存在感を放ち、全身から太陽光を発しているかのように明るくまぶしい。ひとりの人物のなかに潜む極端な針の振れ幅を目の当たりにして、いっそ正面から飛び込んでみたかったのだといま思う。

――あのとき、「鶏皮はいつも外して食べるんですか」とお訊きしたら、「これを食べちゃうと余計に三十分練習しなくちゃいけなくなる、合理的じゃないから」と即答されました。そのとき思ったのは、食べものが身体におよぼす作用をつねに変換しているんだなということです。いっぽう、入門して二年間過ごされた新日本プロレスの道場では、まず、たくさん食べて体を大きくする指導があったのではないですか。

「とにかく体を大きくしようと思ったのは大学生のときです。なぜかというと、当時の新日本プロレスには、レスリングのエリートやアマチュアで実績を残した選手が入門していた。でも僕は、プロレス同好会という学生プロレスをやっていた異色の出で、他のレスラーに比べたら色眼鏡で見られる経歴だったんです。だから、文句を言わせないためには、だれよりもすごい身体である必要があった。ジムを渡り歩いてトレーニング方法を教えてもらい、栄養学やボディビルの本を読み漁《あさ》って、食事法や食事のタイミングを学びました。新日本プロレスに入門した時点で、栄養学にたいする知識はすでに飛び抜けていました」

――いろんな情報を集めながら、独学で身体をつくっていった。

「そうです。本から学んだ情報を実践しました。その結果、大学入学時の体重は六十八キロでしたが、卒業する時は二十二キロ増やして九十キロ。新日本プロレスに入門すると新弟子のきつい練習が続きますが、練習内容は同じだし、みんな志が高い連中なので必死に練習するから簡単には差がつかない。じゃあどこで差をつけるかというと、食事と栄養学。当時はプロテインを飲む者もいなかったけれど、僕は積極的に飲んだし、ビタミン剤やクレアチンという瞬発系の新しいサプリメントを取り入れました。練習がきつくて体重が減るはずなのに、入門してから半年で十二キロ増やし、百二キロでデビューした。これは、ひとえに僕がすごいです」

――どんどん大きくなるので「ステロイドを使っているのか」と言われたこともあったけれど、あくまでもナチュラルに徹した、と自著で書いていらっしゃいますね。ボディビルのように見た目を作り上げても、実戦で動けなければ意味がない、と。プロテインと食事はどんなふうに摂っていたのですか。

「基本の三食は大事です。朝、昼、夜食べるんですが、それだと食事の時間が空きすぎて血中アミノ酸濃度が下がってしまう。すると、身体は、脂肪ではなく筋肉を分解してエネルギーに変えようとしてカタボリック（異化）な状態になってしまう。筋肉が分解される状態を作らせないためには、つねに二〜三時間置きにプロテインとアミノ酸を摂取して、血中アミノ酸濃度が下がらないよう一定にしなければならないんです。その数値が高ければ、身体はアナボリック（同化）な状態になって、筋肉が合成されていく。僕は、寝る前に少しプロテインと水分を多めに摂るんです。そうすると、三時間くらいすると尿意で起きるじゃないですか。深夜三時か四時、枕元の冷蔵庫に冷やしておいたプロテインを飲んでいます」

――寝ているあいだも身体づくりですか……すさまじい。一度に飲むプロテインの量はどのくらいですか。

「二〇〇〜三〇〇cc、たんぱく質三十〜四十グラムです。そうすると、血中アミノ酸濃度が朝まで筋肉を分解させない。入門してから寮を出るまでずっと続けていました」

――二年間の寮生活で、食事について実地で学んだことはなんでしょうか。

「ちゃんこは力道山先生が相撲から持ってきた文化で、野菜も肉類も摂れるヘルシーな料理です。でも、やっぱりたんぱく質が足りないので、プラス副菜で肉類を補っていました。寮にいた頃はフトリさんという料理人の方が作ってくださっていて、僕らは洗ったり切ったり補助役でした。

　朝ご飯は決まっていなくて、前の夜にパンを買っておいても、卵を焼いてもいい。僕が寮長のときは、矢野（通《とおる》）と竹村（豪氏《かつし》）と三人で、夜にちゃんこのあまりを食べるときもありました。フトリさんが肉を焼いて出してくれたり。新日本プロレスでは、身体づくりはこの仕事のベースになると考え、財政の内情が苦しいときでも、食材だけは豊富に用意してありました。先行投資というか、若い子にたくさん食べさせて、将来はビッグスターになって帰ってきてもらう。

　そのうち自炊もできるようになって、得意料理はオムライスでした。僕のオムライスは本当においしいです。が、鶏肉に特化するあまり、ライスと鶏肉の割合が一対八（笑）。プロレスラーが引退後に飲食店を経営するのは、寮生活でひととおり料理ができるようになっているのも大きいと思います」

――寮を出たら、食生活は変わりましたか。

「いまの嫁さんといっしょに生活していたので、朝ご飯、昼ご飯はつくってもらっていました。道場ではちゃんこを食べ、夜は少し節制する生活に変えました。ご飯は白米です。炭水化物の量で体重をコントロールするのは、いまも変わりません。サラダは食べる、揚げものは食べない、高野豆腐は食べる……場合によりけりですが、家族の食事と僕の食事はふだんから別です。自分用に糖質ゼロ麺を使ったり、鶏の胸肉やささみを二百グラムくらいゆでたり焼いたり。でも、焼くときも油なしですからパッサパサです。喉に詰まって一度に食べられないので、食べる回数を多くしたり、いろんなたんぱく質を摂るために牛の赤身、白身魚、納豆、豆腐を食べたり工夫しています」

――大きな試合を控えているとき、食生活の設計はありますか。

「夜一食です。朝起きて午前七時にプロテイン、午前十時にプロテイン。昼にちゃんこを食べるときは少しだけ野菜と肉を食べることもありますが。午後三時にプロテイン、午後六時にプロテイン、午後九時に晩ご飯。夕方六時ごろ食べちゃうと、九時くらいに一食食べたくなってしまうので、夕食は遅めに設定します。肉は牛の赤身かささみ。料理する時間がないときはコンビニのサラダチキン。便利だしおいしいけれど、もう食べ飽きました。

　ちょうど今日から二週間後の試合に向けて『鉄の意志』が始まったんですが、『大きい試合が終わったら、あれを食べるんだ』と思いながら『鉄の意志』をストレッチします。このあいだはパンケーキ食べ放題とかＣｏＣｏ壱のカレーとか、引っ張って引っ張ってモチベーションにする。食が細いのか、あまり食べられないのか、とよく言われるんですが、じつはライス一キロくらいぺろっといけます。〝すごく食べられるのに食べない〟というところが、僕はめちゃくちゃ意志が強いな、と」

――モチベーションを最大限に利用して、自己肯定にもってゆく。

「そうです。自分の身体が絞れていて、好きなコスチュームを着て、自分自身が納得できる状況にあってこそ、僕はパフォーマンスが伸びる。少しおなかが出ていたり、『あーいまは脱げないな』という状態がものすごいストレスになるんです。人前で脱げないとストレスが溜まる、ストレスが溜まると食べる、食べると太る、太ると人前で脱げない……」

——悪循環のスパイラル。

「ものすごい負の連鎖が始まってしまうんです。四年ほど前、怪我《けが》で練習できなかったときは、代謝が落ちる、太る、また食べる……抜けられなくなってきつかった。見た目の自信をパフォーマンスにつなげるというのが、棚橋というプロレスラー。『今日も絞れている、コスチュームも決まっている、自分は完璧』というところからスタートしています」

——何をどう食べるかというより、むしろ食べないことに重点があるわけですか。

「食べたいものを食べないということです。自分の理想とする身体を得るには、何かを犠牲にしないといけない。好きなものばかり食べていても理想は得られないのであれば、自分が理想とする身体を得て、チャンピオンを目指してがんばっていくほうがいい。パンケーキ食べ放題は一時的な快楽だから、天秤《てんびん》に掛けてじゃあ我慢しよう。でも、タイトルマッチが終わったら食べてもいいじゃん、と」

——ツイッターを拝見すると、意識的に自分を甘やかすチートデーを導入していらっしゃいますね。欲望に従うというか、脳を解放する。大きな試合のあと、一気に八キロ増えたと書いてあってびっくりしました。

「昨日でチートデーが終わったんですが、結局チートウイークになっちゃって。昨日はお好み焼き、粉ものをいきました。仲のいい三家族が集まって、食べざるを得ない状況だったので、おいしくいただきました。僕がお父さんグループに混ざって、お好み焼き、もんじゃ、焼きそば、焼きうどん。長く続けるためには、ストレスをうまく解放しないといけない。

汗も出切って一番カリカリの夜に測った体重からの増量八キロだったんですが、それにしても戻りが早かった。次の試合の開幕まで二週間、またグーッと絞りますけれども」

――鉄の意志を発動。チートデーは寮生活からの習慣でしょうか。

「はい。でも、ひたすら食べて身体を大きくした時期は肉の脂も外さなかったし、三食白ご飯を食べ、いまとはまったく違う食事内容でした。一番大きいときは百十キロ以上ありましたが、少し絞ろうと思ったのは寮を出てしばらく経った二十代半ばです。当時は怪我もなく、体重があっても問題なかった。いま体重を減らすのは、一キロ体重が増えると、フッと踏ん張ったときに膝への負担が五キロ増えるから。つまり、八キロ増えたら四十キロの負担。これは致死量なので、開幕までに絞らなきゃいけない」

――そのときどきの体の状態を判断して、自分の身体のつくり方を変えている。

「かつて、山本小鉄さんに言われました。『銭の取れる身体になれ』『チケット代の半分は、おまえたちの筋肉だと思え』」

――身体そのものが商品である、と。プロレスラーは、リングに上がったら四方八方から観られている……ごまかしの一切きかない、ぞっとするような観られ方です。

「三百六十度から観られますから、全方向的に意識を張り巡らさないといけない。試合前のコメントや会見、インタビューなどで『がんばります。絶対に勝ちます』みたいなことを言葉で言うより、仕上がったすごい身体で会場に出ていくだけで、ファンに伝わるんです。身体には、その選手の試合への気持ちがストレートに出ます。僕らは逆に、四方から見られることを利用するというか」

——自分はどういうレスラーなのか、どう見せるか、見られたいのか。そこが重要な要素なんですね。

「大事ですね。結局レスラーは、セルフプロデュースがうまくないと生き残れないんですよ。技のキレをアピールするのか、肉体なのか、マイクアピールなのか。とくに僕みたいにあまり癖のないレスラーは、いかに生き残るか、大変だったんです。試合のスタイルもオーソドックスだし、人間的に破天荒な部分があるわけでもない。レスラーの中で一番の常識人がいかに個性を出していくか。僕にはナルシストな部分があったので、それを隠さず出していった。当初はブーイングにつながりましたけれど」

——食べものもセルフプロデュースの一要素ですか。

「肉体は、口から入ったものでしかつくられない。何を食べているか、そこで身体はできる。僕は少し見た目がいいだけのレスラーだったので、身体づくりで他の選手と差別化する必要がありました。相撲や柔道に比べてもプロレスラーはすごい、とファンが胸を張れる肉体。プロレスラーの身体はすごいというステータスを得たかった。すごい足が太いとか、すごい胸が大きいとか。そういうのでもいいんです、個性になれば。みんな僕みたいだったら、僕がウケない。というか目立たない。それも含めてのセルフプロデュースです」

——技と身体のありかたも関係してきますか。

「それが大事ですね。ラリアットを使うんだったら太い腕をつくらないといけないし、スープレックスを使うなら、柔らかいブリッジができる身体を維持する。自分が使う技に対応した身体をつくることが大事です。やみくもに大きくするのではなく、使える筋肉にする、戦える身体をつくる。どういう志を持っているか、それもすべて身体つきに出ます」

――棚橋さんの考え方は、ほかのレスラーの方々にも共通しているものですか。

「はい、していると思います。僕が入門したときにプロテインを飲み始めて、ほかのレスラーはプロテインを飲んでいなかったんですが、みんなが飲むようになったのは、めきめき大きくなっていった僕の影響だと思います。食事やサプリメント面においても、僕は新日本プロレスに新風を吹き込んだ革命児でした」

――時代の変わり目を、つねに自分に引き寄せ続けてきたのが棚橋さんです。かつて寮生活を送っていたときの寮長、真壁《まかべ》刀義《とうぎ》（当時、伸也《しんや》）選手は、いま「スイーツ真壁」としてもバラエティ番組でタレント性を発揮してらっしゃいます。

「『スイーツ真壁』のルーツも、じつは道場生活にあるんです。新弟子は外出もできず、息抜きもなくてすごくつらい。でも、真壁さんが寮長時代に、僕らにお金を渡して、『コンビニでスイーツを買えるだけ買ってこい』。食堂のテーブルにブワーッと並べて『食べたいものを食え』。甘いもの好きが『スイーツ真壁』につながっていると思うと感慨深い。あとづけの新しいキャラクターじゃないんです。でも、真壁さん、道場で会うといつも自転車漕いで、しっかりと有酸素運動をしています」

――そういえば棚橋さん、雑誌のインタビューで「家族愛が欲しい」と仰《おつしや》っていたのを読みました。帰宅したら、自炊なんですね。

「試合のあとはコンビニですませるときもありますが、糖質ゼロ麺などを使って自分で料理します。三〇〇～四〇〇カロリー、たんぱく質三十～四十グラム。野菜中心で、肉はささみか赤身肉を二百グラム。どうしても時間がないときは、近くのステーキ屋さんでお肉だけ食べて帰るとかはありますが。『キッチンを汚さないでね』と嫁さんから言われて、怒られながら。料理したあとは一個ずつコンロを外して拭いて。チェックが入るんです、姑《しゅうと》みたいなチェックが。うちは余分なものが一切なくて、キッチンに何も出ていない。きれい好きなんです。プロテインをこぼしただけで、すごい怒られる」

――野菜は意識して摂っていますか。

「それほど意識してないです。今日は牛肉と小松菜とか、キャベツを炒めてみたりとかはありますが、マルチビタミン剤でいいかなと。野菜は嫌いじゃないけれど、ざっくり、たんぱく質が一日二百グラム摂れていて、ビタミン剤を朝晩飲んでおけば栄養素は足りているというくらいで。プロテインにはビタミン、ミネラル、カルシウムが強化されて入っています。家で嫁さんがつくるときは、『食べないかんよ』と野菜をたくさん出してくれるので、足りていないわけではないと思います」

――さきほど、負のスパイラルから抜け出せず、ストレスが大きかった数年間があったとおっしゃいましたが、どうやって脱したんですか。

「脱したのはつい最近です。ずっときつかった。このＧ１でやっと報われました。一六年の東京ドームでオカダ（・カズチカ）に負けてから三年間沈黙しましたが、僕は不器用なので、戦い方を変えられなかった。それがすごく歯がゆかったですね」

――その苦しさも含めて、花道に現れたときの身体つきが観客に何かを伝えるのかもしれません。

「客席に、泣かれている女性の方がいてうれしかったです。試合には喜怒哀楽がもちろん詰まっているんですけれども、観て泣くというのは、一番むずかしいことではないかと思います。喜ばせるより、笑わせるより、人を泣かす。心を動かして泣かすということができるプロレスは、パワーがあるジャンルだなとあらためて思いました」

――「プロレスというのは、おとぎ話のようなもの」という棚橋さんの印象的な言葉があります。こう見てくれ、こう解読してくれと無理強いせず、観るひとに委ねる、だから物語を育てることができると。会場の空気にじかに触れると、観客ひとりひとりがプロレスラーと自分との回路をもっているように感じます。

「新日本プロレスの、あるいはプロレスのトレンドが加速度的に進化していったことで、ファンはもちろん盛り上がっているんですが、少し危険な信号を僕は感じ取っています。プロレスならではの楽しみ方が、もっとあるはずだと。語れるプロレスというか。今の試合は技がどんどん過激になってワーッと盛り上がるいっぽう、情報量が多過ぎるところがある。もっとシンプルでもいいのではないかと思っています」

――知っているひとしか語れないと、逆に閉じてしまうのかもしれません。プロレスをよく知らない私のような者も、じかに試合を拝見すると、プロレスはじつに奥深いエンターテインメントだという発見がありました。

「そうなんです、本当に。初めてのひとにもわかるプロレスをしないといけないんです。プロレスを長く見てきて目の肥えたひとだけに向けてプロレスをやっていては、初見のひとが置き去りにされてしまう。プロレスラーはいろんな技を持ってますけれど、過激な攻防が前に出過ぎる必要はない。一番最後に出る技がすごければ、初めて見たひとも合点がいきます。プロレスファンにしかわからない整合性にこだわらなくてもいいのではないかと。マイノリティのパワーはもちろんすごいけれど、初見のひとにも楽しめる、わかるところも大事にしなければ、プロレスはマジョリティにはなれない。そのためには棚橋が必要で、棚橋の説得力のある身体が必要で、食事も大切という」

――ものすごいまとめです。

「まとめ癖があるんです（笑）」

――今日はずっと取材をこなされていますが、夜は何を食べますか。

「朝にプロテインとヨーグルト、イベント前にプロテインを飲んで、ここに着いてからヨーグルトとプロテインバー、夜に何を食べるか決めていません。なぜ夜一食にしているかというと、気持ちを継続できるからです。一日がんばれる。朝に食べちゃうと、もう次の朝までがんばれない。本当は、カロリーを摂るなら朝がいいんですけどね」

決め技のハイフライフローのような見事な締めくくり。さすが役者が違うと唸りながら、時計を見ると、きっかり六十分だった。

「食べたいものを食べないということです」

節制や我慢を凌駕する意志のエネルギー。このきっぱりと明快な言葉が、最前線でエースを張り続けてきた棚橋弘至というプロレスラーの自負と努力を物語っている。「僕の筋肉は、フィジカルトレーニングの知識をプロレス向けにアレンジして作りあげたもの」（『棚橋弘至はなぜ新日本プロレスを変えることができたのか』飛鳥新社）と語っているが、ひときわ目を引く美しい肉体は、間違いなく自分の意志のちからで自分の肉体をデザインして手に入れたものだ。自分自身をさらけだすために「食べたいものを食べない」生活を選んで実践してきた。

ただ、思い通りにはいかないらしい。二〇一九年三月二十九日、毎日更新されるオフィシャルブログには、都内七軒の店の肉料理をめぐる雑誌の取材で撃沈寸前の姿が写っていた。

「ヤバい！　食べ過ぎてる！　なんとかしないと…　明日も全力で#GO　ACE!!!」

翌日の練習メニュー。

「背中〈ゴールドジム大森〉　シーテッドロー5セット　ラットマシン5セット　ケーブルプルオーバー3セット　腹筋

脚〈最寄りのジム〉レッグプレス5セット　レッグエクステンション4セット　レッグカール4セット　カーフレイズ5セット　ステップマシン30分　腹筋」

三月、ジムでの練習回数は三十七回を数えたという。

異彩を放つプロレスラーがいる。

その選手が現れると、浮き立っていた会場の空気が鎮まり、無骨な岩がゆっくりと動くような体つきがこれから何かが始まる予感を抱かせ、観客を束ねる。太い首の上にがっつりと続く、やはり岩石を思わせる頭蓋。派手さのまったくない黒と白のストイックなショートパンツが強調する丸みを帯びたごつい身体。あきらかに、いまどきのレスラーの佇《たたず》まいとは逆方向をゆく。石井智宏《いしいともひろ》。一九七五年、神奈川県生まれ。小学五年生のときにテレビで観たプロレス中継に魅了され、高校卒業を待って天龍源一郎《てんりゅうげんいちろう》が率いるプロレス団体WARに入門、デビュー。九九年からフリーとして下積み生活を送り、そののち弟子入りした長州力《ちょうしゅうりき》のもとで認められ、活動をともにする。つまり、昭和のレジェンドふたりを師匠にもつプロレスラーだ。百七十センチ、百キロ。

　これみよがしにバキバキと筋肉を誇示するのではなく、棚橋弘至のような逆三角形の体形ともまるで違う、一本の丸太棒をイメージさせる太い体軀《たいく》。頭蓋と首が直結した異様なごつさ。盛り上がった両肩から腰までずどんとまっすぐ、くびれがない。しかし、肌はなめらかで艶《つや》光りしている。岩のような物質感をたたえた上半身を支える大臀筋《だいでんきん》、中臀筋、太ももを支える大腿《だいたい》四頭筋は黒いパンツの下に隠されている。動く円柱のような独特の身体つきが伝えてくるのは、簡単に時代に迎合しない反骨精神。言葉を使わなくても、身体そのものが強烈な表現媒体になっているのだから、例の山本小鉄の名ぜりふ「銭の取れる身体になれ」がいっそうリアルに響く。じっさい、その「銭の取れる身体」が繰り広げる試合は、年々評価を高めてきた。

　彼の背後には、どんな食べものの風景があるのだろう。

　その前に、やはり天龍源一郎と長州力について触れておきたい。

天龍源一郎は七六年、相撲界からプロレスに転向した経歴をもつ。全日本プロレスに所属したのち新団体を設立するなど、昭和のプロレスシーンに深く関わった。二〇一五年、オカダ・カズチカとの対戦を最後に引退。豪放磊落《らいらく》な人柄で、酒のエピソードにこと欠かない。歴戦のプロレスラーに食べものにまつわる話を聞く『レスラーめし』（大坪ケムタ著　ワニブックス）では、ケタ外れのエピソードをふんだんに披露している。

「天龍　自分は中学2年生で182センチ82キロあったんで、そんなに必死になって食べたってことはないんですよ。食えちゃうんだよね、稽古が厳しいから。どんぶりの玉子丼を昼めしと晩めしで10杯ずつ食べてましたからね。

——どんぶりめしで1日20杯!?

天龍　食べられるんですよね。周りもみな食べるからつられて食べちゃうというのもあるけど、やっぱり稽古でお腹がすくんだよ。晩ごはんの最後にはどんぶりめしに砂糖をかけて3杯くらい食べてましたね」

白飯に砂糖をかけてまで平らげた、破格の力士時代。または、ジャンボ鶴田と激闘を繰り広げる試合前、アントニオ猪木と一気飲み。

「天龍　負けられないというか、かっこ悪いところは見せちゃいけないという気持ちだね。酔って暴れるんだったらテーブル引っくり返すくらい暴れないと。それができないなら、おとなしく飲んだ方がいいよ。机を持ち上げてみて逆に机の下敷きになってるようじゃみっともないでしょ?　そんな時代でしたよ、俺たちの頃は」

「そんな時代」の波を浴びながら天龍の付き人を経験した石井智宏は、〇二年、長州力のサイパン合宿に単身同行して直談判、〝最後の弟子〟になる。
もちろん、レジェンドの長州力にも修業時代はあった。一九七四年、新日本プロレスに入門すると、やはりちゃんこの洗礼を受ける。

「長州　すごいですよ、1日のちゃんこ代なんて5万円くらいだったんじゃないかな。それが毎日ですからね。本当にうまいもん食べられてたから、外に食事に誘われても行こうとはあまり思わなかったですからね。（中略）
僕も何回かやったんですけど、そんなにうまくは作れなかったね。バター焼きやすき焼きとかを作ったのかな。今は割り下やタレでもできているのが売っているじゃないですか。当時は砂糖と醤油と……って感じで自分で作らなきゃいけなかった。作ったら作ったで『このタレ、うまくねえな』なんて文句言われるんです。僕らなんかよりも、お相撲さん出身の人の方が（料理が）うまいですからね。みんな『今夜のちゃんこ番は誰だ？』って、すごく気にしてたよね」

（『レスラーめし』）

二〇〇二年、長州力を中心とするプロレス団体・WJプロレスが設立されたときも、東急池上線・久《く》が原《はら》駅近くに道場がつくられ、寮生活が始まった。朝からの練習が終わるとちゃんこ番が買い物に行き、午後三時ごろから鍋を囲むのが日課だった。当時の様子について、『真説・長州力』（田崎健太著　集英社文庫）には「ちゃんこ鍋の出汁《だし》はきちんと昆布と鰹節《かつおぶし》から取ること。厳しい練習の中、食事は一番の楽しみである。だからきちんとしたものを作れというのが長州の方針だった」とある。ずさんな運営が災いしてボロボロ状態だったＷＪプロレス、ちゃんとだしを取るきちんとした食事、この落差もプロレス的だ。いくら志はあっても現実がついていかない惨状を見ながら、それでも長州力のもとを離れず、師匠の教えを吸収してきたのが石井智宏というレスラーである。

　石井智宏に会ったのは二〇一八年十月、どしゃ降りの日。新日本プロレスのＩＷＧＰヘビー級選手権でチャンピオンのケニー・オメガ選手に挑戦、敗退を喫した試合から一ヶ月ほど経った頃だった。派手な技を正面から受けとめつつ、試合の流れを渡さない展開は石井選手の真骨頂。観客を酔わせるのは、リングの上でさらけ出す姿なのだと物語る試合だった。

　黒いスーツを着てもごつい岩のような石井は強面《こわもて》だが、眼鏡の奥の目が優しい。澄んだ、きれいな目のひとだなと思った。

――天龍さんと長州さんの付き人を経験なさっていますが、当時はたくさん食べて体をともかく大きくするという時代だったかと思います。

「そうですね。いかに食って、いかに大きくするか。いまは栄養とか考えますが、俺らの頃はそういうものはなかった。とにかく無理やり食わされる時代。だから、食事は嫌いでしたね。焼き肉とか、二十四歳くらいまで大嫌いでした。まだＷＡＲにいた頃、天龍さんの時代です。酒も飲まされて、気持ち悪くなったらトイレに行って、ぱっと吐いて帰ってくる。焼き肉は二人くらいの席だと五人前から十人前で注文しろ、三人前とかやめろと言われていました」

――中途半端はだめだと。食べる姿もパフォーマンスなんでしょうか。

「どうなんですかね。あと、俺らの場合は、自分が座っているところは若手ばかりじゃないですか。先輩がおなかいっぱいになったら、こっちに回ってくるから、それも計算しておかなきゃいけない。そういうのばかりだったから、とにかく食事は嫌でしたね。
　ちゃんこもノルマがありました。自分らは人数が少なかったので、練習したあとちゃんこ番をやりました。午前十一時から午後三時まで練習して、そのあとちゃんこ。キムチ味とか、みそだれとか、醤油味とか、材料もきのこ類、白菜、豚肉、定番のもの……でも、その頃のことはあまり覚えてないんです。記憶から去っていった」

――覚えていたくない記憶なんですね。

「もう苦しいイメージしかありません。練習のときは水分補給禁止だったので、終わってすぐ水が飲みたい。だから、めしが入っていかないんです。やっとめしを一杯食い終わったところへ、先輩がぐわーっと『おい、ついでやるよ』」

――体を大きくするために苦労なさったのですか。

「練習すると、体重が二、三キロは普通に落ちてしまう。しかも食事が喉を通らないので、なかなか太らなかったですね。練習があまりにきついので、すぐ痩せる。食べないと維持できないから、もう無理するしかない。ご飯つぶのたったこれくらいが食えない、入っていかないんです。これ以上食ったら戻すな、と。そういう間違った教育を二十五、六歳まで受けた（苦笑）」

――ちなみに、子どもの頃はたくさん食べるほうでしたか。

「いや、ご飯も半分残すタイプで。偏食ではなかったけれど、小学校から中学校ぐらいまで白米が嫌い、味噌汁も嫌いでした。でも、母親のつくる料理は好きでした。どれも結構おいしかったので、好き嫌いなく普通に食べていました。高校時代は何もやっていませんでしたが、早くプロレスをやりたかったから、そのために鍛えていた。本当は中学を卒業してすぐやりたかったので、入門テストのメニューとか、自分でやっていました。煮干しをよく食っていて、身長を伸ばすために牛乳も飲んで。でも、何の意味もなかった。高二から身長は伸びてないです」

——食べればゴツくなるという単純な話じゃないんですね。

「最初に所属した道場が二十歳のときになくなって、そこからの自炊は無理やりです。楽しいとか何もない。ご飯を一日六合炊いて、昼と夜、大盛りで丼二杯食べるんですが、二杯めの半分ぐらいで嫌になってきます。一日二食、おかずはちゃんこ。ちゃんこは野菜も肉も食べられるし、安くて栄養もあって便利なんです。最初はだしだけでポン酢で食べて、次の日はそこにみそを入れて、そのまた翌日はカレーを入れたり、三段階ぐらいで完食。米を買うときは一度に二十キロ、消費量はすごかったです」

——練習前は食べないんですか。

「食べません。自分は吐いちゃうし、動けなくなる。試合前とかも無理ですね」

——いつごろから食べることが苦痛じゃなくなってきましたか。

「二十六、七歳ぐらいかな。体ができてきて、食事も普通に摂れるようになってからですね。二十六のとき長州さんの団体に入って、道場ができたんです。その当時は長州さんや越中《こしなか》（詩郎《しろう》）さんがいたんですが、若手がちゃんことおかず一品さくさくっとつくる。俺は怒られたことはないけど、鍋が豚肉とキャベツ、もう一品が豚肉とキャベツを煮たの。『いっしょじゃないか、この野郎』と怒られてる奴がいましたね。俺はハンバーグとか天ぷらとかもつくっていました。長州さんに怒られたのは、酒の失敗ばかり。いやちょっと、ここではあまり言えないです（笑）。
いまの若いやつのちゃんこは雑になっていると思います。怒る人がいないんじゃないですかね。鉄板焼きでも、順番を間違えると『そんなことやってんじゃない、この野郎』。えっ、そんなちっちゃいことで怒るんだと思って。豚肉が重なってくっついたまま入っているのなんか、許されません」

――デリカシーを求められるんですね。料理はどうやって覚えたんですか。

「本かテレビを観て、自分流にアレンジしていました。二十歳くらいのとき観ていたのは『郁恵・井森のお料理ＢＡＮ！ＢＡＮ！』、テレビ朝日の『料理バンザイ！』、滝田栄さんの番組もよく観ていました」

――食事のとき、肉の脂身は避けるのですか。

「しないですね。それをやったら長州さんはめちゃくちゃ怒るんです。『無駄にするな！』。鶏皮剝《は》いで食べるやつがいたら、ものすごく怒られていた。卵の黄身を取って、白身だけ食べるのも怒って。『だれだ、黄身を残しているのは！』」

――白身だけ食べてたんぱく質を摂る。ということは、プロテインも飲んでいましたか。

「俺は飲んでなかったですね。その当時、プロテインがまずかった。初めて飲んでみたのは二十二、三歳ごろだと思うのですが、まわりでプロテインを飲んでるやつも多くいたけれど、自分は関係ない、好きなものを食うという感じで。自分は鶏皮が好きだったし、小学校一年から、近所の焼き鳥屋で鶏皮を食っていた。長州さんと会ったばかりのとき、プロテインを飲んでいたら、『お前、プロテインなんか意味ねえ。青汁を飲め』。そのときは『プロテインと青汁は効能が違うんだけどな』と思いながらプロテインを飲んでいた時期もありましたが、結局いまは青汁を飲んでます。健康志向で」

——師匠の教えが染みついた青汁。石井さんにはチートデーはあるんですか。

「いや、ない。そもそも、ふだんからそんなに節制してないので必要ないですね。一年くらい前から玄米です。一回三合炊いて、一回に食べる量は茶碗一杯。みんなには玄米はあまり人気がないらしいですが、普通においしい。ＺＥＲＯ１の田中（将斗《まさと》）さんも玄米ですが、彼は身体づくりのため、俺は健康のため。青汁は毎日飲みます。朝、食事中、寝る前。食事中に飲んでいる緑茶を青汁に変えました。コーラを飲むなら特保の製品。ひじきは普通に水で戻して自分で味つけして煮ます。ひじきや海藻類は尿酸値を下げる。なるべく揚げものは食べないようにしていて、家ではエクストラ・バージン・オリーブオイルしか使わない」

——石井さんは酒豪と伺っています。

「酒も、最近は飲まないです。昔はひどかった。練習が終わったあと翌朝六時まで飲むのは普通で、三十二歳くらいまですごく飲んでいました。アイスペールはもう必ず、ピッチャーは三リットルです。百人くらいの打ち上げで、席についたら『お前、全員に挨拶してこい』。そうしたら各テーブルにグラスがあって、それを空きっ腹に三十杯くらい飲んで、やっと終わったと思って自分の席に戻ったら『石井君はそのピッチャーで』『うわあ』……気がついたらひっくり返っていた。そういう時代ですから。でも、いまはきつい。外で酒を飲む機会は月一回あるかないかですが、そのときは朝まで飲みます。ビールは無理に飲まされたのがトラウマになっていて、焼酎しか飲みません。じつは二十二くらいまで酒は飲めなかったので、ずっと吐いていました。それがビールで、あの匂いにぐったり」

――ところで、石井さんにとって理想の身体はどのようなものですか。

「当初から、いまのシックスパックとか、筋肉が割れたボディビルダーみたいな身体ではなく、ぱっと見てこいつレスラーだなと思うごつい身体をつくろうとしていました。練習も食事も、そういうふうに育てられてきた。『おい、それは脂が多いから食べるな』と言われてきていたら違ったかもしれませんが、プロレスラーになったのはごつさと忍耐強さがすごいなと思ったからだし、自分にはそういうプロレスラー像があるので、変わらない。昔の考えが抜けないんです」

――目標にしてきた身体はありましたか。

「長州さんたちです。長州さんは十円玉と言います。『俺は十円玉だ』」

――十円玉……円筒形で丸くて頑丈。迫力満点です。石井さんは、自分を例えるなら何ですか。

「いや、俺も長州さんに『お前は俺といっしょだ。十円玉だ』と言われるんです」

――すごい褒め言葉ですね。十円玉の身体はどのようにしてつくられたのですか。

「うーん、気づいたら出来ていた。食べものというより、やっぱり練習が一番じゃないですかね」

――試合の前に気をつけていることは何ですか。

「食事はふだんといっしょですが、巡業中は外食ばかりです。生ものは控えて、焼き肉に行ったらホルモンは食わないとか、そういうのは気をつけています。自分で焼いて、おいしく食べて、おなかいっぱいになったらやめる。量はそんなに食べないですね。一人で行っても肉を六皿くらい。最初にご飯を頼みます。

試合当日は、ほとんどコンビニの蕎麦です。前日に買っておいて、会場に入る前、午後三時くらいに食べる。けっこう昔からの習慣ですね。外に出るのがあまり好きじゃないので。でも、上に何かのせます。とろろとか鶏肉とか。試合のあとはステーキとかをやるんです。がっちり焼いてウエルダン。胃腸が弱いので、赤いのはヤバい。知り合いといっしょに行って『はい、いまだよ』と皿に置かれるのが一番嫌なので、肉は自分で焼きます」

――自分のやり方を長い間のうちに培ってこられた。

「変えようとしたこともあったけれど、いままでやってきたことが結局自分に合っているんだなと。体をもっと絞ろうと思ったときもあったし、たくさん食べて体重をがっちり増やそうかと考えたこともあります。でも、見た目はごつくなってもスタミナがなくなって身体が動かないし、絞ったら絞ったで、動けるけれど、当たり負けして技に耐えられない。相手の技に耐える体力がなくなります。だから、今が一番いい状態ですね。気持ちの面かもしれないですけれども。何か余裕を持てている。考える余裕ができました」

――導入したいと思っている食べものはありますか。

「最近は、羊の肉がいいかなと。さっぱりしているから、ほかの肉より食べられます。自分でつくるのは、まあ簡単だから、ひき肉料理ですかね。ハンバーグ、ロールキャベツ、シューマイですか。料理は、醤油、酒、みりんを入れればたいていうまい。

睡眠が一番大事なので、試合の前はぎりぎりまで寝ています。十二時間以上寝ないとだめです。オフのときは十五、六時間、普通に寝ます」

意表を突かれた。シャイな口調で訥々《とつとつ》と語られる健康重視の青汁、玄米、ひじきの煮物、エクストラ・バージン・オリーブオイル。しかし、このレスラーと思い定めて弟子入りした長州力の教訓「ちゃんとだしを取るきちんとした食事」がこうして今日まで継承され続けている。愚直なほど真正面から対戦相手と向き合うごまかしや外連味《けれんみ》のないファイトスタイルは、青汁や玄米やひじきの煮物と本質的に繋がり合っている。少年時代に憧れたプロレスの世界に単身飛び込んで以来、時代と人間の大波小波に揉まれながら生き残ってきた石井智宏というプロレスラーの真情に触れる思いがした。

それにしても、師弟を結ぶ「十円玉」という表現には痺《しび》れる。自分の身体の個性を把握し、泥臭く「十円玉」と言い切るセンス。やみくもに身体をつくり上げたり、むやみにでかく見せるのではなく、十円玉は十円玉本来の価値をそのまま大事にしていけばよい――そんな長州力と石井智宏の声が、リングの上から聞こえてくる。

新日本プロレスの寮生として修業したのち、アメリカに渡ってＷＷＥに所属、現在も第一線で活躍し続ける中邑真輔は、プロレスラーという職業について「自分の生き様が反映される複雑な創作活動」「難解だけれど、究極の表現、芸術」と語っている（『２０１１年の棚橋弘至と中邑真輔』）。表現の競い合いがプロレスの本質だとすれば、人間ひとりひとりのむきだしの姿が目の前にあればあるほど、観る者が感情移入する密度は高くなる。棚橋弘至も、石井智宏も、生きかたや環境や考えかたはもちろん、身体つきも大きく違っているが、つねに自分をさらけだしてリングに立つ存在であろうとし続けてきた。アントニオ猪木が師匠の力道山から教わったという言葉を思い出す――「大衆に尽くすのがプロレス」。

「Ｎｕｍｂｅｒプロレス総選挙」で一位に返り咲いたとき、棚橋は、自分が考える「〝日本のプロレス〟とはどんなものなのか」と訊かれ、「単なる技の攻防ではなく、レスラーの感情が伝わる闘い」をしたい、「それがないと、ただスポーツライクというか、競技性の高いジャンルで終わってしまう」と答え、こうも語っている。

「プロレスラーなら、常にリングに上がっていたいんですよ。どんな地方会場でも棚橋が必ずリングにいる。『棚橋を見られたね』と喜んでいただけるようにするのがプロレスの良さでもあり、地方会場での醍醐味だと思っていますから」

（「Ｎｕｍｂｅｒ」９８１　二〇一九年七月十一日号）

リングに現れただけで「来てよかった」「すごい肉体だ」と感嘆のため息を洩らさせるシックスパックの切れ味、あるいは十円玉のごつごつとした威圧感。プロレスラーにとって、筋肉とは、レスラーという職業を選んだ人間の生きかたを伝えるリアルな表現手段であり、雄弁なメッセージそのものだ。観る者は、激しく躍動する身体を息を詰めて見つめながら、それぞれの表現を受け止め、増幅させ、自分のなかで大きく羽ばたかせる。

2019年、「1.4東京ドーム大会」でＩＷＧＰヘビー級王座を奪還したときの棚橋弘至。
この年、「Numberプロレス総選挙」でも１位に返り咲いた　写真：Essei Hara

四章

サプリメントの発見

身体表現の一部として

- ●武藤敬司の身体を創造したもの
- ●クレアチンの効果
- ●運動・栄養・休息のトライアングル
- ●サプリメントの開発秘話
- ●トレーニング二割、食八割
- ●その可能性と限界

ナチュラル・ボーン・マスター。

「生まれついての天才」という冠とともにその名前を呼ばれる武《む》藤《とう》敬司《けいじ》。

一九六二年生まれ。八四年にデビュー以来、新日本プロレス、WCW、全日本プロレス、WRESTLE-1など日米のプロレスシーンの最前線を、しかもベビーフェイスとヒールを使い分けながら駆け抜けてきた。ファンはもちろん、多くのレスラーからもリスペクトを集める特別な存在である。

デビュー三十五年目、大きな身体がトップロープからひらりと一回転して宙を舞う必殺技、ムーンサルトプレスを封印。観客を沸かせてきた華麗なフィニッシュホールドだったが、リングに着地したときの衝撃の大きさが両膝の関節を傷つけてきた。予断を許さない両膝の状態は人工関節設置手術に踏み切らせることになったが、最大の得意技を失ってもカリスマ性は色あせない。武藤敬司がリングに姿を現わすだけで観客はおおーっと沸き立つ。

二〇一九年、夏。その武藤敬司が、膝をかばいながらゆっくりとした足取りで横断歩道を渡り、約束の喫茶店に入ってきた。

きれいに切り揃えた白いあごひげ。厚い胸板、堂々たる体軀《たいく》。くるくる動く愛嬌のある瞳。大スターを張ってきたプロレスラーなのに、少年のような空気感。挨拶をかわしながら、思った——この名状しがたいオーラは、相手や状況に応じて消えたり引っ込んだりする質のものではなく、天性のもの。まさにナチュラル・ボーンという言葉がふさわしい。もし野球を知らなくても、目の前に長嶋茂雄が現れればきっと太陽のようにまぶしい光を感じるのとおなじだ。

じかに会って訊《き》きたかったのは、リングに上がるだけで観客の視線を釘づけにする肉体がどのようにして創られたか、ということだ。身長百八十八センチ、体重百十キロ、三百六十度どこから見ても視線を離させない肉体の美しさと佇《たたず》まいの迫力。正面から見れば、まず、豊かに隆起する胸部の大胸筋の存在感と胸板の厚さ、肌の透明感や艶に息をのむ。筋肉量が増えると血流もよくなるといわれるが、まったく年齢を感じさせない肌艶は、トレーニングによって生まれる成長ホルモンのなせるわざだろうか。とにかく美しい逆三角形の上半身を目の当たりにすると、たくましさと優美さは共存するのだと驚かずにはいられない。さらに衝撃を受けるのは、後ろ姿だ。首と肩をつなぐ僧帽筋、両腕上部の三角筋、脇下の広背筋、いずれもずば抜けた質量を誇り、背の中心の最長筋、脊柱《せきちゅう》起立筋の存在がはっきりとわかる。下半身はぴたりとタイツに覆われているから、上半身をくっきりと浮かび上がらせる演出効果も抜群だ。

この類《たぐ》いまれな肉体とサプリメントはどのような関係にあったのだろうか。というのも、武藤は、長年にわたって「グリコ」のスポーツサプリメント「パワープロダクション」の公式サポートアスリートを務めてきた。

そんな前置きを伝えたうえで、まず訊いた。

――武藤さんは、少年時代から体格も運動神経も抜きん出ていて、高校時代は柔道の国体選手にも選ばれていらっしゃいます。新日本プロレスに入団してすぐアメリカ遠征に出られたほどのエリートですが、当時二十代の頃の写真を拝見すると、現在の身体つきとはかなり違います。やはり、意識的に筋肉量を増やしていかれたのでしょうか。

「そうですね。八五年にアメリカに行ったとき、何にびっくりしたかといって、レスラーの肉体なんですよ。きれいなやつはすごくワイルドだし、かっこいいんですよ。こっちは一生懸命練習しているのに、ああいう身体にならねえなと。それに、でかい。俺が一番ちっちゃいんだもの。ロード・ウォリアーズ、ハルク・ホーガン、みんなでかい。彼らといっしょに練習しながらウエイトトレーニングのノウハウを勉強したり、栄養学を学んだりしましたよ。オイルに漬かっていないツナ缶を選んで食ってるやつもいたし、巡業に行くとき、お湯が沸くポットでゆで卵を十個作って白身だけ食ってるやつとかね。俺も、ジムでエッグ・プロテインを飲んでましたよ」

――いっぽう、当時の日本では、肉体のかっこよさより、とにかく身体を大きくしていた時代だったと思います。練習のあとの、大量のちゃんこ、丼によそう白めしを何杯もお代わりする。でも、八〇年代のアメリカでは、身体づくりには栄養の摂《と》りかたが重要だという意識がすでに強かったのですか。

「うん。正直、トレーニングは彼らよりもっとやっていました。ところが、身体の発達の仕方が違うんですよ。同じ練習をしても、なんでこいつらこんなにでかくなるんだ？　とジェラシーを感じたし、遺伝子からして違うのかなと思ったりね。まあよくよく訊いたらステロイド使ってるやつもいましたけれど。ビジュアルばかり考えてるレスラーもいて、腹筋を見せるためにドーラン塗って腹筋に影をつけたり（笑）。ふくらはぎの筋肉が小さいやつは、シリコン入れてたね。身体を商売道具として考える意識はすごいと思いました」

——凱旋帰国は九〇年。日本に戻ってきてから、サプリメントは摂っていらっしゃいましたか。

「若いからあんまり金がなかったし、当初はプロテインというものを重要視してなかったですね。年間二百試合もあるから、試合が終わって洗濯して、朝起きたらバスに乗らなきゃいけないし、旅から旅でしょっちゅう寝不足だし、精神的にも余裕がない。俺はもともと身体が大きかったから自分の好きなように食べてればよかったけど、ほかのレスラーたちはずいぶん苦労していました。米をいっぱい食わされたり、ちゃんこをミキサーにかけて飲んでたのもいた。巡業先でもてなされれば、そもそも酒好きだし、ストイックに『すいません、もう飲めません、プロテインしか食いません』とか言えない。だから、桑原《くわばら》さんと出会うまでは、サプリメントはゼロに近いですよ」

　武藤敬司とグレート・ムタ、ふたつのキャラクターを使い分けながら、日本とアメリカを股に掛けて活躍する武藤敬司が肉体強化に取り組むのは九八年頃のことだ。そのきっかけになるのが、江崎グリコが開発したスポーツサプリメント「パワープロダクション」である。折しも、第二十四代ＩＷＧＰヘビー級チャンピオンに輝いたのは九九年。

「桑原さん」は、当時、グリコのプロダクトマネージャーとしてサプリメントのブランド「パワープロダクション」の開発を進めていた中心人物、桑原弘樹《ひろき》。少年時代からプロレスが大好きだった桑原にとって、心血を注いで開発したサプリメントをだれよりも先に届けて試してもらいたい相手、それが憧れの大スターとして崇《あが》めてきた武藤敬司だった。

二十年前の初対面の記憶を、武藤がおかしそうに語る。

「当時、俺は新日本プロレスの道場に住んでいて、近所にカドヤっていったかな、ラーメン屋があったんですよ。たまに道場を抜け出してラーメン食べに行ってたんだけど、店主からいきなり電話がかかってきて、『クワバラさんっていう人と会ってくれますか』。いいよ、じゃあ大阪巡業に行ったときホテルに来てくれれば会うよ、と。そうしたら、次の大阪巡業のとき、ホテルのロビーで待ち構えてたわけ。名刺に『グリコ』と書いてあった。社長が乗るような黒塗りのハイヤーに乗せられて、車が止まったらイタリアンのレストランで、昼間に貸し切りになっていてね。そこでいろいろ話をしたんです。桑原さんは肉体づくりについてすごくくわしかったけど、ちょっと胡散《うさん》臭いかなとも思ってた。だって話がうますぎるんだもん。

そのとき初めていただいたサプリメントがクレアチンです。東京に戻ってから試しに飲んでみると、これが本当にすごかった。もうびっくりしたよ」

クレアチンは筋肉内に存在するアミノ酸の一種で、運動のエネルギー源となるＡＴＰ（アデノシン三燐酸《さんりんさん》）を即座に合成する基質となり、瞬発力をあと押しする。また、筋肉内の水分量を増やす効果があり、筋肉増量にも働きかける。厚生労働省が食品として認可したのは九九年、各社がサプリメントとして商品化に乗り出すのだが、江崎グリコもそのうちの一社だった。

いっぽうの桑原は、初対面のときの武藤敬司の姿がいまも忘れられない。ホテルのロビーに現れる憧れの武藤敬司をいまかいまかと緊張しながら待っていると、意中のひとは二日酔いのへろへろ、ボサボサの頭で現れたが、とんでもないオーラを発しているからたちまち気圧《けお》された。しかし、ぼうっと見とれている場合ではない。待たせておいた役員用のハイヤー（総務に頼み込んで役員用の車を借りだし、ここぞとばかり見栄を張って勝負に出た）になかば強引に押し込み、貸し切りにしていた知人のレストランへ向かう。まだ発売前のクレアチンを詰めた白いボトルを片手に握り、口角泡を飛ばして効能を力説する桑原。身を乗り出し、話に耳を傾ける武藤敬司。語った、飲んだ、食べた。そのときの二人分のワイン代と料理代合計八万円は、経理に頼みこんで無理やり必要経費にしてもらったが、とにかくウマが合った。ほとんど運命的ともいえる、ビジネスを超えた信頼関係のはじまりだった。

　薦められたクレアチンの効果は期待以上だった、と武藤が述懐する。

「すごいインパクトでしたよ。俺たちはトレーニングを数字でやってるでしょう、クレアチンを摂ると、マックスが頭打ちになっていたベンチプレスも、一気に百九十キロに伸びたからね。びっくりして、すぐ電話しましたよ、『桑原さん効いてるよあれ』って。身体は俺たちの商売道具だからすごく興味が湧いて、こっちからいろいろと訊いて試し始めた。翌年から新しいサプリメントがどんどん商品化されていって、ホエイプロテイン、ＢＣＡＡ（分岐鎖アミノ酸）、グルタミン、必須アミノ酸……効果的な飲み方や量を、桑原さんにアドバイスしてもらいました。二〇〇〇年にアメリカに行ったときは、全部持参しましたよ。めちゃくちゃはげしい練習、グリコから提供してもらうサプリメント、このふたつがあったから、すごくいい感じに肉体づくりができたんだよね」

　かつてはアメリカのレスラーの肉体に引け目を感じていたのに、しだいに自分の肉体が互角になってゆく達成感はいかばかりだったろう。当の桑原も、江崎グリコのサプリメントも、晴れてお墨付きをもらった格好だった。翌年の二〇〇〇年は、以降のキャラクターを決定づけるスキンヘッドに変えた年。つるつるに剃り上げた頭がいっそう肉体美を目立たせるようになったわけだが、この切り替えの速さ、タイミングの絶妙な計算もまた、天性のセンスによるものなのだろう。

〇一年、新日本プロレスに復帰すると、武藤敬司はいよいよ六冠王者への階段を駆け上ってゆく。もちろん前人未到の快挙だった。

クレアチンが発売された半年後の二〇〇〇年、たんぱく質を効率よく摂取するためのプロテイン、ＢＣＡＡなどが日本で続々と発売される。これらのスポーツサプリメントは、筋肉のメカニズムや栄養素の役割などスポーツ科学の研究が深まるにつれて開発が進められていったものだ。

そもそもサプリメントの存在が注目されたのは七〇年代、アメリカ人の食生活を分析して報告された「マクガヴァン・レポート」（七七年）で、理想的な食事バランスを補うための、食品と医薬品の中間に位置するものとして登場する。アメリカでサプリメントが食品として認知されるのは九四年、日本では〇一年になって「特定保健用食品」「栄養機能食品」を合わせて保健機能食品制度が創設された。しかし、多くのスポーツサプリメントは一般の食品と同じ扱いで、日常の食生活では摂りにくいエネルギー源や栄養素を補うものとして位置づけられる。

まだスポーツサプリメントの認知度が低い頃、日本でいち早く売り出されたスポーツサプリメントには、Ｋｅｎｔａｉ「パワープロテイン１０００」（七八年）、明治製菓「ザバス」（八〇年）や同「アミノ２０００」（九〇年）、森永製菓「ウイダー」（八三年）、味の素「アミノバイタル」

（九五年）などがある。江崎グリコが「パワープロダクション」と名づけて九九年に売り出したクレアチンやプロテイン関連の商品は、日本のスポーツサプリメント市場ではかなり後発だった。

当時、江崎グリコ第一セールス部、事業開発ユニットに所属し、桑原とともにプロテイン開発に注力していた藤戸《ふじと》正彦《まさひこ》に話を聞いた。

「グリコはお菓子のイメージが強い会社だと思います。でも、スポーツサプリメントを扱うにあたっては、お菓子の会社が〝プロ仕様のマニアックなスポーツサプリメントを出している〟というコンセプトで展開しようと考えていました」

藤戸は、「パワープロダクション」の発売当初から、桑原とともに全国を回って市場を開拓してきた。桑原はプロレスラー武藤敬司という自分にとっての「聖域」を中心に、藤戸は持久系を含む多方面のアスリートを中心に担当するというのが、ふたりが立てた戦略だった。

江崎グリコといえば、やはりまっ先に思い浮かぶのがキャラメルだろう。日本中の少年少女に愛されてきた、牡蠣《かき》の煮汁から抽出した栄養素グリコーゲンを生かした味。キャラメルの箱にあるキャッチフレーズ「ひとつぶ３００メートル」や勇ましいゴールインのマークを思いだせば、むしろスポーツとの結びつきは自然なものに感じられる。じっさい、サプリメントを提供する分野の幅は広い。野球、ラグビー、サッカー、テニス、マラソン、トライアスロン、モータースポーツ、エアロビクス、登山、そしてプロレス……それぞれの種目が必要とするエネルギー、筋肉の働き、瞬発力、持久力などはまったく異なるのだから、異なる目的に応え得る幅の広い内容だということになる。

とはいえ、アミノ酸系のサプリメントは種類も多く、体験者の少なかった当時は、使いかたや効果の差が把握しづらい。

　藤戸に訊いてみた。

――これだけ多くの種類があると、どれが何に効くのかわかりづらい気がします。

「はい。プロのスポーツ選手でも、ぱっと見て全部の違いを把握できる方は少ないです。みなさん、基本的には複数を組み合わせて使われます。大きく分けるとプロテインとアミノ酸ですが、体重を絞りたい、免疫力を上げたい、筋肉痛を和らげたい、回復力を高めたい、すばやくエネルギーと水分を摂りたい……目的によって組み合わせると、複数摂ることになります。栄養補助食品ですから、もちろん副作用はありません。プロテインにも種類があり、牛乳から精製されるホエイプロテインは吸収が速く、筋肉の合成に有効です。そのほか、大豆を原料にしたソイプロテイン、ホエイと同じく牛乳から作られるカゼインプロテインは、ホエイプロテインよりゆっくり吸収されるのが特徴です」

――吸収が速いからでしょうか、現在はホエイプロテインが主流だそうですね。プロテインについていえば、とくに勧めたいスポーツは何ですか。

「相撲、アメフト、ラグビー、柔道などパワー系のスポーツです。持久力よりバルクアップ、つまり身体を大きくする必要のある競技ですね。サッカーや自転車、マラソンなど持久力が求められる競技は、どちらかというとアミノ酸系が好まれる傾向にあります。

　プロレスラーの場合は、あれほどの厳しいトレーニングに耐えるための材料、つまりたんぱく質の量が必要になるわけです。みんながうわっと驚いたり憧れたりするような身体をつくるためには、規則正しい食事をしているだけでは無理なんですよ。標準ではなかなか実現できない肉体づくりを追求しているのが、プロのレスラー。プロテインを摂るタイミングの標準は、トレーニング後、毎回の食後、就寝前が多いですね」

　相撲取りがちゃんこを食べたあと昼寝をするのは、睡眠中に出る成長ホルモンによって身体をより大きくし、同時に筋線維のなかにたんぱく質を効率よく入れて筋肉量を増やすための合理的なやりかただ。じっさい、新日本プロレスの棚橋弘至は、筋肉をつけるために夜中に起きてプロテインを摂ると話していた。

　藤戸は、「ＮＥＳＴＡ認定　パワーサプリメントスペシャリスト」。ＮＥＳＴＡ（全米エクササイズ＆スポーツトレーナー協会）認定の資格をもつサプリメントの専門家でもあり、学生時代はラグビー選手だったという。現在も、アスリートへのアドバイスをより的確におこなうためにマラソンや自転車ロードレース大会に出場し、実体験をつうじてサプリメントの効果的な摂り方を探究している。

「しろうとでも、大会に出場するときは、このタイミングでＢＣＡＡを三本摂るといい、十キロメートルごとに一本飲むと効果的、などとわかってきます。気合いだけでスタートの準備をしている選手を見ると、申し訳ないけどかわいそう……みたいな気分になってきます。飲まないのは怠慢か、知らないのは気の毒、というくらい違いますから。たとえば、プロのマラソン選手やトライアスロンの選手にアドバイスするとき、『スタート前から前半は、水分とエネルギーを補給する低浸透圧ドリンク、中盤以降は、乳酸が溜まってきたらクエン酸やＢＣＡＡを含む回復系ドリンクに替えてください』というふうにアドバイスします。後半になると筋肉が疲労してくるので、筋肉の主原料であるＢＣＡＡを摂ってすばやい回復につなげるわけです」

――サプリメントを効果的に摂る方法は、もはやトレーニング技術の一部でもある。

「ええ。とはいえ、身体づくりの三原則は運動・栄養・休息なんです。みなさんトレーニングを一生懸命するのは当たり前だと認識していると思いますが、じゃあ栄養と休息はどうですかと訊かれたとき、すごく意識して栄養や休息をとっていますと答えられる人は本当に少ない。やはり、昔からの練習第一の考え方や根性論が長く続いてきたのだと思います。しかし、休息の取りかたひとつとっても、就寝後二時間くらいのノンレム睡眠のときに成長ホルモンが出ることがわかっていますし、この時間に質の高い睡眠を取ることが大事なんです。そういう知識をもったうえで栄養と休息をしっかり取らないと、どんなにトレーニングしたりサプリメントを摂ったりしても、パフォーマンスはなかなか上がらない」

　当たり前でしょうと言われるかもしれませんけれど、と前置きして、藤戸は強調した。

「運動・栄養・休息のトライアングルをちゃんと成立させることが重要なんです。しかし、これはプロのアスリートでもなかなかむずかしい」

　一歩離れたところから数多くのアスリートとその結果を観察してきた立場ならではの実感だ。ついサプリメントに頼りがちになるのも人情だが、しかし、そもそもサプリメントは目的に応じて結果を高めるためのもの、あくまでも「補助」の役割でしかない。

　コンビニやドラッグストアに行くと、棚に並ぶ製品の変化に驚かされる。栄養補助食品の種類の多さにくわえ、プロテイン関連の商品は増えるいっぽうだ。パウダー、ドリンク、タブレット、形状も味もよりどりみどり、トロピカルフルーツ風味やペコちゃんのミルキー風味まで売られている。おなじおやつを食べるなら、たんぱく質が配合されたプロテインバーを選ぶという女性の声もよく聞く。ダイエットブーム、健康ブーム、筋肉ブーム、つぎつぎに到来するブームの潮流を支えているのがプロテインやアミノ酸系のサプリメントだ。

あるとき、久しぶりに会った知り合いの男性が見るからにたくましい身体つきになっているので、「プロテインを飲んでいるんですか」と訊いてみた。よくぞ訊いてくれました、とばかり「もちろん。朝晩のプロテインと週四の筋トレにハマって二年め」と教えてくれ、自信たっぷりに言い放った。

「筋肉はドレスですから」

時流の最先端を捉えた発言だなと思いながら、彼の変貌ぶりに驚かされた。もやしとはいわないけれど、以前はねぎくらいには白くて細かったのに、首や肩の筋肉が盛り上がって別人のようにたくましく、そもそもこういう強気の物言いをするひとではなかった。

筋肉という存在は、人間の内面をも変えるのだろうか。

「桑原さん」こと桑原弘樹、一九六一年生まれ。江崎グリコ「パワープロダクション」の生みの親で、現在は「桑原塾」を主宰、ＮＥＳＴＡ日本支部のＰＤＡ（プログラム・ディベロップメント・アドバイザー）でもある。スポーツサプリメントの専門知識を土台に、各競技のアスリートのコンディション指導、トレーニングのアドバイス、メンタル面のケアまで受けもち、東奔西走の日々だ。自身も、「年間３００」をスローガンにしてワークアウトをおこなっている。

武藤敬司との大阪での出会いはすでに書いた通りだが、そののち、ふたりの絆はしだいに深まっていった。二〇〇二年に移籍した全日本プロレス時代、一三年に旗揚げした新団体ＷＲＥＳＴＬＥ－１時代、桑原は、最初の出会いから一貫して武藤にサプリメントを提供し、肉体づくりを支えてきた。また、桑原自身にとっても、スポーツサプリメントとの関わりは人生の大きな転機になっていた。事実は小説より奇なりというけれど、Ｔシャツの袖からのぞくたくましい上腕筋を見ると、白血病で死線を彷徨《さまよ》ったという過去がにわかには信じられない。

　江崎グリコに入社して八年目、桑原は三十歳の誕生日を病院の無菌室で迎えた。九死に一生を得て生還、ぶじに復職を果たすのだが、過酷な経験を踏まえて健康そのものに直接関わる仕事を手がけたいと考えるようになる。無菌室でベッドに横たわり、ビニール越しに偶然観たＮＨＫの番組で、日本人で唯一ボディビルの世界チャンピオン（ミスターユニバースオーバーオール優勝）になった杉田茂の肉体を目の当たりにしたとき、「神々しかった」。寛解したのちも杉田への憧れを募らせながら街場のジムに通い続ける。しばらく経ったある日、ジムに置いてある英語のトレーニング雑誌をぱらぱらめくっていると、あちこちにクレアチンの文字があることに気づく。クレアチンとはなんだろう。会社の図書館で分厚い生化学の専門書をめくってみると、もっとわからなくなったが、知的好奇心を刺激され、手を尽くしてクレアチンを並行輸入する店を探しだす——これが、桑原とクレアチンとの最初の出会いだ。当時、すでに森永製菓や明治製菓からプロテインが商品化されており、桑原は、あらたな事業としてプロテイン以外のものを扱ってみたいという構想を描く。要した準備期間は約五年、社内でプレゼンテーションを試みたのは九六年、三十代半ばで管理職に就いたときだった。

　念願のプロジェクトがいよいよスタートしたとき、桑原の意中にあったのが、ほかでもない武藤敬司。

「たいした予算も持っていない一文なしの僕が、なぜ武藤さんに広告塔になってもらえたか。それは、僕がプロレスが好きで好きでたまらなかったからです」

ふたりを今日までつないできたのが、純粋なプロレス愛だ。

二〇一〇年九月、桑原には忘れがたい記憶がある。ＰＷＦジュニアヘビー級王者のカズ・ハヤシに対してヘビー級の武藤敬司が次期挑戦者に名乗りを上げ、わずか一ヶ月で過激な減量をおこなうことになった。ＰＷＦの規定では、ジュニアヘビー級の体重は百五キロ未満。その数字を十キロ以上オーバーしているのだが、挑戦すると宣言してしまったから無茶を実行するほかない。

当時の武藤自身のブログ「プロレスＬＯＶＥ日記」には、第一日目のようすが克明に残されている。

「いよいよダイエット初日スタート!!　6時半起床。7時朝食。

時間もメニューも朝食は今までと変わらない。消化がよくないと9時からの練習に間に合わないからだ！

練習前後にはグリコのプロテイン!!

練習前にはＢＣＡＡ、キレイサプリを摂取。練習中にはＢＣＡＡ、グルタミン。練習後には、カーボプロテイン、ホエイプロテイン、ジョイントプラスが欠かせない!!

練習から帰宅後、昼食は12時15分。女房が作ったダイエット食を二人で一緒に食べた。

その後、会社で記者会見とミーティング。いささか腹が減り、アミノパウダーで補う。

夜は19時30分から自宅で夕食。

寝る前は、アミノアシッドを摂って眠るのが日課となっている。

～9月21日メニュー～

朝食7：00

・ご飯一杯
・生卵
・海苔佃煮
・ワカメの味噌汁
・梨
・コーヒー

昼食12：15

・ご飯一杯
・ガーリックチキンとキャベツのルクエ蒸し
・長芋の千切り
・茹でブロッコリー
・豆腐と卵白身の味噌汁
・シソジュース

夕食19：30

・ご飯一杯

・マグロの刺身
・ベビーリーフとトマトのサラダ
・チキンとポテトとキャベツのコンソメスープ
・ゆで卵白身４コ
・シソジュース」

豪放磊落《らいらく》なイメージの内側で、規則正しい生活とこまやかな健康管理がなされていることがわかる。一ヶ月後、道場での計量の結果は体重百三キロ。短期間に十キロ以上の減量をクリア、さらに規定の数字を二キロも下回った。試合では敗退を喫するのだが、桑原による生活指導とサプリメントの設計、妻、久恵の食事管理、それに応えて実行する本人、三者のタッグが功を奏した。

トレーニングと食事の関係を、いま桑原はこんなふうに捉えている。

「一般的に、身体づくりはトレーニング二割、食八割といわれます。筋肉をつける作業は、トレーニングの要素がないとできないし、食べるだけでは筋肉はつかない。つまり、トレーニングをやらなければ八割は手に入らず、トレーニングだけでは二割しか手に入らない。筋肉をつけるためには筋トレは不可欠な要素ですが、その後の影響には圧倒的に食の要素が大きな力をおよぼします。今後は、栄養バランスがよく、飽きずにたくさん食べられる日本のちゃんこ文化、欧米型のボディビルダー的な食生活、この両方を上手にミックスしてゆくことが、日本のプロレスラーの財産になるように思います」

桑原は、かつていち早くアメリカの生活を経験した武藤敬司こそ、日本で合理的な食生活を実践できたプロレスラー第一号だと証言する。

「武藤さんにクレアチンが絶大な効果を発揮したのはすごくラッキーだったんです。じつは、クレアチンの効き方には個人差があるんですよ。クレアチンは特殊なアミノ酸の一種で、骨格筋のなかに取り込まれてはじめて効果がある。武藤さんは取り込む能力が大きかった、とても相性がよかったんです。骨格筋の量が多いひとはクレアチンもたくさん摂る必要がありますし、量、回数、ローディング（一定期間続けて大量に摂取する）期間などをこまかく設計し、レクチャーしました。だから、じっさいに飲むのはかなり面倒くさかっただろうと思います」

二十年ずっと、コンディショニングトレーナーとして接してきた桑原の視線は、武藤敬司の人間性をずばり見抜く。

「ものすごく大雑把なところと、むちゃくちゃ几帳面なところが武藤さんには同居しているんです。クレアチンの摂り方をアドバイスしているときにわかったことですが、自分にとってプラスだと本能的に感じたものに対しては、ビジネスマンみたいにきちんと対応するし、自分が設定した決まりを守る。考え方自体が合理的なんですよ。だから、後輩にしごきなんかしない。なぜなら、トレーニングとして合理的じゃないから。食事の仕方ひとつとっても、これ以上食べちゃいけない、いまの時期にはこれは食べない、この試合に向けてこれはやめておこう、傍目《はため》にはアバウトに見えるけれど、自分なりの緻密《ちみつ》な計算や裏付けがあるのだと思います。それ以外はもう、天才ならではのアドリブ。

自分の行動に裏付けがあると、安心してパフォーマンスを発揮できるんじゃないでしょうか。

効率よく肉体をつくれば、自分にたいして自信が得られることがわかっている。だから、あやふやな感覚だけで鍛えたりしないんでしょうね」

食事とサプリメントの両輪は、だから、「身体は商売道具」と断じる武藤にとって、自分で自分を信頼するための後ろ盾だ。サプリメントは、モチベーションを維持したり、過酷なトレーニングを支える精神的なバックボーンの役割も果たすといわれる。数値化できない感情やポジティブな意志の発動もまた、筋肉に秘められたポテンシャルなのかもしれない。

「仕事も、生き方の哲学も、すべてプロレスから学びました」と桑原は語る。しかも、そこへ武藤敬司のプロレスを代入すると、どんな難所も打開できる、と。

「リングで戦うとき、観客の感情をどれほど揺さぶることができるかがプロレスラーの真の力量なんです。武藤さんの負け方には、心がかき乱される。だから、おなじ負けるにしても、周囲の情をつかむ負け方が大事だと知りました。『超満員の観客を前にして、緊張しないんですか』と、武藤さんに訊いたことがあるんです。そのとき返ってきた答えは、『見られているエネルギーを全部自分に集める』。その極意を学ぶと、仕事の大事な局面でも緊張しなくなり、自分に集中できるようになりました。武藤さんがファンに媚《こ》びないのは、リングの上での凄さを見せたいからなんです」

これまで数多くのプロレスラーを見てきたけれど、と前置きして断じた。

「武藤敬司を超える人物はだれかと訊かれても、正直、ぴんとこないんです」

三十五年間の足跡をつうじ、観客のまぶたに刻みつけてきた数々の場面による感情の綾が、武藤敬司を「リビングレジェンド」と呼ばせている。

『さよならムーンサルトプレス　武藤敬司35年の全記録』（福留崇広著　イースト・プレス）は、これまでの軌跡と人柄を追う一冊だが、そのなかにこんな言葉がある。

「どうしてプロレスラーをやっているかって言うと、多くのお客様がオレ一点を見ている、この視線の気持ち良さなんですよ。オレの一挙手一投足にお客様が感情移入して手応えを感じた時に一番、プロレスラーとしてのエクスタシーを感じるし、レスラー冥利に尽きる瞬間なんです。そこに自分の細かいエゴなんかは入って来ない。プロレスラーとしての大優先は、お客様を気持ち良く感動させたか、させないかっていうところだからね。だからさ、求められる以上は飛ばずにはいられなかったんだよ。これは、言ってみればオレの宿命だよ」

観客の視線を一身に集め、しかも感情移入させ、説得力を備えた肉体を手に入れる。この意志と実践が輝きのおおもとだ。

九九年、新日本プロレスに入団した棚橋弘至が付き人を務めていたのは、ほかでもない武藤敬司である。大学を卒業したての若い棚橋は、大先輩がすさまじい練習とクレアチンやプロテインなどを緻密に摂りながら肉体づくりを極めてゆく姿を、だれよりも間近で見ていた。

「でもね、あいつは新日本プロレスに入る前から身体づくりのマニアだったよ。現場でどんなに忙しいときも、隠れてまでプロテインを飲んでたもん。プロに徹するところがあったから、棚橋はああいうきれいな肉体がつくれたんだよな」

その棚橋は、肉体づくりは「自分にとって、プロレスラーとしてのキャラクターを確立するための重要な手段」と話していた。

会ったときの武藤は、これ以上筋肉量を増やすのを控えようと考え、いまはクレアチンは摂っていないと言っていた。いっぽうプロテインは一日の流れとワンセットになっており、起床後のグルタミン、朝食後のプロテイン、練習後のプロテイン、そのほか適宜ＢＣＡＡ、就寝前のアミノ酸やビタミン、エネルギー源配合のサプリメント。年齢や練習量に合わせて自在に組み合わせを変えるのも、長年のうちにたどり着いた活用法の極意に違いない。

あえて訊いてみた。

――プロレスには、やはり食べものと同時にサプリメントが不可欠だと思われますか。

「うーん。わかんない。プロレスって人間性が出るんですよ。ストイックなやつってくそまじめで、どんちゃん騒ぎもしないようなやつに面白いことができるのかって思ったりもする。プロレスは、結局のところ人間性だからさ」

――武藤さんは「ごまかし」という独特の言葉を使われますね。レスラーは動けなくなってからが面白い、味が出てくる、予測を巧みに裏切って遊び心で仕掛けていくのもレスラーの幅や奥行きも「ごまかし」のひとつだ、と。

「そう。だから、ストイックなやつにごまかすことができるのかって思うんだよ。やっぱり、プロレスっていう表現のなかでは、遊び心がないとだめ。時代はいまスレンダーなのが受けてるけどね。でも俺、でかいやつが好きなんですよ。げてものが。たとえば坂口征二さん。ほんとでかいんですよ、馬場さんとは違うでかさ。練習もしてないのに異常に筋肉がついててさ、千年後に化石で見つかったら、なんだこの人類は、なんてね。本当にすごいよ。長州さん？　長州さんはちょっとちっちゃいな。カブトムシの雌みたいな（笑）。亡くなられたけど、マサ斎藤さんも好きだったね。ボディビルダーじゃないごつさ」

理屈や常識を超える異形としての肉体。

「相手が、いつどこで、何を仕掛けてくるかわからないというプロレスをやっているから、つねに俺らは鍛えておかなきゃいけない。自分の武器というか凶器は、絶対に磨いておかなきゃいけない。とくに昔のレスラーはみんなそうやってきました」

――むだを削《そ》ぎ落としてシェイプアップした身体で飛んだり跳ねたり、アクロバティックな要素が強い傾向にある現在のプロレスに違和感を抱いていらっしゃるでしょうか。

「俺が子どものとき、いまのプロレスを観ていたら、プロレスラーにはなっていなかったかもしれない。ただ、時代の流れだから仕方がないよね。いまプロレスラーの数がむやみに増えてるけれど、そのぶんレベルは低くなっていると思う。昔はスペシャルな人間しかプロレスをやっちゃいけない空気があったんだ。だって見世物だから。

ただね、俺のファンも、足が悪くなってからのほうがいいプロレスをすると思ってくれる人もいるんですよね。傷を引きずってまでプロレスをやってる姿というのは、感情移入しやすいというかね。かといって、自己満足でもいけない。それをよしと思ってくださるお客様がいなければ。ひとつ言えるのは、基本的に自分が面白いと思ってプロレスをやってないと、お客様には伝わらないね。嫌だなって思ってると見透かされてしまう」

最先端の化学や研究を究めたサプリメントは、視線を惹きつけるスペシャルな身体をつくり上げるうえで間違いなく大小の影響をおよぼしている。しかし、どれほどの機能性を備えたサプリメントも、ガラスの靴やかぼちゃの馬車に変身させる魔法の杖になるわけではない。

可能性と限界とのあいだ、曖昧《あいまい》な領域に属するもの。

稀代のナチュラル・ボーン・マスターの言葉は、サプリメントの本質を鋭く突いていた。

五章

筋トレとはなにか

筋肉は身近な宇宙である

●スポーツと経済

●桑原弘樹の特別講義

●『キン肉マン』人気の秘密

●メンタルを支える

●筋肉博士が読み解く筋肉の世界

●筋トレがもたらす力

二〇一九年七月十一日。

りんかい線・東京テレポート駅を降りると、目の前に東京ビッグサイト青海《あおみ》展示棟Ａ・Ｂホールがそびえ立つ。人波が巨大な展示棟の方向へ進んでゆくので、足を踏み入れなくても場内の盛況ぶりがわかった。

「第28回　ＳＰＯＲＴＥＣ×ＨＥＡＬＴＨ＆ＦＩＴＮＥＳＳ　ＪＡＰＡＮ」

〝日本最大のスポーツ・フィットネス・健康産業総合展〟と銘打った三日間の催事の最終日。スポーツやトレーニングをめぐる最先端のシーンを垣間見られると聞き、ぜひ見てみたいと思い、足を運んだ。関係者のつてでエントランスを通過し、もらった入場認証カードを首にぶら下げて入るなり、ぽかんとする。展示棟一ホールの面積は、東京ドームのグラウンド面積に迫る一万一千六百二十平方メートル、だだっ広いスペースに大小のブースがぎっしり並ぶさまは、ひっくり返ったおもちゃ箱のようだ。やみくもに通路を歩き回っても迷子になるだけだなと焦ったが、とにかく片っぱしから覗いて回り、スポーツと健康の最前線を探ってみるしかない。

最新トレーニングマシーンの実演。エクササイズ機器の爆音つきデモンストレーション。トレーニング中に使う高精度眼鏡、体組成計、入浴剤、トレーニング用クリーム、スポーツウエアやシューズ、高性能サンドバッグやグローブ……見るものすべてが目新しさを主張しているらしいのだが、門外漢のしろうとにはどこがどう新しいのか判別できず、各ブースにスタンバイしている社員やデモンストレーション要員にいちいち質問攻め。いっぽう、迎え撃つ社員にとっては商談成立のチャンスがいつめぐってくるかもしれないのだから、興味を持って訊《き》いてくる相手には真剣勝負だ。ものめずらしさに惹かれ、「これ、どうやって乗るんですか」と波形の踏み台を指差したら、かたわらに待機している男性社員が、待ってました、とソックスを脱いで裸足になり、曲芸師みたいに波の上を歩いて熱い口調で解説してくれた。

　ひとだかりに吸い寄せられて近づいてみると、ジム用のプロテイン自動販売機が三台並んでいる。コインを入れてボタンを押すと、好みの味と量のプロテイン入り紙コップが自動的に出てくる仕組みで、プロテインの需要もここまできたんだなと実感する。背後で、ジムのトレーナーらしい男性が「うちにも欲しいな。これなら一人分働いてくれる」とつぶやくのが聞こえた。韓国や中国製品のエリアにはスポーツウエアやシューズのブースが並ぶ。小さなトランポリンに乗って飛び跳ねながら説明するインストラクターのハイテンションに舌を巻き、物量の多さにも圧倒されながら歩いていると、「遺伝子分析サービス」の大きな文字に遭遇した。エステティックサロンやフィットネスクラブなどでも遺伝子検査キットが導入されていると聞いたことはあったけれど、「遺伝子」と「サービス」の組み合わせがいかにも軽い。これを科学の進歩と括《くく》ってよいのだろうかと違和感をおぼえた。

　あちこちのブースでにぎわっているのが、やはりプロテインやサプリメントのジャンルだ。プロテイン先進国といわれるアメリカでのプロテイン市場規模は推定五千億円、日本の市場規模は推定四百億円といわれるなか、ビジネスチャンスを狙って鎬《しのぎ》を削る状況がびんびん伝わってくる。主流は吸収の速いホエイプロテイン、さらにアミノ酸や機能性ペプチドを加えたプロテインも登場している。一大ブームを巻き起こしたサラダチキンにしても、原料の鶏ささみにコラーゲンを配合した、ひと袋のプロテイン含有量二十二グラムのささみプロテインバーが登場しており、ブラックペッパー、レモンフレーバー、レッドペッパー風味のサンプルが山積みになっている。すぐ近くのブースにお洒落なタブレットがあるのを発見して試食すると、小粒のグミにプロテインを注入したオレンジ風味が意外なおいしさだった。ついあとを引いて、もう一個くださいと手が出てしまった。

とあるブースで遭遇したジュニア用プロテインに、またどきっとする。パッケージには、「野菜パウダー配合」「成長を助ける酵母ペプチド配合」「ビタミン、ミネラル、カルシウム配合」「お腹に優しい乳酸菌」「バランス良く栄養補給」の文字が並び、「爽やかな甘さのイチゴみるく味」。ジュニア世代にもプロテインは広がっているらしい。

そばに立っていた関係者に需要を訊いてみた。

「サッカーや野球をやってる小学生や中学生のお子さんがよく飲んでいます。子どもが買うのではなく、親が買い求めて飲ませていますね。プロテインを飲むと身長が伸びにくいと言われたことがありますけれど、誤解です。うちは後発なので、これからもっと売り込まなきゃいけないんですけど」

ジュニア用のプロテイン製品はロート製薬が多く手がけています、と教わった。プロテインの浸透度は年代の幅をどんどん広げており、高齢者向けのプロテインが売り出されるのも時間の問題だな、と思う。高齢者向けなら、抹茶風味が出てくるだろうか。いずれにしても、サプリメントやドリンク類のおもな成分の主流は、クエン酸、ＢＣＡＡ（分岐鎖アミノ酸）、ＥＡＡ（必須アミノ酸）、還元型コエンザイムＱ10、ウコン、セサミン、コラーゲン、乳酸菌など。どうやら、これらを通じて科学の最先端の研究開発とスポーツの現場の蜜月が体現された時代に、私たちは生きている。

巨大な展示場を埋め尽くす、スポーツと健康をめぐるモノの洪水。とりわけ、プロテイン、サプリメント、回復ドリンクは、数え切れないくらいの種類があるが、いずれも目指す着地点は「いかに効率よく身体をサポートし、成果につなげるか」。

健康にまつわる分野が一大産業として急成長を遂げている。その熱気をもろに受けて驚くとともに、私がたじろいだのは、科学の介入がいっそう日常生活のなかに深まっているという事実だ。

この日、展示場に足を運んだ目的は、もうひとつあった。奥まったエリアにセミナー会場が設置されており、展示期間中、各分野のスペシャリストによる講演が連日ぎっしり組まれている。私が足を運んだ日は約三十の講演が予定され、それぞれの講演テーマにはスポーツに求められている多様性が見てとれた。

講演テーマのごく一部。

「サービス付き高齢者住宅における運動プログラム」

「スポーツ企業とテクノロジー企業の共創によるスポーツレッスンイノベーション」
「遺伝子市場の現在地と、遺伝子（体質）情報のトレーニング・栄養指導への応用」
「アスリートも知っておきたい腸管免疫の話」
「本当に世界で闘える肉体と作り方」
「体幹のコンディショニングはどうあるべきか」
「アクティブエイジングのためのヨガフィット」

スポーツの枠組みを超えて、身体管理、企業の社会貢献、介護の現場まで、テーマがきわめて多岐にわたっていることにあらためて驚かされる。「健康」や「身体」は、もはや社会や経済を動かす大きな力なのだ。

聞きたかった講演は、午後十二時半から一時間半の予定で行われるＮＥＳＴＡ（全米エクササイズ＆スポーツトレーナー協会）日本支部のＰＤＡ（プログラム・ディベロップメント・アドバイザー）、桑原弘樹《くわばらひろき》による「減量のいろは　体重管理メソッドとサプリメント活用法」である。

桑原は前章の通り、江崎グリコが一九九九年に売り出したスポーツサプリメント「パワープロダクション」を開発した中心人物で、サプリメントの開発に関わった経緯、その背景にあるプロレスラー武《む》藤敬司《とうけいじ》との交流についてもくわしく述べた。現在、江崎グリコから独立して「桑原塾」を主宰、コンディショニングやボディメイクのスペシャリストとして活躍している。サプリメントの効果的な使いかたを各界のトップアスリートにアドバイスし、スポーツや個人に応じた身体づくりに直接関わってきた桑原が、年に一度の最先端の場でなにをどのように語るのか、じかに聞いてみたいと思った。

予定時間の十分前、セミナー会場に入ると前列から埋まってぎっしり満員、百人近い聴衆は男性八割、女性二割といったところ。三十～四十代のトレーナーやコーチなどスポーツに関わる専門職が多いと聞いた。すでに会場の空気が熱いのは、情報発信力の高い桑原にたいする関心の高さ、くわえてテーマの具体性だろうか。

主催者の紹介を受け、日焼けしたたくましい体軀《たいく》の桑原が登場した。

「こんにちは。桑原です！　今日は多くの方々にお集まりいただき、ありがとうございます」

歯切れのいい口調で挨拶したあと、いきなり本題に入る。

「いま僕が着ているＴシャツの胸の文字『３００』は、年に三百回のワークアウトをしましょうっていうメッセージです。なぜ三百回なのか。そこにも意味がちゃんとあります」

聴衆がぐっと膝を乗り出す気配が伝わってくる。自己紹介を兼ねた身近な話題で聞き手の関心を引きつけ、テンポよく畳みかけるのが桑原の指導術だ。

ホワイトボードにすばやく書く。

「１　目標
２　土台
３　筋肉
４　燃焼」

この四つが、筋肉を残しながら減量を進めるときの柱になります、と話し始めた。

「明確な、しかも自分にとってなまなましい目標を立てることが非常に大事です。Ｔシャツの『３００』、これは僕自身が十三年前に掲げた数字なんですが、『３００』と設定して言い切らなければ、290で終わってしまう。満足してしまうんです。今日のテーマの『減量』、これは人生に通じる課題でもある。なぜなら、メンタルトレーニングにも繋がっているからです。だれもが嫌なこと、しんどいことに引きずられがちですが、自分のなかにはかならずポジティブ・マインドがある。それを見つけてほしい。筋肉には、持久力に優れた『遅筋《ちきん》線維』と瞬発力に優れた『速筋《そっきん》線維』があり、それぞれ異なる働きを担っています。負荷の低いふだんの動作では遅筋線維が使われ、速筋線維は、いわば非常手段のときに使われる。遅筋線維を鍛えるのはしんどいですが、そのつらさを乗り越えてより大きな負荷をかけなければ速筋線維が鍛えられず、筋肉の量を上げられません。

言霊《ことだま》は、とても大切なんです。筋トレをしているとき、『もうきつい、これ以上できない』という瞬間がきたら、そこで終わるのではなく『待ってました！』。なぜなら、オールアウト寸前から、筋肉への働きかけがはじまるのですから。だからこそ、『待ってました、じゃあもう一回！』。どんな言葉を自分に投げ掛けるのか、それによってもトレーニングの質は大きく左右されます」

いっぽう、こうも話す。

「個人差はありますが、筋肉は簡単にはつかないものです。一年単位で薄皮を一枚ずつ重ねるようにしてついてゆくのが筋肉ですから、早く結果を求めず、がんばり過ぎないことが大切です。がんばれば脳はリターンを求め、ストレスを生むことがある。ですから、ごく当たり前のことを継続するのが、着実に結果を出すためには意外に有効です。高度な鍛えかたに走らず、簡単なことを軽んじない。まっすぐ立って腕を大きく前後に二十回振るだけでも、肩甲骨の裏側にある褐色脂肪細胞を刺激することができるんです」

あらゆるスポーツにおける課題は、筋肉をどうつくるか、鍛えるか。しかし、桑原は講義の冒頭、拙速に結果を求めては本末転倒になると釘を刺す。真剣な表情で耳を傾ける聴衆のなかには、熱心にノートにメモする様子も多く見受けられた。このあと、筋肉の組成、トレーニング中の効果的なサプリメントの選びかた、脂肪燃焼の仕組み……一時間半の講義は最後まで緩まず、聴衆の集中力を刺激するものだった。聞き終わったあと、私は「脳が脂肪燃焼しました」とつぶやきたくなった。

そもそも人間の体重の約四割は、骨格筋つまり身体の動きを生み出す筋肉で形成されている。骨格筋のほか、心臓を動かす心筋、血管や内臓をおおう平滑筋があり、つまり、私たちは筋肉なしには生きていけないし、生活できない。しかも、筋肉は、思い通りに身体を動かしたり、スポーツのパフォーマンスを向上させるだけではなく、健康を維持するうえで大きな働きを担っていることが近年の研究でわかってきた。筋肉は、使わなければ確実に衰えるし、速筋線維は使えば太くなるが、使わなければ細くなる。しかし、意識的に鍛えて刺激をあたえれば代謝や免疫力が上がり、血糖値の上昇を抑える働きがあることも、すでに医学的に明らかになっている。筋肉のトレーニングが世間の注目を集めているのは、身体を鍛えたり肉体改造の目的にとどまらず、じつは筋肉が大きな可能性を秘めていることに私たちが気づきはじめた証左だろう。

鍛えた筋肉は、ひと目を惹く。たとえば、大胸筋や腹直筋の隆起、三角筋から上腕二頭筋にいたる盛り上がり、くっきりと六つに割れた腹筋。それらから受け取るのは、自信や誇らしさの感情だ。筋肉をもっと大きく、もっと太く、もっと強く、美しく、と願うのは人間の本能なのだろうか。

筋トレが始まったのは紀元前二五〇〇年頃のエジプトだと言われる。以来四千五百年、人間は筋肉の力を競い合ってきた。重量を競うウエイトリフティングの競技は、第一回近代オリンピックがギリシャ・アテネで開催される五年前の一八九一年、第一回ウエイトリフティング選手権大会がロンドンで開催されている。日本にウエイトリフティングが紹介されたのは一九三三年、嘉《か》納《のう》治《じ》五《ご》郎《ろう》IOC委員による。ちなみに、筋肉美を競うボディビルの分野では、アメリカで国際ボディビルダーズ連盟が設立されたのは一九四六年、日本で「日本ボディビル協会」が設立されたのは五五年である。

筋肉はスポーツの分野だけにとどまっていない。七九年、少年ジャンプで連載がスタートするなり爆発的な人気を集め、連載四十周年を超えた漫画「キン肉マン」。漫画家ユニット「ゆでたまご」による大ヒット漫画は、まさに筋肉そのものが創作の源泉だ。この漫画が誕生したのは、作者のひとり、嶋田隆司（原作担当）が全日本プロレスとジャイアント馬場のファンだったから。つまり、「キン肉マン」の生みの親はプロレスであり、プロレスラー。希《け》有《う》な人気を誇るこの漫画にも、鍛えた筋肉がひと目を惹く理由が隠されている。

少年たちを熱狂させてきたキン肉マンの正体は、キン肉星出身のキン肉族の王子、キン肉スグル。のちに王位争奪戦を勝ち抜いて第五十八代キン肉星大王を継承するのだが、登場する超人キャラクターの数も種類もすさまじい。『学研の図鑑　キン肉マン「超人」』（学研プラス）をめくってみると、すさまじい数の超人に腰を抜かす。時間超人、惑星超人、岩石の超人、多肉植物の超人、軟骨魚類の超人、甲殻類の超人、偶蹄類の超人、奇蹄類や長鼻類の超人、霊長類の超人、神話や伝説の超人や魔族の仲間もいる。そこへ、キン肉族をはじめ、ヒト型超人やら古代文明に影響をあたえた超人やら、水まわり設備の超人群、料理や飲み物の化身の超人まで存在する。インド出身の超人カレクックは身長二百センチ、体重百五キロ、「世界三大残虐超人」のひとりで、武器は頭に載せたカレーライス、敵の傷口や粘膜にカレーをすりこむ必殺技をもつ。超人ひとりひとりが独自のボディラインと筋肉美を誇るのだが、そのオリジナルな容姿を見ていくうち、しだいに創造世界へ引きこまれ、四十年におよぶ人気の秘密を見せつけられる思いがする。そして、ギャグ漫画にリアルな血肉の熱さを注入しているのは、まさに並外れた筋肉の存在感や未知の可能性だという事実にあらためて気づかされるのだ。

どうやら、筋肉には、感情を物語ったり取り込んだりする力があるようだ。たとえつらくても筋トレに励みたくなるのは、筋肉への欲望が大きければ大きいほど情緒的なメッセージの伝達を強く受け取るからなのか。

約二十年、自身も筋トレを糧として生きてきた桑原に訊いてみたいことがあった。前章で書いたように、桑原は、江崎グリコの社員だった二十九歳のとき白血病を患い、十ヶ月の闘病生活を経て、無菌室から奇跡的な生還を果たす。社会復帰してまもなく、伝説のボディビルダー杉田茂に憧れて身体を鍛えはじめ、それと並行しながらサプリメント「パワープロダクション」の開発を手がけて成功に導いた。

——筋トレは、やる以上は右肩上がりの結果を目指すべきもの、負けてはいけないものなんでしようか。

「まず、筋肉の維持とは、一個人の身体の成熟期をできるだけ長く、衰退期を遅くすることだと考えています。だから、ベンチプレスを何キロ多く上げられたという成果はもちろんうれしいのですが、数字の右肩上がりだけが重要なわけではないと思うんです。
僕自身、弱い部分もたくさんある。三十歳直前の白血病にはじまって、ヘビーな経験もたくさんしながら（過酷な人生経験をいくつか率直に話してくれたが、プライベートに属するのでここでは控える）、自分なりに乗り越えてきました。ただ、精神的に追い込まれて夏の日差しが耐えられないときでも、当時の手帳を見るとトレーニングはしているんですよ。休んでいない。僕にとって、そもそもトレーニングは勝ち負けに関わるものではなく、瀬戸際に立ったときの唯一の救いだったと思います」

小学生時代、父親の仕事のため転校を繰り返し、六年間で四つの学校に通うことになった桑原少年が、行く先々で苦しい思いを味わってきたことは想像に難くない。新入りにたいするいじめにも遭いながら、ちょうどリバイバルヒットしていた山本リンダ「狙いうち」を全校生徒の前でパフォーマンスつきで歌い、一発大逆転。得意の将棋で相手を打ち負かしたりもした。劣勢がたちまちリスペクトを受ける側に変わる瞬間を、桑原少年は何度も経験した。

「それをやらないと生き抜いていけなかった。自分の土俵をどこかに見つけて積み重ねていかなければ、生き延びられなかったんです。たぶん、僕にはそれが染みついている。だから、アスリートに接するとき、自分の経験に基づいてメンタル面の強さがいかに大切かを教えることが非常に多いんです。思うように記録が出せず、くよくよする、試合に勝てない、バッシングに遭ってへこむ……プロにもいろんな局面があります。でも、『桑原さんと話したら、帰るときすごく元気になりました』『いい気を注入してもらいました』と言ってもらえたりするんですよね。メンタル面にも言及できることが、多くのアスリートが僕に関心をもってくれる理由のひとつかなと思っています」

　コンディショニングトレーナーとしての桑原の持ち味は、自身が分析する通り、専門的なトレーニング知識と精神力の強さの両方を備えているところにある。上腕二頭筋のたくましさや張りのあるふくらはぎの筋肉は、無菌室で白血病と闘っているとき、脚の筋肉が衰えて自力で立つことも困難だった人物のものだとは信じがたいけれど、プロのトレーナーとしての自信の裏付けになっているのは、熱意と知見と労力を注ぎこんでサプリメントを開発した実績なのだろう。自分の身体を研究材料にしてプロテインを毎日試飲し続け、手当たりしだいに論文を読み、研究、開発、マーケティング、営業、広告、資材調達、製造、すべての分野に関わったうえでの「最高傑作」を世間に送り出した自信が桑原を支えている。

「ここまで踏み込んで商品を開発している企業はほかにないと思っていましたし、あれこれ知識や講釈を垂れるひとはたくさんいても、何から何まで個人で引き受けてエネルギーを注ぎこんでいる者はいないと確信していました。もちろん、製品にたいしては全責任を負う覚悟でした」

　桑原と話していると、筋肉を鍛えることと精神力の強さ、つまりフィジカルとメンタルは補完関係にあると思われてくる。どちらがひよこで、どちらが卵なのかわからないが。

「そもそも僕がトレーニングを始めたのは、最初は商品を実際に試して精度を上げるためでした。ところが、杉田（茂）会長に弟子入りしてボディビルのコンテストに出ると、やっぱり成績を上げたくなる、優勝したくなる、いつのまにかがむしゃらになっているんです。会社員時代は部長職でしたから、役員会議にも出なくちゃならなかったのですが、自分にまったく関係のない会議だと、何食わぬ顔で退席して、空いた場所で筋トレしてから席に戻ってきたりしていました（笑）。そのくらい、僕のなかではトレーニングの位置づけが上になっていった。

じゃあ、なぜ自分はそれほどまでしてトレーニングをするのか。これは深い話なんです」

桑原が本気でトレーニングに取り組みはじめたのは、三十八歳頃だった。それから二十年余り経ち、白髪も増えた、老眼も進んだ、歯も一本抜けた、でも。

「筋量だけは増えているんですよね。たまに棚橋選手と会うと、彼がいまだに言うのは『最初に会った頃の桑原さんはこんな身体じゃなかった、ごく普通の細いサラリーマンだったんだからね』。それを聞くと、まだ進化しているのかなと思えてうれしいんです。もう筋肉以外はすべて衰えている、いや、衰えている自信がある。でも、筋肉については、五十になっても六十になっても対前年比プラスになれる。まずこれが、僕が筋肉にのめりこんでいる大きな理由なのかなと思うんです」

筋肉は、負荷をかけて刺激をあたえなければ、加齢とともに確実に衰えてゆく。しかし、明確な意識をもって負荷をあたえ、同時に栄養や休息の条件を整えれば、高齢者でも筋肥大することが実証されている。

「高齢者だから神経系だけの要因で筋力が上がるということではなく、若い人と同じように、神経系とサイズの両方の要素が改善していくことがはっきりわかってきている」

（『石井直方の筋肉の科学』石井《いしい》直方《なおかた》著　ベースボール・マガジン社）

つまり、筋肉は何歳からでもつけられる。

筋肉は年齢にかかわらず成長する。この事実が、「筋肉は裏切らない」という言葉の根拠だ。重篤《じゅうとく》な病によって筋肉の機能を失いかけながらも、たゆまぬ筋トレによって現在のたくましさを得た桑原の身体が筋肉のポテンシャルを示している。

筋トレには、ひとを虜《とりこ》にする魔力があるという。週三回のジム通いを続けて四年半になる知人（三十七歳男性・自営業）が、「これは多くのジム仲間に共通する話なんですが」と前置きして教えてくれた。

「筋トレをはじめた最初の動機は『モテたい』だったのに、筋トレを続けていたら『モチたい』に変わるんです」

うまいことを言う。「モチたい」とは、重いダンベルを持ち上げたいという欲望のこと。プロテインの消費量が増えてくると、ダンベルの重さも自動的に上がる。もっとモチたい、モチ上げたい。ダンベルが恋愛相手になってくるからヤバイんですよ、という自虐があながち冗談には聞こえない。

ＮＨＫ「みんなで筋肉体操」が注目されたのは、出演者の職業の幅広さもひと役買った。俳優、庭師、弁護士、歯科医師、指導は大学准教授。そこへ、あらたに女性アイドルの格闘家、獣医学生まで加わり、筋肉はいよいよ注目と関心の的になった。以前は、地元の商店街や電車のなかでりゅうとした筋肉を誇るタンクトップの男性とすれ違うとどきっとしたものだが、目が慣れたのか、もう驚かない。

筋トレは、やる気や闘争心を向上させるテストステロン、精神を安定させるセロトニン、気分を高揚させるドーパミンなどのホルモンを分泌させるといわれる。自尊心をくすぐられるのも、どうやら筋トレの贈りものらしい。「筋肉は裏切らない」というキラーフレーズは、わずか五分間の番組なのに、数度の放映で世間を騒然とさせたＮＨＫの番組「みんなで筋肉体操」で聞いた。一日に必要とされる一般的なたんぱく質の摂取量は、体重一キログラム当たり一グラムが目安で、効率よく筋肉をつけるには、筋肉再合成のために一・五グラムのたんぱく質を摂るのが望ましいといわれる（ただし、たとえば肉はすべてたんぱく質ではなく、総量のうち、たんぱく質は平均二〇～二五％）。量と質の差はあるとはいえ、だれの身体にも平等についている筋肉がここまで注目を集める日が来るなんて、一番びっくりしているのは筋肉そのものじゃないか。

話を聞かなければならない人物がいる。

東京大学スポーツ先端科学研究拠点・拠点長（当時）、理学博士、石井直方教授。

運動生理学、トレーニング科学の専門家で、日本における筋肉研究の第一人者である。「みんなで筋肉体操」に「筋肉指導」講師として出演している順天堂大学准教授の谷本道哉《みちや》もまた、石井教授のもとで筋肉の研究をしてきたひとりだ。

駒場の東京大学構内、石井教授の研究室を訪ねた。石井教授の著書は、専門書から一般向けにわかりやすく筋肉の科学を説くものまで幅広く、あらかじめ数冊を繙《ひもと》いていた。ところが、入門書を選んでいるのに、読んでいるときは理解している気になれても、本を閉じると筋肉は押し黙ってしまうのはなぜだろう。

そんな疑問を、石井教授に率直に伝えてみた。

「わかります。筋肉についてだけ考えてしまうと、なかなか理解しにくいんです。筋肉と脂肪はつながっているし、肝臓ともつながっている。身体全体の仕組みは理に適っていて、当然のように体内で作用し合っています。だから、あまり特殊なものとして考えないほうがいいかもしれません。筋肉は、人間の身体の機能のひとつですから」

はっとさせられる示唆だった。筋肉は視覚的に捉えやすいから、つい切り離して考えがちなのかもしれない。石井教授は、「ギリシャ彫刻から運慶の彫像まで、筋肉は古今東西、人間の持っている力を象徴する存在として捉えられてきた側面がある」と指摘したうえで、あくまでも身体の仕組みの一部だと強調する。一九七〇年代、アメリカのスポーツ界で火がついた筋肉トレーニングが日本に導入され始めたのは八〇年代後半、三十数年前だ。

「それまで日本のスポーツ界では、経験論を主張する風潮が強かったんです。スポーツの指導者というのは、自分がやってきたことに信念を持っている傾向がありますから。ところが、アメリカでトレーニング研究をして資格を取った人が増え、あたらしい知識や情報が入ってくるようになった。とはいえ、ただ真似をしているだけでは、追いつくことはできても、追い抜けない。結果につなげるためには、日本人に即した独自の研究を進めていく必要があるわけで、これが今後の課題です」

気になることがある。アメリカから学んだ理論や研究は、そのまま一般的なものとして日本人にも当てはまるものなのだろうか。それぞれの人種によって、骨格や筋肉のつきかたは異なるのではないか。

「筋肉のパフォーマンスという観点からみると、人種や遺伝的な違いは、明らかに機能の差があります。速筋線維という細胞が収縮する最大スピードをみると、生理学的な見方をすれば、黒人でも白人でも、男性でも女性でも同じということになる。ところが、オリンピックで金メダルを獲った黒人選手の速筋線維を調べると、ほかの人より収縮のスピードが速いという研究結果もある。遺伝的な差は、どうしても存在するんです。じゃあどうしたらいいかというと、スポーツの分野においては、むしろ日本人の選手であることが何らかのアドバンテージを発揮できるもの、評価され得る種目を伸ばしていくことでしょうね。例えばフィギュアスケートでは日本人選手が優れた成績を出していますが、やはり日本人に向いている競技だからなのだと思います」

——だとすれば、よけいに日本人の身体に適応する研究や理論が求められますね。

「そうです。格闘技でいえば、日本が発祥の地である柔道はしばらく力で押さえ込むヨーロッパの柔道に押されてきましたが、現在は、力負けしない『技が出せる筋力』をつけるハイレベルな段階に進んでいると思います」

やはり、複雑な話ではある。DNAが筋肉の質や発達を司《つかさど》る要素は大きいかもしれないが、いっぽう、「勝ち」を大前提にするスポーツの世界において、「技が出せる筋力」を蓄えることは必要不可欠なのだ。それがどんな競技であっても、体幹を鍛え、いかにそれぞれの筋肉がもたらすポテンシャルを高めるか、アスリートにとって最大の関心であり課題に違いない。

たとえば、おなじ陸上競技でも、持久力を要求されるマラソンなどのアスリートは、エネルギー源を筋線維内で効率的に合成できる遅筋線維の量が多く、瞬発力を要求される短距離のアスリートは瞬時に大きな力を発揮する速筋線維の量が多いといわれる。また、重量挙げのようなパワー系アスリートも、一瞬のうちにとてつもないパワーを生み出すために速筋線維が重要な役割を担う。速筋線維にすばやく信号を送り、目的を果たすための優れた司令塔となるのは、神経の働き。つまり、神経機能と筋肉との連係プレーを巧みに連動させられるのも、アスリートが持つ特別なスキルなのだ。トレーニングによって筋肉が増えることはわかっていても、筋肉が肥大する科学的なメカニズムは完全には解明されておらず、トレーニングによって与える負荷の大きさによって効果も異なる。負荷が軽ければ、筋持久力の向上レベルにとどまるが、だんだん負荷を増やせば、筋力や筋肉量が増え、神経の発達にもつながってゆく。石井教授の言う「技が出せる筋力」とは、アスリートにとって、技と筋肉が結びついていることを示している。

　石井教授は、かつてボディビルダーとして数々のタイトルを獲得した選手としても広く知られる。東京大学入学後、ボディビル&ウェイトリフティング部に入部。一九七七年、全日本学生ボディビル選手権優勝。八一年と八三年、日本ボディビル選手権大会（「ミスター日本」）で優勝を果たす。筋肉が動く分子レベルの仕組みを研究しつつ、ボディビルダーとして輝かしい実績をもつ異色の人物。研究室に飾られている写真が、「ミスター日本」に輝いた二十代の筋肉美を誇っている。

――この並外れた筋肉を、どのようにして手に入れられたのですか。

「大学に入って本格的に筋肉トレーニングを始めたら、すごく才能があった（笑）。どんどん強くなるのでそのまま階段を上がっちゃった感じです。たぶん筋肉が発達する素質を遺伝子がもっていたのだと思います。自分の遺伝子をいくつか分析してみましたが、オリンピックレベルのパワー系の競技の選手に必要な遺伝子をもっていることがわかった。くわえて、性格的にも、伸び始めるとやめられなくなって。これだけ人間の身体は正直に変わるのか、神様が与えてくれた素質があるのかと思うのですが、いっぽう、遺伝子ですべてが決まるわけではなく、科学的なアプローチをすれば、人間の身体はあるレベルまでちゃんと達成する。そこを研究することが大事なんです。そもそも個人個人の違いがなければ、スポーツは何かおもしろみのない世界になってしまう気がします」

記録の数字、勝敗、見た目の威容だけにこだわってしまえば、ステロイドなどの薬物にすがる危険性もまたスポーツは孕《はら》んでいる。石井教授は、現在のボディビルのトップレベルは「身体の美しさを競う競技ではなく、筋肉量だけを追求する傾向にあり、世の中から乖離《かいり》している」と警鐘を鳴らす。

――ご自身も筋肉づくりに取り組むとき、プロテインを飲んでいたのでしょうか。

「はい、飲んでいました。十八歳で競技に入ったとき、外国産のプロテインを売っている店が渋谷に一軒だけあったんです。七三、四年ごろ、五百グラムくらいの小さな缶が当時二千五百円くらい、ものすごく高かった。それで何をしたかというと、アメリカの雑誌に出ているプロテインの会社に手紙を出して、船便で直輸入をして飲んでいたんです。日本のアスリートがプロテインを使い始めた初期の段階で、パイオニアです（笑）。でも、とにかく溶けないので苦労しました。きんきんに冷やした牛乳をちょっと加えてペースト状に練ってから溶かすと、どうにか飲めるようになった。当時は明治製菓が国産プロテインを開発している時期で、意見を求められて自分の苦労や感想を伝えたりしていました」

飲みやすさの改善も、プロテインの普及を後押しした。くわえて、味のバリエーション、溶けやすさ、なめらかさ、嚥下《えんげ》しやすさ。胃のレントゲンを撮るときに飲むバリウムが、昔と較べて格段に飲みやすくなっているところにも共通項があるだろう。

とはいえ、いくら筋肉をつけたくても、サプリメントに頼り過ぎれば、血液中の窒素が増えて腎臓にストレスをあたえる。体重一キログラム当たり二グラム以上のたんぱく質を摂っても筋肉の合成に使われず、余分は代謝されてエネルギーになるという報告もある。また、みんながみんな、プロレスラーやアメフト、ラグビー選手のようなハードな筋肉の使い方をしているわけではない。

「プロテインには消化吸収が速い特徴があるので、激しいトレーニングのあとですぐステーキを食べるより、筋肉をつくるスイッチがぽんと上がって効果が高いんです。また、カロリーを抑えながらたんぱく質を摂りたい減量期などにも有効です。しかし、たんぱく質の含有量が多い利点の裏を返せば、ほかのものが入っていないということ。プロテインはあくまでもサプリメントで、やはり食事として食べる肉や魚、大豆、乳製品など自然な栄養素が大事なんです。自然の食品には、じつはいろんな成分が入っているという認識が重要だと思いますね。筋肉は、百パーセントたんぱく質からできているのではなく、細胞の膜を形成している脂質などいろいろな成分からつくられていますから」

では、どうして筋肉の存在がこれほど突出して注目を集めるようになったのか、素朴な問いを投げかけてみた。

「人間は、ほんらい身体に備わっている筋肉の機能を使って動かなければ生存すらできなかった。ところが、車やエスカレーターが作られて便利な世の中になると、身体を使わずにすむようになった。つまり、現代の社会は筋肉を使って動くことを奪い取っているともいえます。もちろん昔のような生活に戻る必要はないけれど、知恵を働かせて筋肉を大事に使い、身体の大事な機能として維持していかなければならない、そういうことに世の中が気づいてきたのかなと思います。

僕がボディビルをやっていたときは、東大生のボディビルなんてキワモノ扱い。決して知的な活動とは思われなかった。九〇年頃は、筋肉をつけて健康づくりに役立てることが大事だと言っても、学会で相手にもされない風潮がありました。当時から今後の社会では筋肉がより大事になってくるという予測は立てていましたが、二〇〇〇年を越えたあたりから少しずつ学会でも関心が出てきた。でも、これほどブームになるとは思っていなかったですね」

筋肉を成長させるメカニズムは、まだ全貌が解明されていないと聞き、むしろ納得がゆく。未知の世界を秘めているからこそ、ひとは筋肉の可能性に惹きつけられる。『石井直方の筋肉の科学』によれば、筋肉が強く太くなる要因は「メカニカルストレス」「代謝環境」「酸素環境」「ホルモン・成長因子」「筋線維の損傷・再生」などが複雑に絡み合う。どうやら筋肉づくりは未知の物語をどっさり宿しているようだ。漫画『キン肉マン』のヒットは、その予兆でもあっただろうか。

朝、何の気なしに新聞を開くと、日本のオフィスワーカーは勤務時間の七割を座って過ごしており、世界で最も長時間座っているから「座りすぎ対策」が急務だという記事がでていた（二〇一九年八月三日　日経新聞朝刊）。とりわけ、座業が中心のサラリーマンにとっても「座りすぎ対策」は切実な問題だが、筋トレを日々の柱とする人物が身近にいた。

西村博一《にしむらひろかず》、新潮社勤務。一九七〇年生まれ。東京大学文学部卒業後、一九九四年、新潮社入社

以来、一貫して編集畑を歩んできた。いわば典型的な文化系だが、冬でもぴっちりとしたＴシャツ一枚で社内を歩く姿が異彩を放っているらしく、給湯室でプロテインを飲んでいた、冬場もＴシャツで肉体を誇示している「真面目なナルシスト」等々、やっかみ混じりの声を聞く。

新潮社の会議室に現れた西村は、カーキ色のジャケットとストレートパンツの上下が似合う、なるほど筋肉質のがっちりとした体軀の持ち主だ。Ｔシャツの胸元の筋肉がぐいっと盛り上がって、つい視線が行く。身長百七十二センチ、体重七十五キロ、肩幅四十八センチ、胸囲百四センチ、首回り四十二センチ、太もも五十五・五センチ。見た目より、かなりたくましい。洋服を選ぶときは、「Ｔシャツが意外とむずかしい。筋肉を見せつけているとか会社で言われているのは知っていますが、ＸＬを選んでもピチピチ。だからＴシャツにはくわしいです」。

ジム通いがはじまったのは七年前だ。二十四時間営業のジムに入会したのは、思い立ったら場所や時間を気にせず駆けこめるから。深夜、打ち合わせや会食帰りに筋トレ、徹夜明けに会社の近くで筋トレ、外で打ち合わせのあと帰社途中に筋トレ。都合週平均五回、日常のルーティンに筋トレががっちり組み込まれている。バッグには三種の神器、シューズと着替えとプロテイン。

「メンタルがネガティブな方向に行きはじめたら、すぐジムに行って筋トレです。何かが間違ってるぞと思ったら、いったん仕事を打ち切ってジムに向かいます」

――そもそも、スポーツやトレーニングには親しんでいたのですか。

「子どもの頃からずっと運動をやっていて、小学生のときは陸上部、中学は水泳部、高校と大学ではバスケット部に所属していました。ウエイトトレーニングをはじめたのは大学に入ってからです。高校時代はそれほど強いチームではなかったけれど、大学に入ったら科学的な運動理論も学ばされ、練習の質も高くなってハードでした。バスケットボールはコンタクトスポーツで、当たり負けしない重量を身につけなければ通用しないと実感して、ジムに通い始めた。当時飲んでいたのはソイプロテインで、あっというまに筋肉がついてムチムチになり、ジーンズが穿《は》けないくらい脚が太くなって土管みたいでした。マイケル・ジョンソンの太ももの数字を聞いて、俺より細いと思ったくらい。六十四センチあったと記憶しています。でも、二年生の夏、とうとう練習についていけなくなり、もう自分には無理だ、と。忘れもしません、夏合宿が始まる当日に逃げました」

二十歳の挫折。ジムで五時間汗を流しても、レギュラーと補欠との境目をゆらゆらする不安定な日々から抜け出すことはできず、あんなに打ち込んだバスケットボールだったが、けっきょく敗北感に苛《さいな》まれながら大学後半の二年間を過ごす。辞める前の体重五十七キロ、辞めたあと大学を卒業するとき六十七キロ。

出版社に就職すると、「めちゃめちゃ食う、飲む」暴飲暴食生活が始まったのは、長かった節制生活の反動だったのかもしれないという。三十代後半になると、座業の仕事柄、ぎっくり腰が多発するようになり、鍼《はり》治療やマッサージに通ってみても改善できなかった。四十代になると右手の痺《しび》れにも悩まされ、腕が動かない。どうにかしなければ、と焦りながら、試しに二十年ぶりにジムに足を踏み入れて筋トレをはじめたのが四十二歳のとき。すると、あんなにつらかったぎっくり腰も手の痺れも四十肩も、みるみる治っていった。

この七年、筋トレが生活の柱である。

「身体を大きくするだけでなく、自分の筋肉を意識して動かせるようになるんだなと気づきました。背中や肩甲骨まわりの筋肉を動かせるようになると、子どもの頃からのひどい肩凝りが嘘のように消えたし、『俺の僧帽筋はここかな』と動かすのはとても楽しい試行錯誤です。ジムに行かないとむずむずしてくるんです」

　筋トレのメニューは自分で組み立て、情報源はＹｏｕＴｕｂｅの動画「サイヤマングレート」「カネキン」「鍛道」「ＪＩＮ」など。プロテインやサプリメントについては、ボディビルダー山本義徳が発信する情報もチェックする。ジムに置いてある雑誌「トレーニングマガジン」や「マッスル＆フィットネス」、石井直方教授やボディビルダーの鈴木雅《まさし》の著書にも目を通して情報収集。当初、自己流でベンチプレスに挑んで肩を痛めた経験に懲りている。現在飲んでいるのは、乳糖不耐症気味のため純度の高いＷＰＩ（ホエイプロテインアイソレート）。

　胸、背中、肩、脚、身体を四分割して部位を決め、日ごとにローテーションで鍛える西村の筋トレ法は、効率よく筋肉をつけるための王道である。筋線維は、短い時間に集中して大きな負荷をかけると肥大しやすいからだ。たとえば、ベンチプレス八十キロを七回×三セット、チェストプレスマシン百九キロを三回×五セット、インクライン・ベンチプレス六十キロを十回×三セット、ダンベルフライ二十キロを十回×三セット……高負荷・少なめの回数、より効果がでやすいといわれるフリーウエイトを選択している。

「自分の存在が頼りない気持ちになるときがあるんです。そんなとき、筋トレしながら、俺の大胸筋はここにある、広背筋が動いている……体感していると自分の輪郭のようなものを実感する、あの感覚がいいんですよね。ある種の癒やしというか、メンタルの調整。それが自分にとって貴重な時間になっていると思います。当然、仕事でもいろいろあるわけで、あ、これではメンタルを壊すと思ったのも、じつは筋トレをはじめる大きな動機でした。
なぜおまえは筋トレをやってるんだ、鍛えているんだと訊かれたら、その大きな理由は、やっぱりセロトニン中毒だからだと思うんです」

セロトニンはセロトニン神経から分泌される脳内物質で、脳を活性化する働きをもつ。多くの科学的な研究によって「筋トレにはメンタルヘルスを向上させる働きがある」と実証されているわけだが、その背景には、筋トレによって分泌されるいくつかの脳内物質の存在がある。

テストステロン（骨や筋肉の強化、メタボリックシンドロームの予防とともに、積極性や闘争心を向上させる）

ドーパミン・βエンドルフィン・ノルアドレナリン（多幸感、心地よさ、高揚感などをもたらす）

セロトニン（自律神経のバランスを整え、大脳皮質を変えて覚醒状態に導く）

脳には、蔓《つる》のように無数に枝分かれして軸索《じくさく》が張り巡らされており、セロトニンはそこから放出される。脳の働きを活性化させ、副交感神経から交感神経へスムーズにシフトする働きをもち、さらに神経伝達物質のドーパミンやノルアドレナリンなどと作用し合ってブレーキをかけ、心の安定をもたらすとされる（ただし、このとき言語脳が活動していると、セロトニン神経は活性化されにくい）。ジムで筋トレに励んでいるうち、負荷の大きな運動にもかかわらず爽快な気分になってくるのは、おおいに脳内物質と関係があるからだ。

――仕事のストレスやつらさがトレーニングの快楽を担保しているのかもしれませんね。

「うーん、そうかもしれません。ただ、僕にとって筋トレが調整弁になっているのは確かなんです。会社でも、よくやるね、と揶揄《やゆ》されるんですが、もう必要に迫られた切実な心境なんですよ。学生時代は腹がシックスパックに割れていたのだから、現在の身体にたいしてはがっかり感しかありませんが、自分の身体はイケてる状態に保持したい欲望はめちゃくちゃあります。女性がおしゃれする感覚と似ているのかもしれません。じゃあ他人に見せたいかといえば、違う。できなかったことができるようになれば気持ちいいし、ベンチプレスの数値が上がっていけば双六《すごろく》をやっているような楽しさがあります」

七年連続の目標は〈ベンチプレス百十キロを上げる〉。現在の体脂肪率一四～一五%を、あと二%は落としたい。どこか納得がいかない身体と闘いながら、意地とプライドの綱渡り。

そういえば、と西村は三十年前の記憶をたぐり寄せる。

「筋トレをひたすらやっているときの感覚は、昔バスケをやっていたとき、コートに残ってシュートの練習を延々ひとりでやっているときの感覚に近いんです。僕はスリーポイントを打つポジションでした。ロングシュートを打つとき、ボールをピックアップして、膝、太もも、背中、肘、手首……力を到達させてきれいな形で伝えながらシュートを打つ。それは、筋トレするときの、いま大胸筋が収縮している、広背筋が動いている……筋肉を意識する感覚と、じつはとても近い。シュート練習も筋トレも、心が落ち着きます。何かにぴたっと寄り添い、余分なものが削られて必要なものだけが残る」

――青春期に磨いたその身体感覚は、現在の仕事に影響をあたえていますか。

「ええ、そう思います。たとえば短編小説を読んでいて、凝縮されたなかに無駄なくいろいろな要素が嚙み合って到達すべき一点をスパッと射貫《いぬ》く、いわば芯のようなもの、あるいは輪郭をしっかり掴まえる感じを呼び起こしながら小説を読む、その感覚に通じている……口幅ったいですが、僕なりの方法論なのかなと思っています」

筋肉の量はトレーニングによって増やせるが、では筋肉はどんなメカニズムによって肥大するのか、完全には解明されていない。筋肉に負荷をかけて筋線維を破壊し、回復時に太く、大きくなる生体メカニズムを利用して筋肉を肥大させるのが筋トレだが、筋肉から血液中に分泌される数十種の物質の総称「マイオカイン」にしても、トレーニングにともなう筋肥大が抗酸化や脂肪分解に関わっている可能性が指摘されるいっぽう、まだ解明段階の途上にある。また、年齢にかかわらず、筋肉量を維持することが健康維持にとって重要だと考えられ、心疾患やアルツハイマー病などの発症率低下、糖尿病の改善にも影響をもたらすデータも認められているが、その関係性もまた研究途上にある。つまり、筋肉には、まだわかっていないことが山ほどある。

東京大学運動会ボディビル&ウェイトリフティング部、小林恒《こばやしこう》。取材当時は法学部に在籍する三年生だった。高校時代はバドミントン部所属、大学入学と同時にパワーリフティングの練習を開始し、全日本大会への出場経験をもつ。大学入学後にボディビルをはじめ、ボディビルのための筋トレが生活の細部に変化をおよぼすのを目の当たりにした。

「先輩に勧められてボディビルをはじめたときは、身体を絞って筋肉をつけることにそれほど執着があったわけじゃなかったんです。でも、三ヶ月ほど経って身体ができてくると、すべてがボディビルを第一に考える生活になっていった。脳味噌もだんだん握られていって二十四時間ボディビルに没頭してゆく、生まれて初めての感覚がとても新鮮でした。

朝六時に起きるとすぐ大学に行って一回めのトレーニングをするんですが、家を出る前にガッとめしを食う。実家暮らしなので、母親に頼んで多めに米を炊いてもらい、一食に米八十グラム、鶏胸肉百グラム、卵、野菜はキャベツやもやしを中心にたくさん食べていました。大学構内でのトレーニング、ジム、授業の合間に、食事は一日六回。トレーニング後、すぐプロテインを摂ります。増量期は一日三六〇〇キロカロリー、減量期は二〇〇〇キロカロリーくらいです。毎食のカロリー数も、すぐ自分で計算できるようになりました。

思うようにみるみる筋肉がつくわけではなかったですね。これは体質や能力の差だと思います。やっぱり個人によって限界があるなあというのが実感です。ただ、太っているときよりポジティブになったし、自信がついて明るくはなったと思います。やはりカロリー制限をして、身体をつくるうえでトレーニングしながら自分をコントロールして、心の均衡を保たなきゃならない。そうすると、しだいに全能感がふくれ上がってくるんです。

筋トレの達成感に終わらず、自分自身のすべてをコントロールしている感覚といえばよいでしょうか。理性によって自分の身体や心が司られている、その感覚をもっとも実感できたのがボディビルでした。気持ちよかったですね」

筋肉は、目に見えて増えるのがわかる。筋肉量の変化を視覚的に捉えることは、努力の承認であり、だからこそ肯定感を生み出す。

筋肉は、ひとそれぞれの生活習慣や人格にまで何らかの価値をもたらすようだ。

いっぽう、筋トレには「落とし穴がある」と指摘する声があることも紹介しておかなければならないだろう。

『脱・筋トレ思考』（ミシマ社）の著者、平尾剛《つよし》。一九七五年生まれ、同志社大学、三菱自動車工業京都、神戸製鋼コベルコスティーラーズに所属、一九九九年第四回ラグビーW杯日本代表に選出。二〇〇七年に現役引退後、スポーツ教育学を専門として、指導者、教育者として活躍している。十九年におよぶラグビー選手としての経験を踏まえ、筋力はパフォーマンスを向上させる一手段だと位置づけたうえで、筋肉の増強というシンプルな解決法だけでは解決できないものがあると語る。また、筋トレという「意図のもとにつけた筋肉」は、「結果としてついた筋肉」とは異なり、「使える筋肉」になるまでには時間を要する。スポーツにおいても「身体感受性」「全身協調性」あるいは「しなやかさ」を損なわせてしまうとも指摘する。

> 「『コツ』をつかむためにジタバタする。このプロセスの経過なしに『身体感受性』は高まらない。
>
> だがこのプロセスにおいて、私たちは感覚世界に特有の不快さに耐えかねて、ついわかりやすさを求めてしまう。動作が習得できない原因を『筋力不足』だと決めつけ、それを補うべく筋トレに励んでしまうと、『身体感受性』を高めるせっかくの機会を失うことになる。
>
> （中略）
>
> 筋トレという『松明《たいまつ》』を手にすれば視界は開ける。視覚以上の感覚を働かせなくても前に進むことができる。行方を照らす明かりを手にすれば確かに歩きやすくはなる。しかし、使われない感覚は徐々に錆びつくもので、微細なシグナルを受容する『身体感受性』は次第に

衰え、いつ訪れるかわからない『コツ』の到来を待てないからだになってしまう」

平尾が提唱する「脱筋トレ主義」とは、筋肉さえつければパフォーマンスが高まるという単純な図式に陥ってはいけない、筋トレにたいする信奉は、勝利至上主義や行き過ぎた競争主義にもつながるという見地に立ち、現代社会のありかたにたいして警鐘を鳴らすものだ。目に見えず、数字にも表せず、言葉にもしづらい「身体感受性」を置き去りにすると、生きていくうえで本当に大切なものを見失ってしまう。石井直方教授が指摘するように、そもそも筋肉は、それ自体が独立した器官ではない。筋肉の量や質には、トレーニング方法、摂取する食べ物、生活習慣、精神面などが複雑に関わり合いながら相互に影響を与え合って得られるものだということは、忘れてはならない事実である。

「筋肉を鍛えようとするとき、最初の動機は〝手段〟なんですよ」

多くのアスリートを指導するプロの視点から、桑原が筋トレの本質に言及する。

「最初はダイエットやボディメイクの目的だったり、野球でもゴルフでもプロレスでも、スタート地点は力をつくり出すための手段だったはずなんです。ところが、やがて手段を超え、自分を支える存在になってゆく。これが筋トレの本質です」

昨日、今日、明日の積み重ねが繋がって肉体が変化する確信が、僕自身にとってトレーニングの最大のモチベーションなんですと語る桑原自身、年間三百回のワークアウトを十三年間欠かさない。年が明けたらご破算、またゼロからのスタートが待っているとわかっているのに、筋トレをやり続ける。その着地点を、桑原はどこに見出しているのだろう。

「筋肉は、僕はいちばん身近な宇宙だと思っているんです。目に見えない空気や酸素は解明されているのに、すでに自分が持っている、しかも目に見える筋肉が、科学的に解明されていない。まさに筋肉は宇宙です。そもそも筋肉は分解してエネルギーに換える因子が多く、量をむやみに増やさないようにできている。でも、ある環境を整えたら、年齢にかかわらず筋肥大するという秘密の匣《はこ》を神様がとっておいてくれた。このブラックボックスを僕は開けてしまったから、中身を掴《つか》むしかない、そんな心境です」

筋肉は、細長い筋線維が大量に集まって束になったもの。肩から肘まで伸びる長さ三十センチほどの筋肉の筋線維も、太ももから膝まで伸びる五十センチにおよぶ筋肉の筋線維も、複数の細胞が融合することによって出来たひとつの細胞であり、多くの細胞核をもつ。そう考えれば、筋肉は人間の生命力を鼓舞する力を持っているという感覚がなまなましく湧いてきて、自分の体重のおよそ四割あるという筋肉と対話してみたくなる。

――未知数だからこそ、無意識のうちに筋肉を畏怖《いふ》して「筋肉バカ」「あいつの脳味噌は筋肉」などと揶揄してみたりするんでしょうか。

「それはね、筋肉のない者、筋肉がほしい者のジェラシーだと僕は思うんです」

桑原が言下に断じるのは、そんな言葉を嫌になるほど何度も聞いてきたからなのだろう。

「筋肉はお金ではけっして買えない。現代社会ではお金は万能に近いのかもしれないけれど、筋肉はけっしてお金では手に入れられないんです。しかも、どんなに稼いだとしてもお金や物欲には限界がある。いっぽう、筋肉は無限です。この先どのくらい筋肉が増えるのかなと思うと、十年後、六十八歳の自分が楽しみでさえある。だれもがそんなふうに平等に思えるものは、僕の知るかぎり筋肉しかないんですよね」

だれの腕でも、九十度に曲げると、小さな上腕二頭筋が「ここにいますよ」と語りかけてくる。もっと存在感を増す可能性を秘めているのかと思うと、宇宙の端っこでもいいからちらりと覗いてみたい欲望を覚えたりする。

筋肉は、自分の身体のなかで鳴りを潜めている野獣であり、摂理であり、宇宙。

筋肉という名前の無限大の宇宙のあちこちには、いくつものパンドラの匣が浮かんでいた。

六章

脂肪と健康

体脂肪計をつくったひとたち

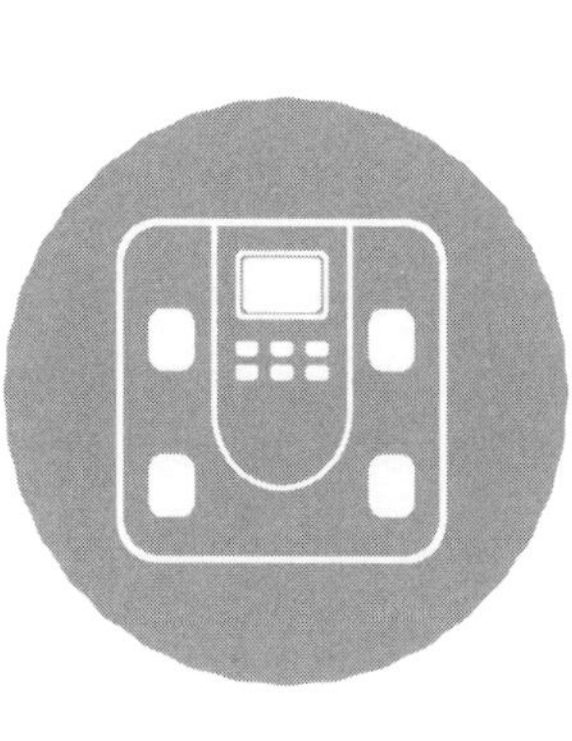

●生まれたら数値化される

●タニタが起こした発想の革命

●「測る」という健康ブーム

●脂肪と体重を「同時に測る」実験

●体脂肪率の正体

●数字を愛する

「おぎゃあ」と泣いてこの世に生を享《う》けると、いきなり数字に出会う。

秤《はかり》で測った体重。

「あたしは二八〇〇だった」「おれは三一五〇」「育ち過ぎて三四八〇、お産が大変だったらしい」「二〇〇〇ちょっとの未熟児で、しばらく保育器から出られなかった」……人生のスタート地点に、すでに数字が絡む。

体重という数字は、生まれて最初に結ぶ社会との手続きなのかもしれない。小学校に上がる頃、母から「生まれたときの体重は三三〇〇だった」と聞かされ、奇妙なくすぐったい気持ちに襲われたことを思い出す。重量の意味はよくわからなくても、一生動かしようのないサンゼンサンビャクの響きがまぶしく、自分という一個の人間を遠くから眺める感覚を覚えたのである。新生児の体重には性差がほとんどなく、ジェンダーが介入しないところも平等で気持ちがいい。

生まれたての姿のまま秤に乗せられ、まず数値化される私たち。でも、これから生きて死ぬまでリアルな数字物語を生きることになるなんて、そのときはちっとも知らない。

自分の体重は測らない、会社で定期健診を受けたとき以外は絶対に測りたくないという知人がいる。体重も身長も血圧も「とくに知りたくない」というのが、四十一歳の彼女の言い分だ。駅の階段を上り下りするとき、少し身体が重いなと思えば食事の量を調節し、歩く距離を増やしたり、洋服を着たときの感覚でも体重の増減はわかる、数字を知ってしまうと日常生活が支配されるから煩《わずら》わしいという。

知りたくない気持ちの裏側には、数字に振り回されてしまう恐れや警戒心が貼りついている。

旧知のドイツ人の社会学者が、にやりとしながら私に言った。

「日本人が好むメカニカルな体重計は、一度体験したらやめられなくなるあの快適きわまりない日本のトイレの温水洗浄機と似ているね」

「自分の体重は、ズボンのベルトの穴が教えてくれる。だから体重計は必要ない」と箴言《しんげん》めいた自説を語ってくれたのは、友人の夫のイタリア人男性だ。日本人には、自分の身体に介入する傾向があるのだろうか。それとも、いったん精密な体重計を知ってしまったから、あと戻りできないのだろうか。

私はといえば、体重計に乗るのが趣味ですと言いたいくらいだ。〝朝起きたら、トイレに行ったあとすぐ計測〟を続けること二十年以上、長く測り続けていると、体重計に乗らなくても数字の増減が当てられるようになってくるものだが、とにかく一日に一度数字を確認しなければ落ち着かない。丸暗記している数字は住所の番地、自分と家族、何人かの友人の誕生日や電話番号、銀行の口座番号くらいだが、いっぽう、日々変動する体重は、数字という手綱《たづな》を放してしまうと、たちどころに姿を見失う。時刻や気温や湿度の数字はあくまでも外の「環境」に属しているが、体重を示す数字は自分自身のなかにある。どうせ暴れ馬を飼っているなら、なだめたりすかしたりしながら付き合っていきたいと思い続けてきた。

二十年前、毎日体重を測るようになったのには理由があった。ひと冬が終わって水が温《ぬる》みかけたころ、重い荷物を引きずるような鈍い感覚があり、気がついたら洋服がぱつんぱつんになっていた。「肥え」のなまなましい実感。体重計に乗って事実を直視する勇気がなかなか出なかったが、このまま放置すればもっと坂を転がり落ちる恐怖に煽《あお》られ、いよいよ覚悟を決めて置きっぱなしの体重計に乗った。そのときの衝撃と落胆を、いまもリアルに思い出すことができる。何かの間違いだと思いたかったけれど、何度体重計を乗り下りしてみても、半年前の数字プラス三キロにハネ上がった数字は変わらなかった。

どん底に突き落とすのも、励ましてくれるのも、数字である。以来、自分の分身としての体重を指差し確認しながら、がっかりしたり、にんまりしたり、うなずいたり、驚いたり、ぴくついたり、なかば強引に〝観察のおもしろさ〟に変換してきた。ただ、体重という数字は、口に入れたものの内容や量、歩いた距離、消費したエネルギー、怠惰、涙ぐましい努力……自分の行動をそのまま映す鏡だから、すんなりとは受け容れがたいときがある。だから、測るのは朝一回の底値のときだけ——ややこしい感情をあやしながら、それでも体重計に乗り続けている。

ところが、落とし穴があった。重さ軽さだけに気を取られていたら、足をすくわれる。

体重が重くても、必ずしも肥満を意味しない。

筋肉量が多ければ、体重はおのずと重くなる。つまり、体重が重くても、筋肉量が多く、脂肪量が過度でなければじゅうぶん健康体だし、体重が軽ければ、痩せているというわけでもない。体重は標準値の範囲におさまっていても、筋肉量が少なく、脂肪の量が多いケースは「隠れ肥満」と呼ばれたりもする。

体重の数字だけに目を向けていては、自分の身体の真実を見失う。知りたい数字のひとつは、体重の数字の内側に潜んでいる脂肪の量だ。とはいえ、脂肪は敵ではない。冷えや寒さを防ぎ、外部の衝撃から内臓を守る働きを担うなど、人間が生きていくうえで脂肪は重要な働きをもつ。ただし、体重に対して体脂肪量の割合が多ければ、血圧の上昇や糖尿病などさまざまな不調を引き起こすトリガーになり得る。また、脂質を摂るうえでは、その内容にも違いがあることを理解しておかなければならない。動物性脂肪の主成分をなす飽和脂肪酸を摂り過ぎると、悪玉コレステロールの血中濃度の上昇につながり、動脈硬化や糖尿病などを誘発する原因になる。いっぽう、オメガ3脂肪酸やオメガ6脂肪酸などの必須脂肪酸を適度に摂れば心疾患のリスクを低下させることがわかっているが、必須脂肪酸は体内では合成できないため、自分で工夫しながら食事から摂る必要がある。

脂肪は、敵ではないが、無条件で味方になるわけでもない。

その数字にはじめて遭遇したときも、ぎゃっと叫んで飛び上がった。自分が叩き出した数字に驚いて。

体脂肪率である。

「からだの脂肪率を正確かつ簡単に測れる商品を開発しよう」

当時、突拍子もないアイディアを実現させようと身を乗り出した人物がいる。株式会社タニタ二代目社長、谷田《たにだ》大輔《だいすけ》。体重計の製造や開発を進めるなか、ある医者から聞いたひと言にぴんときた。

「社長、肥満というのは『体重』ではないんです、『脂肪』の量が問題なのです」

その言葉に、経営者は膝を叩いた。

「体重計と脂肪計を一体化すれば、同業他社にはない強みを持つことができるのではないか」

一九八八年、直感に背中を押されて社内に開発プロジェクトが組まれた。そのときまで、目に見えない脂肪を数値化しよう、数値化できるとはだれも考えなかった。

〈脂肪を測る〉という図抜けた発想が生まれたのは、なぜか。それは、身体の重さを測る体重計を自社で手がけてきた背景があったからだ。

さかのぼって五五年頃、それまでタニタは、ライター、ブザー、トースター、電気ストーブなどを製造していたが、しだいに自社ブランドで業界にさきがける製品を手掛けたいという思いがふくらんでゆく。その手がかりとして、まず家庭用体重計の生産を始めたのは五九年。当時、体重は学校の保健室や健康診断、職場での定期健診、病院などで測り、ふだんの体重は銭湯の脱衣所のかたすみに置かれた秤に乗って測るものだった。ちょうどおなじ頃、アメリカの一般家庭では、風呂場にバスルームスケールと呼ぶ体重計が置かれていた。五〇年代半ば、アメリカ視察から戻ってきた専務や社員の報告を受け、当時の谷田五八士《いわじ》社長が先頭に立って体重計開発のプロジェクトを推し進めることになった。

タニタの創業者、五八士社長の信念は「一桁《ひとけた》違った考え方をする」「経営の安定のためには、三本柱は少なくとも持っていろ。一つだとその商品が売れなくなれば終わりだ」等々。攻めの姿勢を崩さないトップの命を受け、それまで培ってきた板金技術の導入、数値のブレをなくすためのバネの強化……自社のノウハウを惜しげなく注ぎ込み、タニタは体重計の精度を高めてゆく。六〇年代に入ると、高度経済成長の波に乗って日本の住宅に内風呂がつくられるようになり、「体重は健康のバロメーター」という意識が高まり、読みは的中する。

「ヘルスメーター」の名前を広めたのも、タニタである。「ヘルス」と「メーター」を合体させた和製英語が、じわじわと「体重が健康の指数である」という意識を根づかせ、ネーミングの新しさにもおおいに助けられた。いよいよ大量生産をスタートさせたのは、六三年。乗りやすく、計測値にブレが少ないワイド型を開発する……ヘルスメーター開発の過程は、それこそ「プロジェクトＸ」の世界だったろう。忘れもしない、私の実家にあったのは当時のロングセラー商品「ニューワイド〈花〉」（六八年発売）である。風呂場の脱衣かごの隣に置かれたぴかぴかの体重計に乗ると、足の裏がひんやりと冷たい。風呂場で家族四人それぞれが、丸い穴から見える針の動きを真剣な表情で見つめた。アナログからデジタルに移行したのは七八年、デジタルヘルスメーターは日本初の製品になった。と同時に、クッキングタイマーやカプセルタイマーなど目的に応じた多種多様なタイマーを製品化しながら、タニタは〈測る〉技術と精度に磨きをかけてゆく。

日本を代表する「はかりの総合メーカー」の足跡を追いながら感じるのは、時代の要求との歩調の合いかただ。とりわけ六〇年代から七〇年代、高度経済成長期を迎えた日本人の暮らしにあって、〈測る〉〈量る〉〈計る〉は、効率のよさ、快適さ、むだのなさ、スピード感を担保するための絶好の手だてになった。

測れば、知りたくなる。

知れば、もっと測ってみたくなる。

あらたな欲望が耕された。

国が先頭を切って盛り上げた九〇年代の健康ブームは、タニタに「健康をはかる」というあらたな基軸を与えることになった。九八年、ＷＨＯ（世界保健機関）が「メタボリックシンドローム」と名づけて肥満の診断基準を発表。日本では、内臓脂肪の蓄積つまり『メタボによる肥満が高血糖や高血圧、動脈硬化性疾患などを引き起こす』と警鐘を鳴らし、早期改善の大切さをさかんに啓発した。

健康ブームの興隆を、タニタは見通した格好になる。九〇年には、からだづくりに関する科学的なデータをもとにしたカウンセリングや医学的指導、運動や献立、栄養指導をおこなう会員制有料専門施設「ベストウェイトセンター」を設立、いち早く肥満予防と健康改善の市場調査に乗り出している。のちに大きなブームを巻き起こす一食五〇〇キロカロリー前後、塩分三グラム以下の社員食堂「タニタ食堂」オリジナルのレシピにしても、この「ベストウェイトセンター」での食事指導のなかから生まれたもの。同時に「ベストウェイトセンター」で蓄積した情報を分析・研究する組織として、本社内に「体重科学研究所」が併設される。これら一連の活動から見えてくるのは、計測器の製造にとどまらず、からだと健康に寄与する企業でありたいという理念なのだが、それは、健康を扱う商品の開発は精度の高い数字を相手にしてこそ信頼が得られることを見抜き、社是としたからだろう。

体重に関する専門調査研究を深めようとするタニタは、研究者と組んで医学会での発表を積極的におこない始める。先に紹介した医者の言葉「社長、肥満というのは『体重』ではないんです、『脂肪』の量が問題なのです」に出会ったのも「ベストウェイトセンター」「体重科学研究所」の活動を通じてのことだった。

体重と脂肪を〈同時に測る〉。

この挑戦は、体重計のパイオニアを自任する企業としての勝負どころだと見たタニタは、ただちに研究開発チームを結成した。

世界初の〝乗るだけで体脂肪率を計測する製品〟を生み出すゼロ地点というべき研究論文の一部を、ここに公開する。

「ＢＩＡ（筆者注　生体電気インピーダンス法：身体に電流を流して脂肪量を測定する方法）による体脂肪の推定法は、Kushner et al, Lukaski et al, Segal et al をはじめ、多くの研究者によって報告されてきたが、これらは米国人を対象として得られた推定式を用いたものであり、この装置を日本人に使用した場合、体形の差が測定値の上で問題となる。また、日本人を対象とした推定式は、中塘《なかども》（二三生《ふみお》）らによって報告されているが、これは手足間のＢＩ（筆者注　生体電気インピーダンス：身体に電流を流して測定した電気抵抗値）からの推定式である。この方法では、手首と足首近傍にそれぞれ二個づつの電極を装着し、横臥姿勢で測定する方法が一般的である。このため、電極装着位置及び電極の差異による測定誤差を生じる場合があり、測定の際には注意を要する。

そこで著者らは、電極を固定し、両足間のＢＩから体脂肪を推定する方法を開発することで、電極装着位置及び電極の差異による測定誤差を低減し、極めて高い再現性を得ることができた。また、立位で測定することで、従来の仰臥して手足間に電極を装着して測定する方法と比較して、体重計のように簡便に短時間（約30秒）で体脂肪量を測定できるという利点も有する」

（一九九三年第三十三回日本人間ドック学会誌「インピーダンス法による体脂肪の測定」より抜粋）

草創期は、横たえた身体の手首と足首に電極をつけて体脂肪を計測していたが、それを立ったまま、しかも短時間での計測に成功した画期的な瞬間。現在の体脂肪計が生み出されるまでの苦心惨憺《さんたん》が行間から浮かび上がってくる。

この論文の執筆者のひとりが、現在タニタの開発部で主席研究員を務める西澤《にしざわ》美《み》幸《ゆき》だ。一九六八年生まれ、横浜国立大学教育学部卒業ののち、九二年、タニタ入社。大学で栄養生理学を専攻し、運動選手のからだの水分量を測る研究をしていた彼女の配属先は「脂肪計開発部」。即戦力として、脂肪計測機器の開発に携わることになった。

西澤が、その頃の状況を語る。

「当時、電流抵抗はからだの水分を測る手段として研究されていました。医療現場では、安全な電流を流して水分量を測るアメリカ製機器が使われていたので、電気抵抗を測って脂肪量を計測する計算式まではすぐ行き着いていたんです。ただ、当初は、横になって手足に電極をつけ、しばらく安静にしなければ正確に測れなかった。もっと簡便に、しかも正確な数字を得るにはどうしたらよいか、ここが最大の課題でした」

さまざまな技術が並行して検討された。皮膚をつまみ、手動で圧力をかけて計測する機器「キャリパー」。「ベストウェイトセンター」にも設営されていた大きな水槽のなかに入って身を沈め、肺のなかの酸素を吐き切った体積から脂肪の密度を算出する水中体重秤量《ひょうりょう》法。しかし、キャリパーは使う側の技術によって誤差が生じる可能性が大きく、大がかりな水中体重秤量法は現実的ではなかった。体重計と親和性が高い脂肪の計測方法は電気抵抗にある、と意見の一致をみてはいたが、では、どのような方法を採用すればよいのか、みなが頭を悩ませていた。

「試行錯誤を重ねるうち、『だったら体重計に乗せちゃえば』というアイディアが開発部の技術者から出たんです。それまでの実験や研究は被験者の手足に電極を貼りつけていたのですが、電極の位置を決め、皮膚をアルコールで拭き、寝てもらい、さらに三十分くらい安静にしなければ体内の水分が移動してしまう。ところが、立ったままであれば水分の移動もほとんどなく、いちいち皮膚を拭いたり電極を貼ったりしなくていい。なんて楽ちんだろうと感激しました。何より、発想がすごく面白いと思ったんです」

すぐに臨床実験に入った。被験者は、周囲の男女を掻《か》き集めて百数十人。水中での体重から算出した脂肪率の数字、電気抵抗の原理によって算出した脂肪率の数字などを仔細に比較すると、きれいな相関関係がもとめられることが実証された。よし、学会発表では「生体電気インピーダンス法」で行ける。さきに引用した論文の後半部分をふたたび思い出したい――「そこで著者らは、電極を固定し、両足間のＢＩから体脂肪を推定する方法を開発することで、電極装着位置及び電極の差異による測定誤差を低減し、極めて高い再現性を得ることができた」

こうして九二年、体重計に乗るだけで脂肪の量が計測できる脂肪計第一号機が、世界で初めて発売される。業務用価格四十八万五千円。さっそく病院やエステティックサロンが導入したが、タニタはあくまでも家庭用の脂肪計を目指していたから、値段を抑えるための開発を急がなければならなかった。家庭用の脂肪計付ヘルスメーターが四万五千円で発売されたのは、その二年後である。しかし、それでも値段が高すぎて売れ行きは伸びず、コストダウンの課題がのしかかった。普及版で二万円を切る価格を実現させたのは九五年。そのとたん爆発的な売れゆきを記録し、国内外の市場を席巻してゆく。わずか一年で半値以下を実現させたスピードは、タニタの使命感と意地のたまものだった。

東京都板橋区のタニタ本社一階に、歴代の製品のアーカイブ「タニタ博物館」がある。設立以来手がけてきたトースター、電気ストーブ、さまざまなスケール、アナログ体重計、デジタル体重計などが整然と並ぶなかに、その二万円を切った家庭用の脂肪計普及版がある。

縦三十四センチ、横幅三十センチ、厚さ六センチ、重量二・八キロ。

薄いベージュ色の四角い本体に、足のつま先用、かかと用各二つ、合計四つの銀色の電極板。その形状は、四半世紀経っても古びてはいない。最初の四万五千円の製品には、本体から伸びたコードの先に手持ちの操作盤がついており、乗ったまま操作盤を持って操作するというもの。しかし、二万円以下の普及版では、操作盤が本体に内蔵され、価格を抑えると同時に機能や簡便性が高められた。

日本初、世界初の製品をつぎつぎに送り出しながら、タニタはあえて「体脂肪」「体脂肪率」などの商標登録申請をおこなっていない。なぜか。それは、〈脂肪をはかる〉という行為を日本中に浸透させようという明確な意図があったからだ。目先の利益より、将来を見据えた展望を、という目論みである。また、名前も一計を案じた。当初の長いフレーズ「脂肪計付ヘルスメーター」を「体脂肪計」に置き換え、「脂肪率」というリアルな響きを軽減させて「体脂肪率」に変え、より精度の高い健康的なイメージを市場に定着させたのもタニタである。

とかく漠然としがちな「健康」の中身を、だれにも簡単に、わかりやすく提示する体脂肪率という数字は〝からだの数値化のビッグバン〟だ。その結果、〈体重を測る〉と〈脂肪を測る〉は同等の意味をもつことになる。世の中にないものを生み出すまで、開発や研究に携わる現場の試行錯誤や葛藤は並たいていのものではなかったはずだ。

では、彼らは何を相手に戦っていたのだろう。

それを知る手がかりが、つぎの発言のなかにある。先に掲げた研究論文「インピーダンス法による体脂肪の測定」の共同執筆者のひとり、八八年入社当時から体脂肪計の開発に関わってきた開発部、佐藤富男の実感だ。

「大変だったのは社内の検討会でした。当社は、品質の担保について非常に厳しい会社です。一方体脂肪率は、はかる時間や体内の水分量などで値が変動しやすい。ヘルスメーターの精度を追求してきた経営陣からは、『値が変動するのは品質が悪いからではないか』、『こんな商品は発売できない』と言われ困りました。日々変動する血圧を引き合いに体脂肪率の考え方を説明して理解してもらえましたが、これが一番高いハードルでした」

（社史『タニタ75年、成長の軌跡』より）

大学の研究室から製品開発の最先端に身を移すことになった二十代の西澤も、おなじハードルに苦労した仲間である。なにしろ「秤の会社」なのだから、第一義は「正確であること」。つまり、開発研究者や技術者たちの前に立ちはだかったのは、自身の会社のアイデンティティだった。ひと目盛りの狂いも許さない、許せない緻密《ちみつ》さで、値が変動しやすい体脂肪を計測する——それは、〝あらかじめ矛盾を抱えた正確さ〟でもあるだろう。だからこそ、「ぴたり」を目指さなければならなかった。

第一号機の誕生から今日まで、脂肪を測るタニタの挑戦のすべてに関わってきた西澤と話していると、「喜んでもらいたい」という言葉が何度も飛び出す。

「体脂肪計が完成したとき、もっとも面白がってくださったのがスポーツ科学やスポーツ医学系の先生だったんです。もちろん、健康指導するうえで体重より脂肪率のほうがインパクトが強いですし、血液検査の結果と脂肪率には相関関係があることを内科の先生も評価してくださったんですが、スポーツ医学系の先生がたの反応が大きかった。スポーツ系の先生は自分でもからだを鍛えていらっしゃるし、ついに自分のからだを測れる機器が出た、と喜んでくださったんです。その反応をみて、じゃあ、つぎは筋肉量や基礎代謝量を数値化しようという発想につながっていきました。私にとっては、喜んで測ってくださるひとにポジティブな情報を出していきたいという意識が大きかった」

その「喜んでもらいたい」という意欲が、二〇〇〇年代に入って内臓脂肪レベルや基礎代謝量まで測れる体組成計の誕生につながってゆく。

体脂肪計の開発時に使用した水中体重計

水中体重計の中に全身を沈め、浮力となる肺の中の空気を完全に吐き出し、
30秒間、水に潜りつづけて体積を計測、脂肪の密度を算出した　　写真3点　提供：タニタ

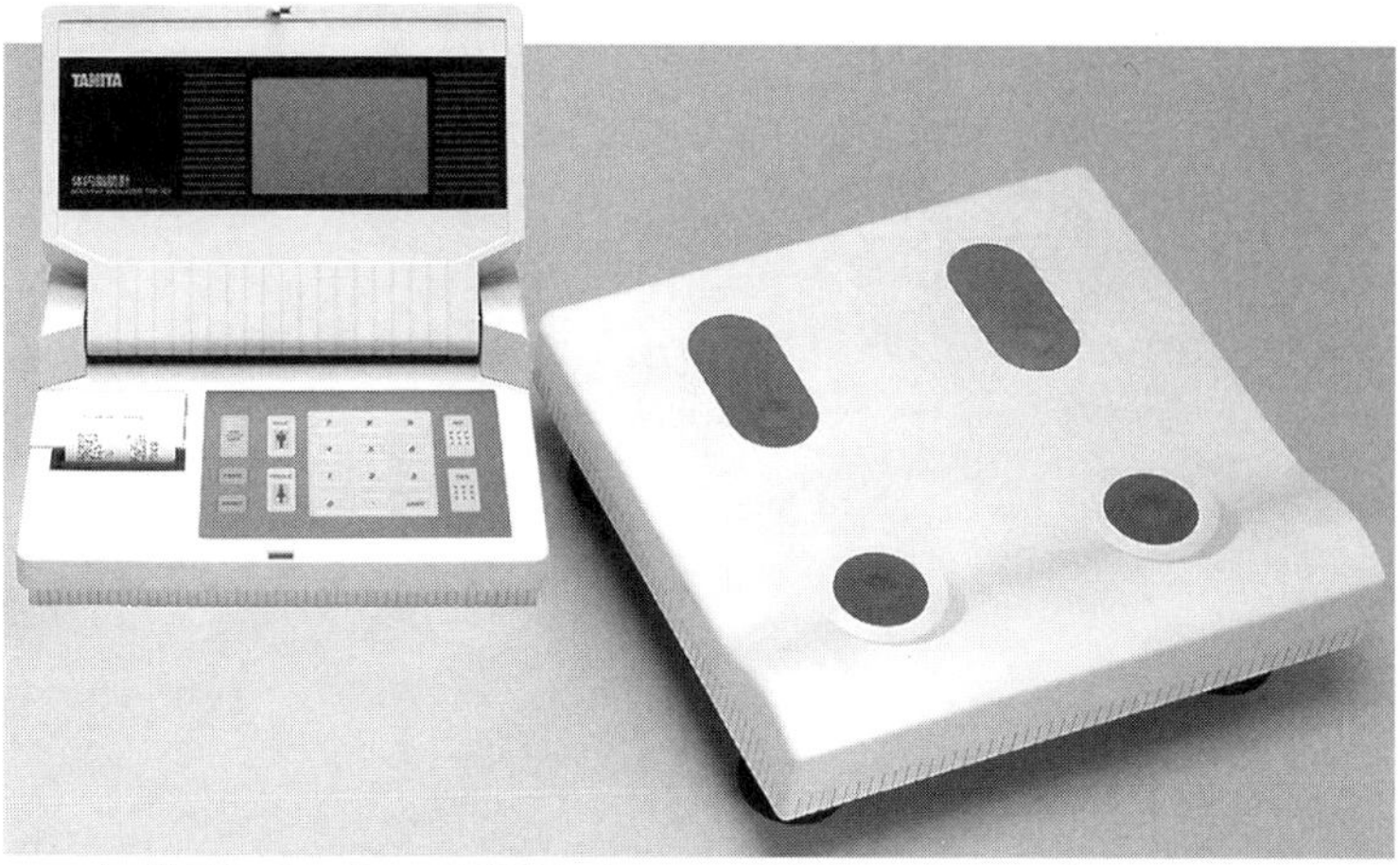

1992年、世界初、乗るだけで体脂肪率がはかれる体内脂肪計「TBF-101」(業務用)が発売された

ブランディング推進部の横田《よこた》洋子《ひろこ》が、製品づくりの歴史を振り返って、苦笑まじりに話す。

「二〇〇〇年前後、社内には、体脂肪計を超える商品や世にないものをつくろうという気運がありました。ですが、市場が出来ておらず、早すぎて日の目を見なかった商品がいくつかあったのです」

そもそもタニタには、個人の発想を大事にする社風があったが、いつも時代よりちょっと早かったのは、〝面白そうだ、行けると思ったらまずやってみる〟社風の結果なのだろう。

スタンダードタイプにメンバー登録機能が備わり、さらに登録者それぞれのグラフが出せる機能がつくようになる。数値表示にしても、小数点以下まで表示できるところまで進化させた。いっぽう、二〇〇二年には、女性の月経周期を組み込んだ女性ダイエットモード体脂肪計、妊婦の体調管理をおこなう健康管理計を続けざまに発売するのだが、いずれも売れ行きは伸びず、不発に終わっている。西澤をはじめ、開発現場の「喜んでもらいたい」気持ちが先走ったというべきか、オンナごころとからだの数値化との関係は、けっこうきわどい。大事なことだとわかっていても、痛いところを突かれれば内心むっとするし、よけいなお世話だよ、と居直りたくなるときがある。

九二年に体脂肪計第一号を発売してから二十年、乗るだけで脂肪率を計測する機能についての特許期間が終了した。オムロン　ヘルスケアをはじめ、大手の精密機器会社が一気に市場に参入してきていたから、追いつかれるあせりも大きい。しかし、この局面でも功を奏したのは、秤をあつかう会社のアイデンティティ「正確であること」だ。

より精度の高い新製品の開発にコマを進めたのは、ＤＸＡ法（二重Ｘ線吸収測定法）と呼ばれる体脂肪計測の基準値の導入だった。ＤＸＡ法は、もともと骨密度をはじめ骨量を測定するための方法で、二種類の異なる波長のＸ線を全身に照射し、透過率の差異から身体組成を導き出す。この方法をとると、骨、筋肉、脂肪の三要素に分割して計測することが可能になる。タニタは、このＤＸＡ法によって、開発当初から採用してきたＢＩＡ（生体電気インピーダンス法）と組み合わせた計算式を作りだし、筋肉、脂肪、骨のデータをあらたに収集することに成功する。

二度めのビッグバン、それが二〇〇三年に発売された体組成計だ。

ＤＸＡ法を導入してアルゴリズムを切り替えれば、内臓脂肪レベル、基礎代謝量、推定骨量までを計測することが可能になるなんて、秤しかなかった半世紀前、いったいだれが想像しただろう。乗るだけで、身体がスケルトンにされるなんて。

体組成計の進化は、まだ続いている。〇八年、体重と電気抵抗値によって、乗った人物を自動的に判別する日本初の自動認識機能を搭載。この頃、五十グラム単位の計量もクリアしている。医療機関やスポーツクラブなど施設向けの体組成計は、最高六つの周波数を使って精度を極め、いっぽう家庭用では、ＳＤカードを搭載する機種、皮下脂肪を計測する機種、筋肉の質を評価する機種、スマートフォンアプリで手軽にデータを管理できる機種など、さらに細分化が進んでいる。研究開発を推し進めながら、タニタの社員も人員が増強され、会社も大きく成長していった。

二〇二二年現在、タニタの家庭向け最新型体組成計一台で計測できるのは、つぎの要素である。

体重。体脂肪率。内臓脂肪レベル。筋肉量。筋質点数。基礎代謝量。体内年齢。推定骨量。体水分率。ＢＭＩ（肥満度）。左右部位別の筋肉量と脂肪率。脈拍数。

忘れられない光景がある。二十年ほど前、ベトナムのホーチミン市の路上だった。雑踏をものともせず三十がらみのやせた男が道端にちょこんと座っているので、最初は物乞いなのかなと思った。通りがかりにチラと視線を遣ると、男の隣には古びた四角いものが置いてある。あっと意表を突かれた。茶色い錆《さび》がところどころ浮き出たアナログの四角い体重計。すぐ手前に置かれた小さな手書きの厚紙に、黒いマジックインキで数字が書いてある。一回分の料金表示なのだろう、脇にはコインを入れる空き缶が置いてある。その頃、タイのバンコク、インドのニューデリーで、同じ光景に三度遭遇した。

超ミニマムなビジネスである。待ちの姿勢を崩さず、路上にぺたりと座った男も古い体重計も微動だにしない。働きかたとしてずいぶん怠惰じゃないかと半分呆れ、目のつけどころに半分感心した。お客が乗った場面はついに見なかったけれど、思わずにはいられなかった。

人間は、自分を測ってみたい。

数字がそこにあれば、測らずにはいられない。

だから、数字の変化のいちいちに反応し、一喜一憂する。つい先日、年上の女性に道で行き遇ったら、にこにこしているので、何かいいことがありましたかと訊《き》くと、ちょうど人間ドックの帰りだという。

「骨密度の数字がすごく上がっていたので、うれしくて。一年前に検査したときは、この数字じゃあ薬を飲まなくてはいけないかもと指摘されて心配していたので、ほっとしたところなんです」

さぞかし気をつけて体質改善なさったんでしょう、と言うと、「いや何もしていない」。そういえば不思議だわねと首をかしげ、急に怪訝《けげん》な顔になった。よけいなことを言ってしまったかもしれない。

ひさしぶりに体脂肪率を測った七十歳の男性の話も、身につまされる。自宅の風呂場に体組成計は置かれているが、面倒だから何年も測っていない。旅先で泊まった旅館の脱衣所にキカイが置いてあり、ふと乗ってみる気になった。関心はないはずなのに、どきどきしながら数字を覗きこむと、「体脂肪率37・5%」。ええっ!? たしかこの数字は、メタボそのものではないか? まっ青になって旅の余韻も放り捨て、帰りにスーパーに駆けこんでカロリーの低いわかめやきのこを買い集めて自宅に戻った。恐怖に駆られながら自宅のキカイを引っ張り出して乗ると、「体脂肪率22・6%」。キツネにつままれた気分になり、膝の力が抜けた。旅館のキカイが壊れていたのだろうか、オレの乗り方が間違っていたのだろうか。

そんな話を聞いても、とても笑えない。私は、ジムに行くと毎回帰るまえに体組成計に乗るのだが、ひええっと声を上げたことがあった。いつものように筋トレやら有酸素運動やら終えて体組成計に乗り、性別、年齢、身長を入力してグリップを握って計測終了を待つ。ジジジジ……紙片がプリントされて出てきたのを見て、仰天した。体脂肪率、脂肪量、除《じょ》脂肪量、基礎代謝量……いろんな数字が前回より激しく乱高下しており、データがめちゃくちゃ。震える指で数字をひとつずつ確認するうち、気がついた。自分で入力した年齢が「12歳」になっている。タッチパネルの誤操作で、機器が錯乱したのだった。

人間のからだが日々変化しているのと同じように、機器にもまた差異がある。電気抵抗を測る周波数、回帰式やアルゴリズムなどによっておのずと精度に違いが生じるし、製品の新旧によっても差が出る。最新の製品は複数の周波数を流しているから、加齢による細胞の変化まで客観的に反映することができるようになり、年齢を関与させなくても、誤差は出にくくなった。いっぽう周波数をひとつしか流していない製品では、計測の精度を上げるために年齢を変数として補正要素に使っており、この場合、千人単位の統計データに基づく年齢傾向をくわえた計算式が使われている。つまり、機器に乗って測る体脂肪率とは、膨大な統計データから割り出された数字なのだ。また、じつは、アジア圏と欧米でも計算式は異なる。日本やアジア圏以外に輸出される体組成計には、からだつきの異なる多人種が使用することを前提にした計算式が使われ、日本国内で販売されている製品は、あくまでも日本人に即した統計データが使われた日本仕様なのである。

このような背景を知ると、厳密な数字を叩き出す四角い機器が、むしろだんだん人間くさく思えてくる。

メーカーによって微妙に数字が違ってくるのは、だから、当然の成りゆきなのだ。しかし、相手が数字だからなのだろう、わずかな違いが心にぷすりと刺さってくる。コンマ以下の小さな数字の違いであっても、節制や運動、つまり努力の結果として見るときは、天国にもなれば地獄にもなるところに数字のもつ影響力の大きさが潜んでいる。

タニタ主席研究員、西澤は、〈測る〉〈数値化する〉ことは、何かのために役立つもの、面白いものでありたいと強調する。

「自分はこういう身体だったんだ、こういう生活をしているからいまの自分があるんだな、などと気づいてもらえ、それがより楽しい方向に変わるきっかけにならなければ数値化する意味がないと思うんです。データ解析をしている私自身にとっては、そのためにも、数字に親しんでもらえるよう何手間もかけて開発していかなければ、という実感があります」

西澤が、十三年ほど前の自分の写真を見せてくれた。当時三十八歳、身長百五十センチ、体重五十八キロ、ＢＭＩ二六（肥満度1度）。出産後の姿は、みるからにふっくらとして別人のようだ。

「じつはこの時期、自分の体重や体脂肪率を知るのが恐ろしくて、測るのをやめていたんです。ひとのデータを解析するのは好きなのに、自分のデータとなると怖くなってしまった。そのあと三年ほどで十キロ減量して現在までキープしているのですが、自分の経験をつうじて気づいたのは、数字を見なければ、自分ではなかなか客観視できないということです。少し引き締まってきた、筋肉が増えてきた、ほんの少しでも数値が変わっていれば安心できるし、方向を確定できる。心のよりどころにできるのが数値化の意味だと実感しました」

　数字と言葉の違いについて、あらためて考えさせられる。

言葉は、解釈の余地やふくらみをもつ。しかし、数字は動かしようのない厳然とした事実として目前にあらわれ、記録や比較や評価を可能にする。言い訳のきかなさ、自由度のなさが心に突き刺さり、ダイレクトに意識に介入し、行動に影響をおよぼす。

　そこを逆手にとるのが、たとえば筋トレである。「目標ベンチプレス百キロ」「ダンベル十キロアームカール十回×三セット」「ジャンプスクワット十回×五セット」……筋肉という自分の身体のなかにある〝宇宙〟が、無機質な数字に反応し、いかようにでも変化するところに可能性やおもしろさを見出させる。また、体重、一日の歩数、食事の内容などをただ記録するだけで数字にたいする意識を生じさせ、おのずと減量へ導くレコーディング・ダイエットの有効性もよく知られている。

数字は使いよう、生かしよう。

数値化の研究に取り組んできた西澤は、数字に内在するちからを熟知している。

「歩数でも体重でも体脂肪率でも、なんの変哲もない数字でも愛して使ってくだされば、すっと入ってくるし、イメージを保ち続けるうえでも残りやすい。なんとなく感じていることが、そこに数字があればすとんと定着する。つぎのアイディアも浮かびやすい気がします」

身体の内側に潜んでいる無限の数字が、自分を承認したり変えたりする原動力になり得る。

とくに知りたくない数字でも、知りたい数字でも、あらたな意味と価値を与えられれば、個人個人のユニークな物語を紡ぐ手引きとなる。

七章

見えないものを見る

腸内環境を覗く

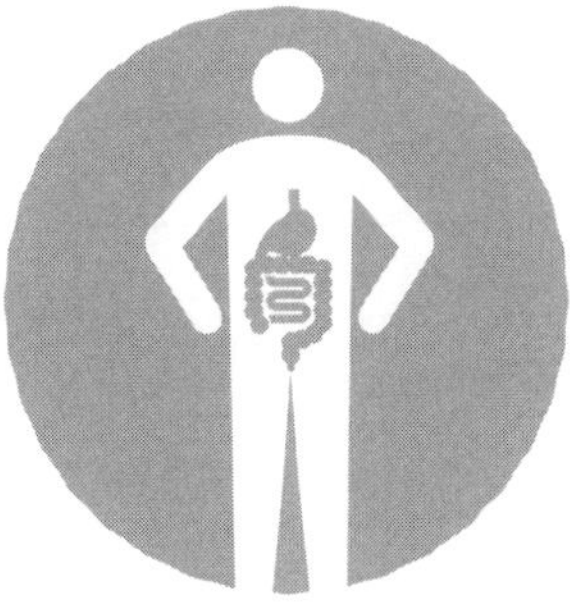

- ●初めての腸内フローラ検査
- ●ビフィズス菌と腸活
- ●過剰な期待

市井《しせい》の人間にまつわる、数字の話だ。

起床、午前四時半。睡眠時間六時間。一日の平均歩行数、約八千五百歩、週二、三日は一万二千歩から一万五千歩。家から最寄りの駅まで二千三百八十五歩。自宅から仕事場まで千二百五十五歩。食事は一日二回。食事一回に炊く米、ふたり分一合（玄米のときは二合）、白米の場合は大麦をスプーン三杯追加。朝よく摂るのは卵一個、大豆の酢漬け十五粒、いわしの酢炊き二尾、チーズ二かけ、ヨーグルト百グラム、りんご半個など。煎茶二杯。一日に飲む水、一リットル半。スクワット三十回。ヨガのクラスに週一、二回参加。体重五十三キロ前後、体脂肪率二〇％台後半をうろちょろ。筋肉量は、コロナ禍の最初の頃にジム通いをやめたせいでがくんと減った数字が悲しく、とても書けない――私の話だ。

　数字は、ひとりの人間を物語る。この世に生まれ落ちたら秤《はかり》に乗せられるのだから、私たちは数値化される運命のもとにあるのかもしれない。でも、秤に乗ったのは自分の意思ではなかった。数字に支配されているのか、自分が数字を生み出しているのか、どこか理不尽な気分が拭えない。

二年に一度、人間ドックに行く。ここ二十年、隣町のおなじ病院にかかってきたから、数字のデータが自動的に蓄積される安心感にも背中を押されている。健康維持とはいえ、いっぽうで数字に管理されることに抵抗してみたくもあり、もやもやしたままだ。

いつものように自分の誕生月に合わせ、頭と胃袋を空っぽにして人間ドックに行く。頭部のMRI検査のためにおそるおそるカプセル仕様の機械に入ってみたが、暗い内部でゴトゴト音を聞いていたら眠気に誘われ、わりにいい気分を味わう。恐怖感に襲われて飛び出したくなるという友人が何人もいるのに、私は鈍感なのだろうかと少し恥ずかしくもあった。採血したり、バリウムを飲んで冷たい板にへばりついて三百六十度回転したり、超音波の画像を撮影されたりしながら、最初は気が乗らなかったくせに、途中からほんのり楽しくなってきた。そして、さまざまな機械によって測られた自分の身体にまつわる数字を心待ちにさえしたのである。

三週間後、郵送されてきた「人間ドック結果報告書」の封書を開いた。びくつきながら目を通すと、血液一般、脂質、糖代謝、肝機能、腎機能、尿酸、膵《すい》酵素、炎症、感染症、甲状腺機能、尿検査、便潜血、胸部X線、腹部超音波、頭部MRIほか、すべて「A」。ただし、ひとつの項目を除いて。「経過観察を要します」とチェックが入っていたのは「骨密度」。但し書きに「ビタミンDが不足している状態です。ビタミンDを多く含む食材を摂取しましょう」。

ショックを受けた。加齢によるホルモンバランスの変化によって骨密度が減少するとは知っていたけれど、自分の骨のありさまが指摘され、うろたえる。なぜなら、嫌な予感が的中したからだ。ちょうど一年前、ストレッチ運動をしているとき、うっかり左足の甲をひねって左足首前距《ぜんきょ》腓《ひ》靱帯《じんたい》損傷。三ヶ月間は階段の上り下りもままならず、左足をひきずりながら悲惨な思いをしたのだが、あとになって骨にヒビが入っていた事実が判明した。そうか、自分の骨は脆弱《ぜいじゃく》になっているのか。やれやれだ。結果報告書の指導欄に「ビタミンDを多く含む食べ物は卵、牛乳、イワシやサンマ、干し椎茸、きくらげ」とアドバイスが書いてある。

ついでに、もっと自分の身体を覗いてみたい。暗いのか明るいのかよくわからない好奇心を刺激され、挑んでみる気になったものがある。

腸内環境を覗き込む腸内フローラ検査。

見えないもの、見たことのないものが見えるのなら、いっぺん見てみたい。

近年、世間に広く知られるようになったトピックのひとつに、健康と腸内環境との密接な関わりがある。人間の腸内にはおよそ百兆から五百兆の菌がびっしり棲《す》んで共生しているといわれ、草原に咲く無数の花になぞらえて「腸内フローラ」とも呼ばれる。産道を通って生まれるときに初めて菌をもらい、初めて飲む母乳には、ビフィズス菌をはじめさまざまな常在細菌やラクトフエリン（鉄結合性糖たんぱく質。感染を防ぐ働きがある）などが含まれている。こうして、外の世界に触れることによって菌をもらいつつ成長し、腸内フローラのバランスが決まるのは三〜五歳だという定説がある。個人の腸内環境を解明するのは困難だとされてきたが、この十年ほど、ヒトの遺伝子解析のいちじるしい技術進化によって、腸内細菌のＤＮＡを調べる研究が進み、腸内環境の分析が可能になった。検体（採取した便）を提出すれば分析結果がわかるという新聞や雑誌記事をこれまで何度も読んでいたから、この機会に自分の身体をもっと可視化してみたいという欲望に突き動かされたのである。

腸内細菌は、国や地域、環境、生活習慣、食文化や食事内容などによって種類や割合が異なる。日本人の腸内細菌はビフィズス菌が多い傾向があり、海苔やワカメなどを分解する酵素遺伝子を持つことも知られる。いっぽう、高地に暮らす部族がおもにイモ類を摂り、肉や魚などのたんぱく質をほとんど食べないにもかかわらず、筋肉を保持しながら健康を保っているのは、空気中の窒素を栄養に変換する細菌など腸内細菌の働きによることが判明している。つまり、腸は外界である生態系とダイレクトに繋がっており、リアルタイムで膨大な情報を取り込み、自己の生命維持を積極的にサポートする。さらには、研究が進むにつれ、腸内フローラを乱す要因になり得るのは、ストレスや過労、運動不足、抗生剤の多用、過食や暴飲、細菌汚染など、そのほかにもアレルギー、肥満、免疫力などとの関係や影響も指摘されている。〝腸内細菌のなかの有用菌「サイコバイオテックス」は脳に作用し、認知機能やメンタルなどに働きかける〟〝精神を落ち着かせる神経伝達物質ＧＡＢＡを分泌する種類もある〟（『腸と森の「土」を育てる　微生物が健康にする人と環境』桐村里紗著　光文社新書）などと知れば、腸内細菌の働きの複雑さ、深遠さを垣間見る思いがする。そういえば、極度に緊張したりストレスを感じると、急に腹痛が起きたりトイレに駆け込みたくなるときがあるけれど、その背景にも腸内細菌が関わっているのだろう。

　腸内環境の多様性やバランスに注目が集まるようになって、人口に膾炙《かいしゃ》したのが「腸活」「腸年齢」などのキーワードだ。ただ、いくら善玉菌を増やそうとして乳酸菌やビフィズス菌入りのヨーグルトを食べたところで、外からやってきた菌は体外に排出され、腸内に棲みつきにくいことも周知されている。

　腸内環境を調べるための手続きは、拍子抜けするくらい簡単だった。インターネットで検索すると、いくつかの健康通販会社が受けつけており、くわしく確認すると、検体を分析するのはいずれも理化学研究所認定のベンチャー企業で細菌叢《そう》の専門研究機関、株式会社サイキンソー。つまり、どこに申し込んでも、検査結果に差異は出ないだろうと察せられた。逆に言えば、それだけ腸内環境の分析は、まだ一般的ではない。料金の相場は一万七千円前後なのだから、価格もスペシャルだ。たじろいだが、自分の腸を覗きこむという欲望の火は消えなかった。

大手の飲料メーカーに目星をつけ、申し込みサイトにログインして腸内検査サービスに申し込むと、数日後、質問票と検査キットが郵送されてきた。同封されているのは、生活習慣についての質問票、検体（採便したもの）を入れるカプセル一個。「採便から一週間以内に投函してください」と明記してある。検査キットIDを記入した回答票と検体を郵送するだけで腸の内部を覗けるのか。郵便ポストの口に検体キットを入れた封筒を落とすと、ストンと妙に軽い音がした。

じりじりと待つこと、六週間。

待ちに待った検査結果を報告したい。

「腸内フローラ判定　総合結果A

多様性も有用菌も十分にあり、バランスの取れた良い菌叢といえます。

改善ポイント　なし」

多様性指標、有用菌指標、腸管状態指標、要注意指標の項目が示され、結果の数字と基準範囲（いずれも％表示）が書かれている。そのほか記されているのは「腸内フローラの組織（門レベル）」の六項目の数値結果と平均値。全体を通じた改善点が挙げられている。

「ビフィズス菌の存在比が少なめ」

「腸管状態の指標となるクロストリジウム属、フィーカリバクテリウム属が少なめ」

いまひとつ、よくわからない。

穴が空くほど検査結果の数値を眺めてみるのだが、どうもピンとこない。

「一部のクロストリジウム属は短鎖脂肪酸を産出することが報告されています」

「フィーカリバクテリウム属は酪酸産出菌の代表格であり、酢酸を消費して酪酸を産出する菌です」

などと説明してあるが、まず専門用語がちんぷんかんぷんだ。詳細は自分で調べなさいということだろうから、まあそれはよい。しかし、果たしてそれらが自分自身の腸内環境にどんな影響をおよぼしているのか、肝心のところがわからない。平均値にしても、たぶん研究機関に蓄積された数字から導き出されたと推察できる。


ううむ、と私は首をひねった。平均値の意味が不明だ。そもそも、個人それぞれの腸は独自の腸内フローラを形成しているはずだから、平均という概念にどれほどの意味があるのだろう。

「バランスの取れた」「少なめ」と言われても、どうも腑《ふ》に落ちない。一万七千円も支払ったのに。

「東長崎駅前内科クリニック」院長、吉良《きら》文孝《ふみたか》医師に話を聞いた。吉良医師は消化器内科・内視鏡・肝臓の専門家で、株式会社サイキンソーＣＭＥＯ（医療監修責任者）も務める。


吉良医師にはあらかじめ私の腸内フローラ検査の結果を渡してあった。ここから何が見えてくるのか、専門家の見方を聞く気まんまんでクリニックを訪れたのだが……。

「この結果からわかることってほとんどないんですよ。多様性が高いことについては、少なくとも悪くはないと言うしかない。ビフィズス菌が少ないというデータが出ていても、じゃあどうやったら増えるのか、増えたら何がいいのかもわかっていません。もし少ないとしても、健康体で、とくに困っていなければそのままのバランスで問題はないわけです」

「結果の数字には意味がない」と断じられ、さすがにとまどう。いやしかし、先生はサイキンソーでの研究にも関わっていらっしゃるのだから、と詰め寄ってみるのだが、言下に「まだわかってないことのほうが多いんです」。腸内細菌叢を数字で表すのは可能になったが、あくまでも研究段階であって、この数字を医学的な見地には結びつけられないと語る。百人の健康体があれば、百通りの腸内環境とバランスがあり、どのようなバランスならいいのかもわかっていない。しかも、菌そのものの働きも不透明だという。

「ヒラマツさんの検査結果のここに『エクオール菌　あり』と書いてあるでしょう、エクオール菌は六割の日本人の腸内にいるんですが、そのうち機能しているのは二割か三割、あるいは機能を果たしていない場合もある。菌ひとつとっても、性能がいい菌、性能が悪い菌、いろいろです。また、もしビフィズス菌のサプリメントをたくさん飲めば、ビフィズス菌の数字はたぶん上がるんです。でも、ほかの数字は絶対下がります。腸内環境は勢力図の問題でもありますから」

そうだったのか。だから、示された自分の数値に平均値を照らし合わせても、多い少ない以外に有益な何かがわかるわけではない。「ビフィズス菌の存在比が少なめ」と指摘されたが、小学生のときは毎日ビフィズス菌入りの白いタブレットを噛んできたし、ヨーグルトは四十年以上食べ続けている。なのに、腸内の花畑ではビフィズス菌の花を摘みにくい……私の腸なりに、ほかの菌との相関関係を形成している結果なのだろうか。

吉良医師が説明する。

「自分の腸内のビフィズス菌の数字は知っていても、自分の食べたものはわかっていないひとがたくさんいます。腸内環境を気にするなら、こういうものを食べたときは調子が悪くない、どのくらいの量を食べると調子がいい、きちんと把握するところから始めるべきなんです。そもそも菌だけで身体が出来ているわけではなく、菌だけで評価すればいいものでもない。すごく体調が悪いがんの患者さんでも、A判定のひとはごろごろいます。逆に、健康なひとでも、E判定のひとがいる。じゃあその理由は、となると、身体と菌の結びつきははっきり解明できていないからわからないとしか言いようがない。腸内環境を整えたひとのほうが健康的な人生を送れたというデータも、どこにもありません。スポーツをやっているひとのほうが消化吸収の力が強い傾向があるのは、たんぱく質を摂って運動しているとか、運動による刺激が関係しているのかもしれませんが、アスリートも一般人も、バランスが大切だという意味においてはおなじです」

　腸内フローラ検査のもつ可能性が専門家の口から聞けると思っていたのに、吉良医師の見解はむしろその反対だった。

「七、八年前あたりから、腸内環境にたいして過剰な期待をされている風潮を感じます。確かにいろいろな研究はなされていますが、ではその研究結果が本当に正しいのかどうか、まだわかっていません。研究結果の商業利用も多いし、医学的なところまで結びつけるのはむずかしい。腸内フローラ検査にしても、『へえ、いままで数値化できなかったものが見えて面白いな』くらいで終わらせてもらったほうがちょうどいいんです。結局、自分の身体は自分で主体的に判断する。これに尽きるというのが個人的な意見です」

「過剰な期待」は、とかく話題になりやすく、耳目を集めやすい。雑誌などの「腸活」特集を読むと、今日からすぐにでも生かせそうな飛びつきやすい情報が躍っている。

「腸内細菌には、内臓脂肪を減らす〝痩せ菌〟と肥満を促進する〝デブ菌〟がある」

「〝痩せ菌〟を活性化させるには〝痩せ菌〟入りのヨーグルトを食べる」

「脂肪細胞を取り込んで脂肪の蓄積を抑制する働きをもつ短鎖脂肪酸を腸内に増やせ。そのためには、オリゴ糖、発酵した酢、乳製品、発酵食品が有効」

「脂肪の蓄積を抑制する働きを持つ短鎖脂肪酸を腸内につくるためには、食物繊維やオリゴ糖を摂ってこれをエサとする腸内細菌を増やすとよい」

……そうかもしれないし、そうでないかもしれない、なぜなら、個々の身体はまったく異なる腸内環境を持っているのだから、「正しい腸内環境」があるわけではなく、共通の正解もない。そもそも、人間はきわめて雑食性の高い生きものだ。

体内の見えないものを見ようとしたら、自分が宿主なのに、そこに何兆個も棲んでいるという微生物が霧に包まれ、知らなかったときよりもっと見えなくなった気がする。しかも、私の健康は、会ったこともない住人たちによって守られているのだ。

後日談がある。同じ検査を二十六歳の会社員男性が受けてみた。本人によれば、大学を卒業して就職後、今日までずっと不規則な生活を続けてきた。この四年間で体重が六キロ増えたので、野菜や豆腐を食べるよう気をつけるようになったくらいで、毎日朝食抜き、昼はカロリー高めの社食、夜はコンビニで購入した惣菜数種類と缶ビール数本。運動する習慣はまったくない。ところが、郵送されてきた検査結果は、A〜Eの五段階評価のうち「総合結果B」。実家を離れて八年、「とても健康的とは言えない毎日を送ってきた自信があります」ときっぱり言うのに、腸内細菌の評価は高いのだった。

締めくくりに、『土と内臓』（デイビッド・モントゴメリー、アン・ビクレー　片岡夏実・訳　築地書館）から、一節を紹介したい。地質学者、生物学者である著者夫婦は、自身の体験と知見を通じて、土壌のなかに棲む微生物と腸のなかに棲む微生物を結び微生物が植物と人間の健康維持に果たす役割を科学的かつ想像力豊かに解き明かす。

「私たちの内なる雑食動物に何を食べさせるべきかは、たぶん重要なことだ。それはハイジが考えた皿のようになるだろう。仕組みはかなり単純だ。中くらいの大きさの皿を選び、野菜、豆、葉物野菜、果物、未精白の全粒穀物を使って食事を作る。好みで肉を加え、健康にいい油を少し野菜の脇に垂らすか上に振りかける。デザートと甘いものは特別のものだ。だから特別の機会のために取っておこう。（中略）

このような食事が、一括して売っているようなものではないことはわかっている。選択の余地の狭い食品を選択したり、単にカロリーを計算するのではなく、自分のマイクロバイオームを背景に、食べものをどう考えるかをそれは重視している。派手さはまったくないし、センセーショナルでもない。だが、食べ方のアドバイスとしては、これ以上のものはないだろう。（中略）ひと言で言えば、私たちがみんな、何を食べるかを考えるとき、自分が本当は何のために食べているのか、それは自分が食べたもので何をするのかを意識したほうがいい」

八章

「勝つ」ための栄養

「公認スポーツ栄養士」という仕事

●メダルをもたらす公認スポーツ栄養士・
鈴木志保子

●マツダ陸上競技部のトレーニング

●勝つための秘策

●パラリンピック・アスリートへの指導

●日本栄養士会会長・中村丁次
「ご飯を手放してはいけません」

●汗の質を変える

●長距離ランナーの試行錯誤

●「アスリートは芸術作品」

寒風を突っ切り、髪をなびかせて痩身《そうしん》のアスリートがグラウンドを駆けてゆく。力強いストライド。上体は揺らがず、トラックの上を超スピードで進む両脚は正確に円を描く車輪のようだ。

二〇二〇年一月二十四日夕刻、広島市内。

グラウンドでトレーニングを積んでいるのはマツダ陸上競技部・延藤《のぶとう》潤《じゅん》選手、二十八歳。この年の元日に開催されたニューイヤー駅伝では第三区を走り（マツダの総合順位十位）、自己ベストタイム五千メートル一三分三五秒、一万メートル二八分〇九秒。今日のトレーニングは、千メートルを十二本。六十秒のインターバルをはさんで時速二十キロで疾走、ハードな有酸素運動によって心肺機能を高めるのが目的だ。タイマーを手にした増田《ますだ》陽一《よういち》監督が、一本のラストのたびに近づいて併走し、タイムを見ながらアドバイスを与える。

――延藤選手のコンディションはどうですか。

増田監督に訊《き》くと、トラック上の延藤選手の走りから目を離さないまま語る。

「調子は悪くないと思います。延藤選手は今週長距離を走ったばかりなので、今日はいつもより負荷を下げて練習しています。長距離を走る選手は大きな筋肉を持っているわけではないので、そのぶん筋肉に毎日刺激を与えることが必要なんです。トレーニングを休むと、てきめんに心肺機能が低下します」

練習を一日空ければ、調子を取り戻すのに時間がかかってしまう。長距離走もまた、日々の地味な努力の積み重ねだということがよくわかる。

ちょうどおなじ時間、べつのグラウンドでは、チームを束ねる山本《やまもと》憲二《けんじ》選手と圓井《つむらい》彰彦《あきひこ》選手がそれぞれジョグをおこなっていた。山本選手は、長距離走者として脂の乗りきった三十歳。三月一日に開催されるMGC（マラソングランドチャンピオンシップ）を兼ねた東京マラソンで、東京オリンピック代表の権利獲得を狙う。圓井選手は三十五歳。二〇〇七年入社以来、マツダ陸上競技部を牽引してきたベテランである。三人とも、優勝をめざすニューイヤー駅伝をはじめ主要な大会に欠かすことのできない存在だ。

そのトップアスリート三人が、こぞって絶大な信頼を寄せる人物がいる。

鈴木《すずき》志保子《しほこ》、五十四歳。神奈川県立保健福祉大学保健福祉学部栄養学科教授。公認スポーツ栄養士、日本栄養士会副会長、日本スポーツ栄養協会理事長。

大学教員として学生の指導にあたるほか、現在、数多くのトップアスリートを受け持ち、栄養面のサポートをおこなっている。管理栄養士は栄養全般に関する専門的な指導をおこなうが、スポーツ栄養士は管理栄養士と公認スポーツ栄養士の資格を併せ持ち、スポーツ分野の栄養管理や食事指導をふくめたサポートを専門に手がける。鈴木は、マツダ陸上競技部のほか、日本車いすバスケットボール連盟の代表チーム（男女）、日本身体障がい者水泳連盟などパラリンピック出場選手をはじめ、スポーツ栄養士として百名近くのアスリートに関わるスペシャリストだ。

関係者のあいだで「鈴木の活動から目が離せない」と言われるのは、彼女の手掛ける栄養サポートが「確実に結果を出す」から。スポーツは、勝つこと、優れた記録をマークすることを目的とする。アスリートは日々のトレーニングを乗り越えながら技能に磨きをかけるわけだが、そのプロセスにあって、〈栄養〉という支えから勝利を導き出すのが鈴木の役目である。二〇〇八年、北京オリンピックのとき栄養サポートを手がけた女子ソフトボール日本代表チームが優勝するなど、栄養面から「オリンピックでメダルをもたらす」人物として、一目も二目も置かれる。

アスリートの食生活全般にわたって具体的なアドバイスを与え、栄養をサポートしながら記録を向上させ、勝利をつかむための責任を負う――なんとシビアな役目だろうか。アスリートひとりひとり、身体的な特徴や資質が違うのは当然のことだが、生活環境、考えかた、嗜好《しこう》にいたるまで千差万別なのだから、ただデータや知識や情報をあてはめれば一定の結果が得られるわけでもなく、そもそも栄養は、筋肉や脂肪や皮膚や骨や内臓、つまり身体そのものに複合的に関わる。しかも、トップアスリートであればあるほど身体能力は並外れており、日々のトレーニングによって身体は酷使される。一般の生活とは一線を画するアスリートの心身に深く関わり、あまつさえ「オリンピックでメダルをもたらす」鈴木の仕事とは、いったいどのようなものなのだろう。その内実をくわしく知れば、鈴木の手腕のみならず、アスリートとその身体のありかたに少し近づけるのではないか。

私がはじめて鈴木に会ったのは、東京・浜松町の高層ビルの一室だった。鈴木は二〇〇四年、日本スポーツ栄養研究会（現・学会）を設立し、副会長・会長に就任して公認スポーツ栄養士資格制を創設。二〇一八年にスポーツ栄養協会を発足させ、東京の事務所でもエネルギッシュに活動を展開しながら、スポーツ栄養学の普及と啓発に努めている。約束の時間に部屋を訪れると、かいがいしく自分でお茶を運んできてくれる様子には大上段に構える気配がまるでなく、明るい笑顔を絶やさない、すかっと竹を割ったような気さくな人柄に、まず惹きこまれた。この日以降、勤務先の大学の研究室や教室、彼女のサポート現場など、場所を変えながら何度も会うことになるのだが、初めて会ったときに感じた実直さはいつも変わらない。とにかくエネルギッシュ。迷いのないきっぱりとした言葉でスポーツ栄養学について語り、どの角度からなにを訊いても、きわめてすばやく球が打ち返され、こちらの質問の答え以上に濃い内容をともなう。しかも、自身の考えや素朴な心情が飾りのない言葉でざっくばらんにつけ加えられるので、思わず話に惹きこまれる。

　さっそく納得させられた。まず、このスケールの大きな人間力があるからこそ、彼女は第一線で活躍するアスリートたちの信頼を勝ち得てきたのではないか。「オリンピックでメダルを取らせる」という評価の背景には、スポーツ栄養学の研究成果や指導テクニックがあるからだけではないだろう。たぶんそこには、鈴木志保子という人物がまるごと反映されている。

　とはいえ、さっそく機関銃のように繰り出される鈴木の言葉にはどぎまぎさせられた。

「私ね、『バランスよく食べましょう』と栄養学で教えるの、もうやめようと日ごろから言ってるんです。とかくバランスのよさにとらわれがちですが、それは違う。選手自身がいま必要としている化学反応をやりたいだけやれる、そのための材料を身体に入れるための方法論のひとつとして『バランスよく食べる』があるに過ぎない」

「入院したら配慮が行き届いたバランスのいい病院食を食べているはずなのに、短期間ですごく痩せちゃうっておかしいじゃないですか。だけど、病院に管理されてるから、みんななにも言わないんですよね。でも、本来言うべきなんです、『もっと私を見てくれ』って。栄養がひとの寿命を左右すること、多いんです」

「おなじ栄養学の知識があっても、スポーツ栄養のサポートははっきり言って職人仕事なんですよ。職人は自分の芸を見せないし、カンナで削るとき、あともう一枚削るか削らないかを言葉で説明しろって言われてもむずかしい。でも、どうしてもここで削らなくちゃいけない、という微妙な塩梅《あんばい》がある。そこにこだわれるかどうかなんです」

「チームのなかで自分がどんな立ち位置なのか、想像を働かせることも大切です。鈴木はあんなに口が悪いのに、なぜ選手や監督から支持されてるんだと周囲は感じていると思うんです。でも最近、少しずつ言われなくなったかな。出過ぎた杭は打たれない。もう突き抜けちゃえばいいのかな、って」

　言葉に飾り気や無駄がなく、感情表現も最短距離だ。

　そして、この自己分析。

「とにかく私は、勝ちにたいする執着が強いんです。ちょっと変なのかもしれないけれど。一位と二位だったら、二位じゃだめなんです。勝たせてあげなきゃ、私がいる意味はない。こないだ、パラリンピックのバスケ選手に言われちゃったんですよね。『鈴木先生さ、おれたちより勝つの好きだよね』って」

「いやぁ選手に言われるってどうなんでしょうねえ」と苦笑いし、そのあと、自分の仕事をこう言い切った。

「勝負です、勝負なんですよ」

スポーツと栄養の関係をきわめてオリジナルな方法で、しかもマニアックに突き詰めてきた栄養サポートのパイオニア。鈴木は、スポーツ栄養学というスキルを使いながら、どんなふうに勝負を仕掛けてきたのだろうか。

マツダ陸上競技部のトップアスリート、山本憲二、圓井彰彦、延藤潤の三選手に取材を進めると、その内実が少しずつわかってくる。

二〇一四年、「マツダに関わってほしい」と正式に声を掛けたのは増田監督である。増田監督は京都産業大学陸上部出身、じつは、東海大学大学院に籍を置いていた二十八歳の鈴木がはじめて栄養サポートを手がけた選手だった。いま鈴木は、当時の自分の未熟さを振り返りながら「胃腸のトラブルに悩まされていた増田選手を、現在の私ならもっと支えてあげられた」と反省の弁を口にする。

自身の原点になった二十代の苦い挫折感について、鈴木はこう振り返って書く。

「大学院生をしながら、京都産業大学の陸上競技部で栄養サポートに挑戦したが、何の役にも立たないどころか、悪影響を生んでいることに気づき、アスリートと一緒に暮らし、同じ生活をすることしかできなかった。一緒に生活することでいろいろ感じた。感じたことを一つ一つ解決するために『勉強して、その内容を解決策として具体化してアスリートに試してみる』をくり返した。解決できない問題や課題もたくさんあり、それが私のスポーツ栄養への原動力となった」

（『理論と実践　スポーツ栄養学』鈴木志保子著　日本文芸社「はじめに」より）

大学院で勉強した定石《じょうせき》通り、身体活動量から消費エネルギーを算出して栄養計画を導入すると、女子選手の半分が激太りし、半分は下痢の症状になってしまった。指導経験が少なく、若かった鈴木は、鍛錬したアスリートは低いエネルギーで走れることを理解できていなかったのだ。気ばかりあせって、空回りの連続。打ちのめされて虚勢を張ろうとする鈴木に、当時の陸上競技部監督の伊東輝雄が声を掛けた。

「取り繕ってもメッキは剝《は》がれまっせ。素でいきなはれ」

スポーツ栄養の指導は、選手生命を左右するだけでなく、身体をつうじて選手の人生そのものに関与する。だから、必要以上に自分を大きく見せようとせず、素のままで向き合えるようにならなければだめですよ——伊東監督に見透かされ、目が覚めた。あの頃の京都での体験は、自分にとってはかりしれない糧になりました、と鈴木は述懐する。

いっぽう、三十三歳まで現役生活を続けたのち、長距離走の指導者に転身した増田監督は、学生時代に出会った鈴木の存在がずっと気になっていた。マツダのチーム力を増強する立場になったとき、競技力と同時に「選手の知識を増やしたい」と考えるようになり、折りしも、選手たちから食に関する正しい情報を得たいという声も高まっていた。大学を卒業してから十数年は没交渉だったが、依頼するのは鈴木以外にいないと考え、協力を要請。快く引き受けた鈴木は、まず年二回の栄養指導の講義、ほどなく個別の食事指導をスタートする。それまで、ソフトボールや水泳、サッカーなど他種目の競技チームに関わってキャリアを積んでいた鈴木だが、実業団の長距離を走るアスリートに本格的に関わるのは、初めてのチャンス。自身の栄養指導がどんな影響をもたらすのか、研究者としてもおおいに興味を掻《か》きたてられただろう。くわえて、指導者としての増田監督にたいする共感にも背中を押された。増田監督は、とかく日本のスポーツ界で賛美されがちな「制限だらけの美学」に疑問を持ち、選手ひとりひとりの自主性を重んじながら指導したいと考えていたから、個人と向き合いながら栄養サポートをおこなう鈴木の姿勢にも重なっている。学生時代の増田監督は、十把《じっぱ》一絡げのやりかたを嫌う鈴木の指導の本質を的確に見抜いていた。

　ただし、最初にしっかり釘を刺されたんです、と増田監督が述懐する。

「『私が見るならチームをトップレベルにしたいから、パフォーマンスをがんばってね』と、ズバッと言われました。その通りだな、関わっていて面白いと思ってもらえるチームにならなきゃいけないな、と思いましたね。指導を素直に受け容れ、大きく変われるチームにならなければ、と。これまでマツダのチームは、どちらかというと選手のプライベートが優先されがちだったのですが、鈴木先生の指導とも相まって、ようやく実業団らしいチームのまとまりができてきました。というのも、食というのはなかなか外には見えにくいんです。ところが、この五年間、栄養指導を受けることによって、だれがなにをどう食べているか、可視化されるようになった。競技力を高めるうえで大きな収穫でした」

　チーム全員に、新たな習慣が義務づけられた。サポート内容はこまかい。毎月定期的に身体機能を分析するために、採血と血液チェック。年三回の食事調査。ＬＩＮＥやスカイプなどで個別面談もおこなう。栄養補給、栄養教育、行動計画などは、それぞれの選手の身体の特徴や個人目標に応じて組み立てられる。毎日の食事内容、摂りかた、食品の選択、水分の摂りかた、サプリメントの使いかた。選手たちは、体組成計のデータを見ながら体重や体脂肪率をチェックし、筋肉や体脂肪のコントロールに役立てる。もちろん、練習期、試合前後、試合当日によって、食事内容は変化する。食にたいする意識を高めるために、既婚の選手の妻には栄養についての「奥さま講習会」を実施。寮に住む独身者には、週に一日、自分で味つけをする日を設けて国際大会に対応できるよう促した。遠征の多いトップアスリートは、そもそも日常の食事をコントロールする習慣を身につける術《すべ》を持っていなければ、体調管理は叶わない。

　現場に直接出向くのも、鈴木のオリジナルな手法である。ニューイヤー駅伝当日、つまり元日に開催地の前橋まで足を運ぶというので、栄養サポートはそこまでするものなんですか、と驚いて訊くと、涼しい顔で言う。

「いや、私だけかもしれませんけれど。全区間、車に乗って選手が走る動きを見ます。今日なぜこんなに汗をかいているんだろう、あれ、ここで動きが止まるのはどうしてだろうとか、逐一じーっと見て観察します。当日の朝食になにを食べさせるかも決め手なので、データを集めるために選手の動きを見ながら考えたり、反省したり。沿道から『多めに給水して』と思いっきり叫んだりもします」

　現場で選手を観察するのは、個人の身体情報を収集するうえで欠かせないという。トラックを走るトレーニングのときは、逆回りで周回しながら選手をじっくり観察し、ひたすら思考をめぐらせるのが鈴木のスタイルだ。練習の強弱によるエネルギー源の割合、回復時間、あるいは食べものや水分と身体との相関関係。練習の現場や試合に詰まっているのは、彼女にとって見逃せないナマの情報源であり、情報の宝庫である。

まず、延藤潤選手に話を聞いた。

身長百七十三センチ、体重五十八キロ。箱根駅伝七十回以上の出場歴を持つ東洋大学陸上競技部出身。延藤選手が在籍していた二〇一二年当時、東洋大学は、往路・復路・総合の三記録を更新する完全新記録優勝を果たしている。

延藤選手のこれまでの道のりは険しいものだった。中学まではバスケットボール部、陸上をはじめたのは高校時代だが、長距離を走ると体力がついてゆかず、自分だけタイムが落ちて走れなくなる。原因究明のために血液検査をすると、重度の貧血が判明。高校から大学時代にかけて鉄剤を飲んで改善に努め、体調はいったん右肩上がりになった。二〇一四年、マツダ入社。陸上競技部に入部した初年度は大学時代の延長線上で調子を保ったが、入社二年めの終盤、大きく崩れた。チームの選手が一キロ四、五分以内でジョギングするところ、一分以上遅れて離れてしまう。三年め、さらに調子は悪化してゆく。

「身体は重いし、眠いし、やる気も出ない。精神的にも、つねにブルーですごくきつかった。練習にも気持ちが入らなくて、陸上なんてやっていいのかなと考えるところまで落ちこんでしまい、社会人三年めの一年間は完全に棒に振りました」

どん底であえぐ延藤選手に辛抱強く併走し、心身を支えたのが鈴木である。

マツダに関わるなり立ちはだかった延藤選手の絶不調に、鈴木は対話を重ねながら試行錯誤を続けた。もともと小食で、胃が弱い。食が細いとエネルギーが蓄えられず、そこへさらに運動すると鉄分を作るエネルギーに回らない。また、鉄剤を飲むと胃に負担がかかる。このまま鉄剤を服用し続けても根本的な解決は望めないと判断した鈴木は、思い切って延藤選手が長年頼ってきた鉄剤そのものを減らし、内臓全体を整えようと提案した。

「志保子先生の判断は、僕はエネルギーが不足しているのだから、まず胃腸を整えて貧血にならない身体をつくるのが先決だということでした。自分自身も、基本的な身体がつくれていなければ、練習を強化しようにも強化できないと感じるようになっていました。先生の口癖は『いまの身体は三ヶ月前の食事なんだよね』『細胞から変える』。三ヶ月後にどうありたいかを考えれば、いまの食事の仕方はおのずと変わってくると気づかされ、初めて本格的に食事改善に取り組みました。

運動していると、ふつうのひと以上にエネルギーを使うし、筋肉が破壊されるから、それを補うものが必要なんですよね。一般のひととおなじように食べていたら、身体は壊れてしまう。お菓子や揚げものを好きなように食べていましたし、食事がそこまで大切だという自覚が足りなかった」

選手自身の理解と協力がなければ、サポートの成果は上がらない。毎回の食事を選手自身がエクセルに入力し、自分で撮影した食事の写真もＬＩＮＥで報告する。その内容を逐一分析、書き込まれたグラフの数字を参照しながら、糖質・たんぱく質・脂質・ビタミン・ミネラルなどの栄養素についてアドバイスを重ねる。延藤選手の場合は、貧血の改善を確認しながらの指導がおこなわれた。

「アドバイスを実行しはじめると栄養素が整ってきて、翌年になると、身体の状態ひとつでこんなに走りが違うんだと実感したんです。状態がじょじょに上がってきて復調、精神的に安定したことも大きい。いったんはチームで生き残れるかどうかも怪しくなっていたのですが、いまはチームを引っ張っていけるところまで漕ぎ着けました」

ヘモグロビンの数値は、どん底期は一二だったが、現在は一四から一五の理想的な数値をキープし、長年悩まされていた貧血の症状から解放された。ただ、練習後に筋肉の回復を速めるためのプロテインを飲むと胃に負担がかかり、ダメージがある、乳製品を摂ると腹を下しやすくなるなどの懸念を抱えており、自分の身体の体質や走りに合う食事の摂り方を心掛けているという。

「僕、スイーツがすごく好きなんです。先生に、甘いものを食べていいですか、と訊いたら『食べていいよ。でも、どうせ食べるなら質のいい値段が高いものにしてよね』と言われました」

鈴木の延藤選手評。

「ノブは理数系の考えかたを持っていて、頭がいいです。でも、マツダに入ってきたときは、理論と身体が合っていないと感じました。サポートをはじめて、走る前の食べる量、質、タイミングなどを調整したら貧血が改善し、消化吸収がよくなって、真のエネルギー摂取量が増え、おなかの差し込みも減りましたが、原因はまだ解明できていません。最近は勝つことへの欲も出てきて、頼もしい。練習以外の時間をとても大切にしていて、個性的で魅力的な選手です。ときどき夜更かしをするのが気になっています」

千メートルを十二本走るトレーニングをおこなった翌日は、午前九時から三十二キロを一気に走りこむ予定だと増田監督から聞き、地道な鍛錬を積み重ねる姿を垣間見る。長距離のトレーニングは、一日練習を怠れば三日休んだのと同等だといわれるが、筋肉づくり、心肺機能の鍛錬においても精度の高いトレーニングを継続できるだけの身体を手に入れるのも、トップアスリートたる条件なのだろう。

マツダを支えるツートップ、山本憲二選手と圓井彰彦選手の話は、あとでじっくり書きたい。

一九六五年、東京生まれ。ものごとを掘り下げずにはいられない鈴木の気質は、幼い頃から際だっていた。

「小さいときのあだ名は『なんでなんで小僧』でした。私を連れて歩くと、つねに『なんで？　なんで？』と訊かれるので、おばあちゃんが『この子、めんどくさい』と私の手を引くのを嫌がっていた。おとながちゃんと回答してくれなかったのかな。

一番疑問に思っていたのが人間の身体だったんです。自分の家は大井町にあって、東京国際マラソンや箱根駅伝の沿道の近くだったから、親がマラソンを観るたびにいっしょに連れていかれました。そのとき、ものすごく驚いたのは、痩せたひとがすごいスピードで駆けてゆく光景。中学生になると、自転車を漕いで沿道を走るようになっていたのですが、やっぱり不思議で仕方がなかった。あんなに痩せているのに、どうして走り続けられるのだろう？　高校のとき、世界陸上をテレビで観ているとカール・ルイスが出場していて、ドクターやトレーナー、栄養士を帯同していると聞いたんです。えっ、なにそれ？　食べることで競技力が変わるの？　へぇ！　とびっくりしたのが、栄養について学ぼうと思ったきっかけでした」

中学時代はテニス、高校と大学時代はゴルフ部に所属した。食べものとパフォーマンスとの関係について、身をもって自覚したのは大学四年生のとき。

「『上がり三ホールに弱い女』って言われていたんです。私はなぜかいつも最後の三ホールで崩れる。大学四年になって、やっとその理由に気づいた。ご飯のせいだったんです。朝早いから食事をちゃんと摂らずにコースに出て、当時はコンビニもないから自分でおにぎりを持参していた。でも、昆布や梅干しのおにぎりでは半日ももたず、たんぱく質の組成も整わない。エネルギー不足で後半に自滅していたんだとわかっても、四年生じゃあもう遅い（笑）。ようやく、栄養と身体との関係はこういうことなのかと知りました」

大学生になった「なんでなんで小僧」には、いつも不思議に思っていた「ハテナ」があった。

「テニスやゴルフを通じて、ずっとわからないことがありました。おなじものを食べて、おなじ練習をしても、全然レベルが違うのはなぜだろう、と」

「なぜだろう」。これこそ、スポーツ栄養学の存在意義にふかく関わる原動力ではないか。

アスリートは、身体活動のエネルギー消費が一般のひとよりはるかに多い。そのため、自分のエネルギーをどのように貯めるか、どう利用するか、どんな方法でコントロールするかが、パフォーマンスを大きく左右する。身体のなかで起こるエネルギーの獲得や消費にまつわる変化、つまりエネルギー代謝についての理解と知識がもとめられるゆえんである。

もちろん、それぞれの運動種目によって、エネルギーの消費量は異なる。

〈身体活動時のエネルギー消費量〉

単位：メッツ（強度）
バレーボール　3・0
卓球　4・0
野球、ソフトボール　5・0
バドミントン　5・5
ウエイトトレーニング（高強度）、バスケットボール　6・0
ジョギング、サッカー、テニス、スキー、スケート　7・0
サイクリング（約20km／時）　8・0
水泳（クロール、速い、69m／分）　10・0
武道・武術（柔道、空手、キックボクシングなど）　10・3
ランニング（188m／分）　11・0

（厚生労働省「健康づくりのための身体活動基準2013」より）

身体の使いかた、試合やトレーニング内容、時間の長短、体調などによってもエネルギー消費量は大きく異なってくるから、おのおのに応じて食事を調整する必要が生じる。そこで力を発揮するのが、管理栄養士の資格と公認スポーツ栄養士の資格を併せ持つスペシャリスト、スポーツ栄養士による栄養サポートだ。

鈴木が学生時代を送った一九八〇年代から九〇年代は、スポーツ栄養という言葉が広く知られるようになった時代でもある。公認スポーツ栄養士が専門分野として手がけるスポーツ栄養学は、スポーツについて必要な栄養学的理論、知識、スキルを体系化したもの。アスリートが最大限の能力を発揮し、怪我《けが》を予防、質の高いトレーニングをおこなうための栄養・食事術の探究を目的とする。日本でスポーツ栄養学の実践が注目されはじめたのは、九二年のバルセロナオリンピックからだといわれるが、このとき、陸上競技、柔道競技チームに管理栄養士などの栄養専門職が同行して積極的な栄養サポートをおこない、栄養が競技者の身体と技能に有効な働きをおよぼすことが広く認知されるようになった。

ＩＯＣ（国際オリンピック委員会）は、スポーツ栄養について次のような合意声明を発表している。

「普通に入手できる多くの種類の食べ物から適切なエネルギーを補給していれば、トレーニングや競技に必要な糖質（炭水化物）・たんぱく質・脂質、そして微量栄養素の必要量をとることができる。正しい食事はスポーツ選手が適切な体重や身体組成を獲得し、それぞれの競技で大きな成功を収めるのに役立つであろう」

優れた記録達成を目指すスポーツ選手にとって、なにも特別な食べものやサプリメントが存在するわけではなく、あくまでも食事によって摂取する栄養素が有効であると定義づけられている。ほうれん草を食べたとたん、いきなりパワーアップして大活躍するのはポパイだけなのだ。栄養サポートの目的は、スポーツ医科学や栄養学を駆使したエビデンス（根拠）に基づいて個人の目的に合わせ、食べもの、飲みもの、サプリメントなどをアレンジしながら最大限の効果を狙ってパフォーマンスを引き上げること。

実践女子大学で栄養学について学び、まず管理栄養士の資格を取得した鈴木は、同大学院修了ののち、東海大学大学院医学研究科を修了、博士（医学）を取得。いよいよ本格的にスポーツ栄養の実践に入るのは、二〇〇〇年、国立鹿屋《かのや》体育大学体育学部助教授の職を得てからだ。国立鹿屋体育大学在職中の三年間、学内の部活動の練習をつぶさに見ながら、アスリートの栄養調査、個別指導の方法、身体や精神のありかたを幅広く研究することによって、「素でいきなはれ」を実現するためのスキルを磨いてゆく。

〇三年、横須賀に開学された神奈川県立保健福祉大学に着任。同大学は、保健・医療・福祉の人材を育成する少数精鋭の神奈川県の拠点で、保健福祉学部のなかに栄養学科、看護学科、リハビリテーション学科、社会福祉学科などを併設する。

鈴木の講義に足を運んだ。栄養学科三年生、約三十人を前におこなうスポーツ栄養学の講義は、自身の経験に裏打ちされた内容で、リアリティと緊張感がある。

講義での第一声。

「海外遠征中のアスリートの評価が高いのは、〝おいしいもの〟に対してではなく、〝自国にいるときとおなじ食事ができること〟です」

「オリンピックには魔物が棲んでいる」とはよく聞く言葉だが、その「魔物」のひとつに食べものの存在があるというのが鈴木の見解だ。

そもそも、選手の不安や緊張、興奮は、すでに試合の数日前からスタートしており、食欲不振が生じたり、消化や吸収が抑制され、体調不良を引き起こす場合がある。また、緊張や興奮によって身体に力が入り、エネルギーの必要量が増えたりもする。オリンピックでなくとも、アスリートにとって、大事な試合であればあるほどエネルギー消費と精神状態の関係は複雑に絡む。試合中、マラソンランナーは何人かに抜かれるとおのずと興奮し、肩が緊張するため、肩で消費されるエネルギー量が増加するという。頭を使って戦術を練れば、糖質の必要量も増える。勝利に導く鉄則は、精神面の変化を見越したうえでエネルギーの必要量を計算し、栄養管理計画を立てること。鈴木が推奨する基本計画は、試合三日前から試合当日に向けての「高糖質・低脂肪・たんぱく質そのままの食事」だ。ガス欠予防や、緊張したり興奮したりすることによって抑制されてしまう消化吸収の対策として、計画的に高糖質食を摂って体内に効果的に糖質を蓄える方法を用いたりもする。

　鈴木の講義は、「自身が経験した実例を示しながら具体的に進めるので頭に入りやすい」というのが学生の評だ。

　私が聴講したときは、たとえばこんな具合。

「ときどき『スタミナをつける』とか『試合に勝つ』ための験《げん》担ぎとして、選手に焼肉やとんかつを食べさせる指導者がいたりするけれど、とんでもないです。肉を多く摂ると消化吸収に時間がかかって胃に負担がかかり、むしろ競技力にはマイナスの影響をおよぼす可能性があります。遠征先の旅館で、『明日は試合だから、精をつけてもらいたいから生卵をつけた』『刺身を一品増やした』なんてこともある。これも、だめ。試合の三日前から生ものはNGです。もし刺身がでたら、湯引きにしてもらう。すき焼きに生卵が出されたら、割下を少なくしてもらって溶き卵をかけ、卵に火を通す。よかれと思ってやってくださっても、選手にとっては仇《あだ》になる場合があることを理解しておいてください」

　トップクラスのアスリートは、国内外の遠征に出る機会が増える。だから、日常を離れて戦うときに生じる諸問題の解決にすばやく応じるのも仕事のうち、と学生たちに説明。文化や生活習慣の違いから起こるトラブル回避、災害にたいするセキュリティ対策、時差ボケ対策、水質や生ものについての衛生管理、ウイルス対策、乾燥対策、合宿所や宿泊施設の環境設備……つぎつぎに鈴木が提示する諸問題と具体的な解決例はバラエティに富み、まるで旅と食とスポーツのマルチタスクマネージャーだ。

「時差ボケは食事時間のコントロールで避けられる」

「帰国後の栄養サポートを的確におこなうためには、何時の便で出国し、何時の便で帰国するか、かならずデータを入手しておく」

「現地の感染症に対応するには現地の薬を使う」

じっさいのところ、栄養サポートとは机上で組み立てて終わるものではなく、しなやかな想像力、スピーディな判断や対応能力がもとめられる。突発的に発生する事態にどう対処し、切り抜けるか。この三十年、失敗や発見を重ねながら体得した濃い内容を、学生たちは身を乗りだして聞きながらノートにペンを走らせている。

実習の講義も、身体のエネルギー消費を〝目で見る〟貴重な機会だった。

この日、午後一時からの応用栄養学実習は「活動代謝の測定」。人間がひとつの活動をおこなうために必要なエネルギー量を知るための実習である。

まず、班ごとに活動（階段を上り下りする、ジョギングをする、腹筋をする、など）を計画し、被験者がオレンジ色の特殊生地製ダグラスバッグを背負う。ダグラスバッグ法とは、マスクを顔に装着し、背中のバッグ内に呼気を採取する測定方法。若い女子学生たちが、頭をすっぽりマスクで覆い、口から伸びるチューブで繋がった巨大な袋を背中にぶら下げて構内を歩くようすは、SF映画のワンシーンのような異様な光景だ。廊下をまっすぐ歩くだけならたいした変化は現れないけれど、校舎の階段を何度も上り下りするうち、呼気が溜まった背中のダグラスバッグがしだいに膨張しはじめる。一定時間の活動をおこなったのち、教室にもどって採取した呼気の総量を測定機器にかけ、班ごとに酸素濃度、炭酸ガス濃度、呼気量、酸素消費量、炭酸ガス産生量、代謝エネルギーなどを算出。その数値、安静時の数値、両方を比較することによって活動別の代謝内容を導き出すという、エネルギー消費量測定のベーシックな実験方法である。なるほど、栄養学の第一歩は、こうして人間の身体の働きを分析し、活動との関係をつぶさに理解することからスタートするのだ。

ダグラスバッグの膨張があからさまに違う光景を見て、思わず「そうか、なるほど」と納得した。私たちは、ただ日常生活を営むだけで大なり小なりのエネルギーを消費している。その理屈を頭では理解しているつもりでも、こうして実際に目にする光景、数字が語りかけてくる変化に接しなければ、エネルギー消費という言葉の意味をリアルに意識するのはなかなかむずかしい。ああ疲れた、もう動けない、へとへとだ、いや、まだがんばれる……ふだん生活しながら、あるいは運動しながら湧き上がる雑多な感情のあれこれは、置き換えれば、自分が消費したエネルギーの実体である。食べものにしても、いったん口に入れて体内にすがたを消せば、咀嚼《そしゃく》したのち、その食べものにふくまれる栄養素がどんな影響をおよぼすのか、自分の身体に起こっている化学反応なのに、すぐには視覚化されない内容を理解し、客観的に把握するのはむずかしい。その不確かさを探り、つぶさに分析しながらアスリートに関わるのが、スポーツにおける栄養サポートの試みだとわかってくる。

近年いっそう注目されているのが、オリンピックに続けて開催されるパラリンピックである。二〇二一年の東京パラリンピックでは、障がいのあるトップアスリートたちが鍛錬の成果を競い合い、全二十二競技。もちろん、競技の結果だけでなく、障がい者アスリートが自身の限界に挑み、記録を更新するすがたは勇気や励ましを周囲にあたえ、社会に働きかける力をもつ。

鈴木が尽力している活動のひとつが、障がい者アスリートの栄養サポートだ。障がいの部位や状況はアスリート個々人によって著しく異なるため、手探りの状況がつづいているが、そこはそれ、イバラの道であればあるほどエネルギーを燃やす鈴木である。

リオパラリンピックで十一大会連続十二回めの出場を果たし、さかんに注目を集めているのが日本車いすバスケットボール連盟の男子代表チームだ。一チーム五人、コートの広さやゴールの高さは一般のバスケットボールとおなじだが、障がいの段階が違う選手がチームを組む「持ち点制度」など、独自のルールがある。コート内でのすばやい動き、容赦のないぶつかり合い、車椅子からのパス回しやシュート、迫力のある試合展開から目が離せない。チームのエース的存在は宮城ＭＡＸ所属、藤本《ふじもと》怜央《れお》選手。小学三年のとき交通事故に遭い、右膝から下を失ったが、高校時代に車いすバスケットボールをはじめると、たちまち頭角を現し、十九歳で日本代表に選ばれている。

チームの栄養サポートを担当して二年めのとき、大黒柱の藤本選手から直接言われた言葉が、鈴木は忘れられない。

　仙台で会ったときのこと。

「先生が来るようになってから、おれ違うんだよね。それまでは、チームでも『いっぱい食え』としか言われなかったし、食べることに全然興味が持てなかった。ところが、いつ、なにをどう食べろと先生に言われて、試しにちゃんと計画的に実行したら、自分の練習の質がつねに一定になった。試合後半にがくんと調子が落ちることも、もうない。まんべんなくいい感じで動けるようになると、もっとこういうふうに動きたいと考えられるし、自分を信頼してプレーができるようになったんだよね」

　ああ、わかってもらえているんだな、本当にうれしかった、この二年間は「トライ＆エラーの繰り返し」だったんです、と鈴木が打ち明ける。

　障がい者アスリートは、脊髄《せきずい》・頸椎《けいつい》損傷、四肢欠損や切断などそれぞれの重度が異なるため、栄養サポートの内容は健常者よりはるかに細かい。アレルギー、運動誘発のアナフィラキシー、排尿・排便の管理まで踏み込み、しかも、障がい者アスリートの場合はエビデンスが確立されていないぶん、食事の摂り方や栄養補給の内容を手探りしながら、ひとりひとりに細かく応じたルール化を試みる必要がある。鈴木をいっそう奮起させたのは、持ち前のパイオニア精神、勝つことへの執着や意地だ。

　トップアスリートなのに、これまで栄養サポートのエビデンスが蓄積されていなかったのは意外です、と鈴木に伝えてみた。

「いえ、それまでも栄養士は関わっていたんです。でも、なかなか受け容れてもらえなかった。

選手たちには、俺の身体をどこまで知っているのか、という意識がつねにある。最初は、私に対しても、『なんだこいつめんどくせえな』『むかつくやつが来たな』みたいな反応でした。どうせ健常者の話を当てはめるんだろ、でもおれらは全然違うんだよ、という気持ちが痛いほど伝わってきました。そこへ私がずかずかと入っていって、『脈はどうなの、私はあんたのお腹のなかに興味がある、超興味ぶかい！』とやっちゃう。これはもう私の特性ですね」

　食事調査や個人面談を重ねながら、いまでは恋愛相手や家族状況まで熟知する「フレンドリーな間柄」を築いていった。「おれたちより勝つの好きだよね」と揶揄《やゆ》されるほどの熱さによって。

　国外遠征に出るアスリートに講義をおこなう機会があるというので、特別に取材許可をもらい、同席した。三々五々、練習を終えた選手たちが集まってくると、頃合いを見計らって鈴木が前に立つ。

　やや低音のはっきりとした太い声。

「なぜ食べなくちゃならないか、みなさんに何回も何回も話してきて耳にタコができていると思いますが、またタコをつくろうと思います」

　場のつかみかたがうまい。またおなじ話だと思えば注意が散漫になるが、こんなふうに前置きされれば、よほど大事な話なのだから耳を傾けようという気になる。

「食べたくないから食べないというのはシロウトの考えで、食べたくないから食べなかったら、それなりの動きになってしまいます。コートに出ているときも、動きが止まっちゃってからなにかを摂取するのは、プロじゃない。自分がどのくらい亢進《こうしん》したら、身体のどの部位に汗が出てくるとか、感覚的なことも受け止めておいてください。

今回の遠征は連日試合があります。試合前におなかの調子を整えて栄養素をしっかり摂ると同時に、試合直後にどれだけ補給できるかが、翌日の試合の状況を決めます。通常私たちの身体は、思いっきり動いて筋肉と肝臓のグリコーゲンを使うと、そののち補給して回復するのは二十四時間後です。だから、翌日十二時に試合があると、どうなるか。元に戻っていないことになりますよね。だから、回復を速めるために、できるだけ早く糖質の補食を入れる必要があるんです。食事計画は私たちが立てますが、ゼリー、バー、パラチノース、おにぎり……糖質がじゃぶじゃぶしている状態をキープすることが大事です」

　選手の自覚をうながしながら、トピックを盛りこんで講義を進める。

　身体の内部で起こる化学反応を思いどおりにコントロールするためには、糖と脂質が蓄えられていても、代謝してエネルギーとするにはビタミンB群が必要なこと。化学反応に重要な役割を果たす肝臓は、十二日間で九七％の細胞が作り替えられるので、そのためにも色の濃い野菜などから脂溶性のビタミンを多く摂る必要があること……一般の生活にも役立つ濃い内容だが、遠征先の状況に焦点を合わせ、衛生面への注意も微に入り細を穿《うが》つ。生水、生野菜、フルーツも禁止。油の鮮度が低い可能性があるので、揚げものは控える。車椅子の車輪は感染の可能性が高いので、つねに殺菌ペーパーで手を拭き、除菌を心掛ける。漢方薬や生薬は禁止薬物の成分をふくみ、ドーピングに抵触する可能性があるので使わない。自分の持ちものであっても、放置されたスポーツドリンクは、異物混入のおそれもあるからけっして飲まない……規制ばかりのように思われるが、そうではない。トップの場で活躍できるのは、これらの事柄をプレッシャーとも思わず、すみやかに取り入れて遂行できる能力の持ち主なのだ。

新潮社

新刊案内

2023 1 月刊

一時間の講義を終えると、場所を変えて個人面談に入った。あらかじめ回収しておいた食事記録、毎食の写真、食事調査結果などの資料をチェックしながら、コーチが同席のうえでこれからの食生活についてコメントする。選手にとっても、ふだん気になっていることや疑問点をじかに確認できる貴重な時間だ。

数人の選手の面談に同席させてもらいながら、気づいたことがある。鈴木の口調はざっくばらんだが、間合い、声の調子、質問への言葉の返しかたが、相手によって微妙に変わる。

気軽に話ができる間柄の若い選手には、ずけずけと評を下す。

「たんぱく質摂取量は体重一キロ当たり一・五グラムが必要だから、その計算でゆくと十グラム足りていないけれど、まあこれでいいでしょう。でも、魚が少ないんだよね。七日間の平均でゆくと、この日はたんぱく質がちゃんと摂れているけど、この日は急に下がってる。市販の弁当を食べてる日は、たんぱく質ががくっと減ってるんだよね。これが鮭弁だったらいいけれど。鮭フレーク？（選手から「鮭フレークを携帯してご飯にかけてもいいか」と質問が出た）脂のないやつならね。あんたはご飯が好きなんだよね。いいよ、食べても。だからって、いっぱい食べるのはやめてね。どんどん付け加えられると困る。でも、ちゃんと家で食べてるのはすごくいいね」

いっぽう、調子がいまひとつよくないと悩む選手には、おなじ立場に立って考える姿勢を取りながらアドバイスを口にする。豪快な人柄だが、鈴木は、こうしたほうがいいとは言っても、こうしろああしろと強制して押しつけたり、ねじ伏せたりしない。選手にとっても、生活状況にも目配りしながら自分に寄り添おうとする姿勢が伝わってくるから、このひとについていってみようと心が開く。

鈴木の栄養サポートの根幹にあるのは、テクニックや理論の先をゆくもの、どうやら人間味なのだと気づかされる。スポーツの場であってもなくても、人間どうしの信頼関係は、相手の人格を尊重するところから始まる。

鈴木の、障がい者アスリートを慮《おもんぱか》る言葉の端々に、社会のありかたを突きつけられる思いがした。

「障がいを持つ選手は、栄養や食材のことを気にしつつも、どうしても手近なコンビニを利用しがちなんですよ。それは、コンビニには入り口に段差がなく、車椅子でそのまま進んでいけるから。入りたい店があっても、狭かったり、階段や段差があれば遠慮してしまう。そういう状況があることも知っておかなければ、現実と離れた栄養指導に終わってしまうんですよね」

食べものと身体のありようを示す言葉に「医食同源」がある。食事によって病気を予防しようという中国の考えかたで、一九七二年、臨床医で新宿医院院長の新居《あらい》裕久《ひろゆき》（一九二八～二〇〇八）がＮＨＫの料理番組「きょうの料理」の特集「40歳からの食事」のなかで紹介すると、「医食同源」の四文字はたちまち広まった。

新居が研究の拠点とした新宿医院で三年間のインターン時代を送り、日本の栄養学の現在を語るうえで欠かすことのできない重要人物がいる。

中村丁次《なかむらていじ》、一九四八年生まれ。神奈川県立保健福祉大学学長。日本栄養士会会長ほか多くの役職を兼任。二〇二一年、各国の首脳を集めて開かれた「栄養サミット」のキーパーソンであり、二二年、横浜で開催された「第八回アジア栄養士会議」の議長も務めた。

　徳島大学医学部栄養学科卒業、八七年、東京大学医学部で医学博士を取得。新宿医院で新居の薫陶《くんとう》を受けたのち、日本で初めて病院内に開設された栄養外来となる聖マリアンナ医科大学病院栄養相談室で、医療現場での栄養食事指導と食事療法の実践にあたった。スポーツ栄養学は、そもそも栄養学の発展なしには語れない。日本での栄養学の芽生えは一九一四年、栄養学の創始者である佐伯矩《さいきただす》によって栄養研究所が設立され、栄養士が誕生する。日本の食事が栄養の観点から分析されたのは画期的なことだった。大正期、佐伯は、七分搗《づ》き米を推奨するなど啓蒙《けいもう》活動にも積極的に乗り出す。終戦直後の食糧難、高度経済成長期を経て、食事と疾患との関連性についての認識の高まりによって「生活習慣病」という言葉が広く定着していった。ドイツ医学によって栄養学が導入された明治維新から数えて百五十年余が経つ。

　神奈川県立保健福祉大学の学長室で、中村に会った。温厚できわめて紳士的、ときおりユーモアを交えながら栄養学について語る内容は、じつに示唆に富むものだ。

*

　聖マリアンナ医科大学で栄養相談室を開設したのは一九七五年、日本の大学病院で栄養相談を手がけた第一号です。私のところに内科の医者がわざわざやって来て、「君はここで何をするのか」。僕は「食事で病気を治そうと思っています」と答えました。すると、「食事なんかで病気が治りゃ、医者は苦労しない」。私に向けた軽蔑の目は一生忘れられません。当時は、世界中の製薬会社が心筋梗塞や脂質異常症のコレステロール値を下げる薬を懸命に開発しているときで、

「食事を変えたら治りますなんて、それは馬鹿だよ」というわけです。いまに見ていろと思いました。

しかし、すぐには患者さんは来ませんでした。七〇年代、病院は薬をもらいに来るところ。まだ一般には病気と栄養との関係を結びつける認識はありませんでした。日野原重明先生によって「生活習慣病」という言葉が広まりましたが、生活習慣が病気の原因になるなら、それを改善せずに薬を飲むのはおかしいという信念がありましたから、患者さんに生活習慣の改善に取り組んでもらったわけです。ただ、口では言っても、生活習慣を変えるのはなかなかむずかしい。心理学を学んだり、カウンセリングの技法を習得したり、粘り強く実践してゆくと、少しずつ患者さんの病気が改善されていきました。

体重を落とすとコレステロールや血糖値が下がるという症例を、私はできるだけ外国の学会で発表していたんです。日本の学会で発表しても、だれも見向きもしなかったからね。しかし、その後、国際共同研究として知られるセブン・カントリーズ・スタディによって、食事と疾病との関係が明らかになり、地中海食にも注目が集まるようになり、時代がサポートしてくれた。その当時、日本の病院ではコレステロールを下げる薬を飲むよう指導しているのに、アメリカでは高コレステロール血症の治療ガイドラインができ、まず薬を飲む前に管理栄養士に会って栄養指導を受けなさいと書いてある。これはすごいと思いました。病気を治すためには、専門家の指導を受けながら生活習慣を改める努力をするという発想が必要です。

明治維新によってドイツの医学が導入され、日本に近代栄養学がもたらされました。人体をつくる成分が栄養素であるという概念が登場したわけです。東洋医学である漢方は陰陽五行説によって食べものを分類しましたが、症状を改善するうえで、食事と人体の構成成分は結びついていなかった。いっぽう、西洋の近代栄養学は食べものを分析してたんぱく質やアミノ酸を見つけ、人体もたんぱく質やアミノ酸で形成されていることを解明した。食べものと人体のあいだに共通成分ができ、健康との相互関係が理解されるようになったのです。食べものを摂らないと生きていけないので、食べもののなかに生命の素があるに違いないと発想し、たんぱく質、ビタミンやミネラルを発見した。これを「栄養素」と命名し、いま人類は四十くらいの栄養素を発見しています。

しかし、人類はすべての栄養素を見つけているわけではありません。私たちが食べている食品にふくまれる化学成分は約二十万種類、そのうち機能性成分として候補に挙がっているのは約一百、我々が食事から摂っている成分はまだまだ未完成だと思われます。たとえ静脈から摂る栄養成分によって生命維持はできても、快適な生活ができ、長生きしているわけではない。われわれにとって大事なのは健康寿命の延伸、つまり、動き回り、喜怒哀楽を感じ、人生が充実してこそ快適な生活ができる。ですから、生命維持する成分だけではなく快適な生活を送るための成分も摂る必要があると、私は考えています。

日本の伝統的な食事が「和食」と表現され、この伝統的な食事が評価されています。しかし、その伝統食を食べていた頃は、多くのひとびとは飢餓寸前の貧しい生活のために栄養欠乏症を起こしていました。伝統的な日本の食事は、良質なたんぱく質やビタミン、ミネラルが欠乏しがちなんです。国土が豊かになって多様な食文化が形成されていきましたが、日本人の栄養改善と食文化には大きな関係があります。日本の食文化は自然と対立しない。欧米のように緑を餌にして牛を飼い、森をなくして肉を食べて生きてゆくのではなく、農耕を営み、四季折々の変化を楽しみ、自然と融合することによって海山の恵みを享受する。しかも、その自然のなかには神々が存在し、われわれは神の恵みを食べて生きていると考えて、自然と融合する文化をけっして壊さなかったのです。

おかずをインターナショナルなものに変えても、米を主食とする概念は手放さなかった。これは日本人のすばらしいところだったと思います。また、学校給食が与えた影響もあるのです。日本人は、義務教育の九年間、バランスのとれた食事を、給食によって〝餌付け〟されているわけで、こういう国はほかにありません。

米がおいしいということも大きかったのでしょう。日本人は主食のご飯から炭水化物を摂り、主菜の肉、魚、卵、大豆製品などからたんぱく質と脂質を摂り、野菜、海藻、きのこなどからビタミンやミネラル、さらに食物繊維を摂る。そこにコップいっぱいの牛乳と果物を一個食べると、ほぼ完璧な栄養素になる。この定食スタイルをしつこく教育され、外食のスタイルにも及んでいます。

日本では、自然を大事にする食文化の価値を残しながら、栄養学という近代科学を導入して栄養状態を改善してきました。つまり、自分たちが努力しながら栄養バランスに優れた日本食をつくり、世界一の長寿国を維持したのだと私は考えています。あらかじめ伝統として健康な食事があったわけではなく、戦後からこんにちまでの文化と科学を融合させた日本人の努力の結晶として、現在の食事のスタイルが形成されていった。その意味でも、戦後から今日まで炭水化物の摂取量が減り続けていることは問題です。一定量のご飯を食べる日本人の食べかたは、脂質の摂り過ぎに歯止めをかけているわけで、日本型食事の中心であるご飯食を手放してはいけません。

戦後の低栄養をたかだか十数年で解決し、高度経済成長によって過剰栄養となり、メタボもどうにか解決しつつあり、糖尿病も動脈硬化も少しずつ減り始めている。低栄養と過剰栄養の両方をみずから解決し、世界一の長寿を維持している日本人の経験を、もっと世界に発信すべきだと思っています。

*

時代の潮流によって、食べものにたいする評価にブレが生じるのは仕方のないことなのだろう。目新しい研究結果やデータが現れれば従来の評価は修正を余儀なくされ、世間の関心を集める。中村が「日本型食事の中心であるご飯食を手放してはいけない」と警鐘を鳴らす米食についても、私たちは激しく揺れてきた。ダイエットについて語られるとき、しばしば「糖質制限」が話題に上ったり炭水化物が目の敵《かたき》にされてきた背景には、糖質を過剰に摂ると、余ったブドウ糖は筋肉、肝臓、脂肪細胞などに運ばれ、中性脂肪として蓄えられる仕組みがあるからだ。しかし、人間の身体は五大栄養素（炭水化物、たんぱく質、脂質、ビタミン、ミネラル）を必要としている。このうち、炭水化物にふくまれる糖質は、消化吸収されてブドウ糖になり、血液に入って血糖値を上げ、膵臓《すいぞう》からインスリンが分泌されて血糖値を一定に保ちながら、筋肉や内臓に運ばれてエネルギーになる働きを担っている。だから、大切なエネルギー源となる炭水化物を安直に除いてはならない。

ただ、とかく情報に惑わされてしまうのは、いまだ全容が解明されておらず、研究途上にある栄養という世界が「食べて生きる」という人間の根源的な営みとふかく関わっているからだ。

日本のスポーツ界にあって、がらりと変わったのが水分の摂取だと思う。かつて、「喉が渇いたら自分のつばでも飲んでおけ」というような、水を飲むのを許さない乱暴な指導がまかり通る風潮が存在したのは、精神論や根性論の悪影響だったろう。しかし、現在では、練習中や試合中の水分補給法は、パフォーマンスを維持するだけでなく、熱中症対策への政府の取り組みともあいまって、重要な要素だと認識されるようになった。日本スポーツ協会でも「熱中症予防5ヶ条」を制定し、暑さによって積極的な休息、水分・塩分の補給を勧めている。

鈴木ならではの目配りのひとつに、水分をたんに補給するだけでなく、食事時間や量との相関関係で捉える視点がある。同じ体育の授業に出ても、熱中症になる児童とならない児童がいる。しっかり朝食を食べていれば胃や小腸のなかに食べたものがあり、糖質が残っていればエネルギー源になるし、塩分が残っていれば、発汗によって失われた水分を補給することによって、熱中症のリスクが低くなる。また、水の働きかたも、ひとりずつの身体状況によって変わってくる。

鈴木が独自に取り組んでいるのが「汗の質を変える」。欧米では、スポーツ中にスポーツドリンクを飲む選手は少なく、テニスなどの試合中に倒れるケースも少ない。いっぽう、日本人選手は足がつったり、熱痙攣《けいれん》で倒れたりしがちなのだが、これには食習慣との関連があるという。

「欧米人に較べると、日本人は汗の成分が濃いんです。本来の生理学的な塩分の必要量は、一日当たり二グラム。ところが、日本人は汗にふくまれる塩分が濃いため、発汗すればするほど電解質のなかでも塩分を大量に失い、筋肉の収縮が起こってしまう。食事の塩分摂取を意識的に下げ、塩分濃度の低いさらさらした汗に変えて、パフォーマンス低下の要素を少なくすることを試みています」

この指導によって自分の汗の質を著しく変えたのが、マツダ陸上競技部のエース、山本憲二選手である。

一九八九年生まれ。東洋大学出身、高校から大学時代をつうじ、エリート選手として活躍。二〇二〇年に六連覇を果たした中国実業団駅伝では、区間新記録をマーク（一七年）。一八年の東京マラソンでは、自己記録を六分三一秒更新、自己ベスト記録二時間〇八分四八秒をマークしたことでも注目を集めた。

鈴木に出会った二〇一四年、山本選手はこれまで以上にパフォーマンスを上げるために模索していた。一週間の食事記録を提出し、足りていない栄養素を指摘されながら、鈴木のレクチャーによって食べものにたいする知識を増やしていった。それまでは、休日の食事、つまり走っていないときの食事には注意を払っていなかったが、休日の食事がむしろ大事なのだと鈴木に指摘され、自己管理の甘さに衝撃を受けたという。指導を受けた結果、栄養素のばらつきがなくなり、長距離を走るうえで必要なヘモグロビンが一定値になって血液状態が安定した。

「栄養素の一部が減ると、故障するリスクが上がるんだな」

これが、当時の山本選手の実感だ。また、意識しながら塩分を減らすと、内臓疲労やむくみが激減した。いまでは、味噌汁の汁は飲まず、中身だけ食べることを心掛け、野菜サラダにもドレッシングはかけない。

長距離走選手が目指すのは、試合の前に身体を絞って体重を軽くし、身体に負担のかからないキレのある走り。ただし、減量のコントロールには落とし穴がある。体重計の数字だけを追っていると、減った数字が筋肉なのか、脂肪なのか、水分なのか、摂った食べものの影響なのか、内実は明らかになりにくい。それに、一時的に減量しても、長時間の走りを戦い抜くエネルギーが枯渇する身体能力では意味がない。

それまで山本選手は、たび重なる筋肉の炎症に悩まされていた。継続して練習を続けることは長距離走アスリートの命綱だから、故障で走れなくなるのがいちばん怖い。

「身体を絞るとき、油を抜き過ぎて筋肉が硬くなっていたのが故障の原因でした。それを指摘してくれたのが志保子先生です。長距離をずっと走っていると、筋肉がダメージを受けるぶん、油が必要になる。試合で走るときは、油の量を少し落として脂肪だけを減らし、筋肉はそのままの状態を保つことが大事なんです。身体に潤いを与えなければ、筋肉というゴムがどんどん伸びなくなることを教わりました。摂る油はオリーブオイルやＭＣＴオイル（中鎖脂肪酸が主成分の油）などです。それに、相当走るので、むしろたくさん食べないとだめなんですよ」

六分以上も自己記録を更新、日本人五位の記録をマークした躍進の背景には、綿密な栄養管理があった。鈴木は、山本選手について「プライドを持ち、効果的だと信じたことを確実にこなす。身体の状況把握が敏感で、その感覚を大切にしているアスリート。休息が大切だといつも話すのだが、どうしても走ってしまうのが憲二の変えられない習慣」だと語る。

山本選手は、試合当日は低脂肪・高糖質・消化が速い食事を三時間以上前に摂る。その条件をクリアする食品のひとつとして、朝食にカステラを導入した。練習後にプロテインを飲むのは、消費したエネルギーが筋肉を壊すのを防いで回復のサイクルを助けるため。ルーティンをつくり、精神的な安定を確保することもきわめて重要だというのが、山本選手の実感だ。

徹底した自己管理をおこなう山本選手は、体組成計で身体の変動をチェックすることも怠らない。遠征先にも自分の体組成計を持参し、自分の数値を記録する。ふだんは起床後、練習前、昼、練習後、就寝前の五回、体組成計に乗り、合宿中は練習が増えるので七回乗って記録。運動量と発汗量の関係も、数字によって可視化するというのだが、それだけではなかった。

「毎日測っていると、精神的なプレッシャーがあれば、数字が減っているのが自分でわかるんです。そのときは、すばやく補給をおこなわなくちゃならない」

長距離を走るアスリートの緻密《ちみつ》さ、デリケートさに驚嘆してしまう。体脂肪率はつねに一〇%前後をキープ、気温の高低をはじめ天候の影響もおおいに受けるので、試合当日の天候はものすごく気になるという。

以前、鈴木が語っていた話を思い出す。陸上の長距離走選手は、ずっと内なるものと戦っている。走っているあいだじゅう、自分の脚、手、呼吸、内臓の状態を意識し続けている。つねに自律神経の交感神経が副交感神経より優位にあり、その強度を高いまま保って戦い続けるのが長距離走という競技なのだ、と。

――トップアスリートの条件はなんですか。

山本選手に訊くと、間髪を容れず答えが返ってきた。

「変化できなければ厳しいと思います。自分を変えて修正できなければ、いくらいい指導者がいても、すぐに限界がくる。いろんなものを考え、必要なことは柔軟に取り入れるために自分で思考を変えられなければだめだと思います」

その言葉にうなずくのが、チームの重鎮、圓井彰彦選手である。

一九八四年生まれ。福島県の強豪、田村高校出身。法政大学を経てマツダ入社。二〇一〇年、全日本実業団ハーフマラソンで日本人トップの成績を記録し、世界ハーフマラソンに日本代表のひとりとして出場経験を持つ。チームきっての理論派で、鈴木によれば、「ものすごく勝負にたいするセンスがよく、執着もある。私がサポートする以前から栄養について興味を持っていたようで、走っているときの身体の状態を私にことこまかに伝え、よりパフォーマンスを上げるためにどうしたらいいか、つねに課題を与えてくれる。この二年間で走るフォームも変え、まだまだ現役を続けてほしい。寝ないでもいろいろ考えて強くしたいと思わせてくれる選手」。

圓井選手は、鈴木のサポートを受けるようになって、それまで本などで収集した独学の知識を検証し、自分の食生活を客観的に見直したという。ふだんからたんぱく質を多く摂り過ぎる傾向があり、肝臓に負担がかかっていたことが明らかになったのも収穫のひとつで、栄養素のばらつきを調整することによって、目にみえて筋肉の故障が減った。試合が近づくと、一～二週間前からたんぱく質の摂取量を上げ、いったん糖質を少なく調整したあと、あらたに糖質を増やす「グリコーゲン・ローディング法」を導入するなど、食事そのものを「目的をクリアするためのトレーニング」として位置づけている。

――とはいえ、食事には楽しみの要素もあるはずでしょう、長年節制を続けているとストレスが生じませんか。

「外から見たらストイックにみえるかもしれませんが、そのつもりはないんです。まったく苦じゃない。当たり前の基準が違うというか、思考の作り方の違いなんだと思います。ボクサーは、なにを食べてはいけないという減量法だと思うのですが、逆に僕たちは、食べることによって栄養をどう入れるかというふうに考える。だから、しんどくはないんです。ただ、そこで自分をコントロールできるやつが一番強い。心技体が一体にならないと、競技者として上にはいかないと思いますね」

圓井選手と山本選手のふたりが、異口同音に語った言葉が重く響いた。

「三十歳を越えた僕らは、長距離の競技ができるタイムリミットがある。だから一秒でも速くなりたい、高みを目指したいという気持ちがあります。栄養は競技の核。自分もちゃんと知識をつけなければならない。その意味で、客観的な目線を与えてくれる栄養士とアスリートは不可分な関係なんだなと思います」

栄養サポートのスペシャリスト、鈴木志保子の存在を追いながら、ずっと考え続けていた。

「栄養」というわずか二文字が抱える複雑さについて。

とても身近だけれど、じつは海のように底知れぬ深さを湛《たた》えていることについて。

> 「生物が生命活動を維持するために、必要な物質を外界から摂取し、体の構築のための材料及びエネルギーの需要を満たし、さらに不要になったものを体外に排出するまでの、一貫した生命現象を〝栄養〟という」
>
> （『食生活論』細谷憲政ほか著　第一出版）

栄養とは、生命現象そのものをあらわし、「食べて生きる」人間の全存在に関わる。ならば、栄養サポートとは、ひとりひとりの生を直接引き受け、支える行為にほかならない。勝つことを使命とするスポーツには名誉欲も入りこむだろうし、プロスポーツとなれば、おのずと経済もついてまわる。つまるところ、生命現象と人間と社会を結びつけるのが栄養サポートだということになるだろうか。

締めくくりに、鈴木志保子の本質をものがたる言葉を書きたい。

「指導者や栄養士が、自分の思想を押しつけちゃだめだと思うんです。その選手に、いま最善の状態を選んであげることが大切です。親に『体重を増やしちゃいけない』と言われ続け、食べるのがトラウマになった選手、指導者に『揚げものは絶対食べるな、甘いものは厳禁だ』と強制されていた十代の選手、いろんなアスリートに出会いました。ある選手がエネルギー不足に悩んでいたので、揚げものも積極的に食べようと助言しても、ほんの少ししかおいしく食べられない。それ以上食べると胃にもたれて眠れないと思いこんでいたので、微量ずつ増やし、エネルギー不足を改善していきました。食べることを抑制され、体重が増えないために成長が遅れたり、女子の無月経を招いたりするのは間違っています。私が栄養サポートをはじめた当時、月経があると鍛えかたが足りないと言われていた時代がありました。指導者に訴えると、だめならレギュラーから外せばいいんだから、と。子どもは成長期だからそれなりの記録を出すんです。負の連鎖です。これではいけない。食べることが当たり前になるように、楽しくなるように。その思いが私のなかにはずっとあります」

鈴木は「アスリートは芸術作品」と言い切り、アスリートへの敬意と愛情を表明する。このまぶしい言葉は、ひとりひとりの生を預かる自分自身の責務として厳しく向けられている。

九章

アスリートを支える食のプロフェッショナルたち

野球、サッカー、駅伝

●大谷翔平を育てた丼めし

●落合博満「食べることも仕事」

●横浜ＦＣの食を請け負う

●トップアスリート専属栄養士・吉村俊亮の奥義

●駒澤大学陸上競技部を支える寮母・大八木京子

大リーグ・エンゼルスの大谷翔平選手の偉業がすさまじい。メジャー移籍後、怪我《けが》や手術を乗り越えたのちに迎えた四年目の二〇二一年には、アメリカン・リーグ最優秀選手（ＭＶＰ）に満票で選出され、オールＭＬＢチームの指名打者にも選ばれた。二二年には、さらに「二刀流」を極め、ＭＬＢ史上で初めて同じ年に投打両方で規定回数を達成する。投手として一六六投球回数（規定投球回数一六二）、打者としては六六六打席（規定打席五〇二）を大きく上回った。規定投球回数と規定打席数は、最優秀防御率投手や首位打者を選ぶにあたってクリアしていなければならない数字。つまり、大谷選手が名実ともに二刀流完成の快挙を成し遂げたことを示している。投手としては、昨シーズンより格段に制球力が上がり、八月にはこれまで球種になかったツーシームを投げ始め、いっそう投球内容に厚みが増したことも特筆すべきトピックだ。ＭＶＰに選ばれた二一年、あるインタビューで今後の見通しについて訊かれたとき、「今年が最低ライン」と答えるのを聞いたときは、次元の違う自負心と目標の高さだと畏怖したものだが、その言葉通り、次のシーズンでさらなる進化をみせるのだから、声を失ってしまう。そして二〇二三年のシーズンを無事に終えれば、メジャーリーグでの在籍期間が六年となってＦＡ権を取得、他球団との契約が可能になる。その行方は、果たして。だれも見たことのない地平にひとり立つ二十八歳の大谷選手は、すでにMLBの球団の価値を左右するほどの存在だ。この二年間、大谷選手が出場する試合をすべて観てきたが、その投打やふるまいが生み出すのは、歴史的な記録を超える新たな「価値」である。

　身長百九十三センチ、体重百二キロ。グラウンドに立つだけで絶大なパワーが伝わってくる体《たい》軀《く》と長い手足のバランスは、並み居るメジャーリーガーと較べてもまったく遜色《そんしょく》がない。このたくましい身体は、パワーを身につけるための意識的な筋肉のトレーニングと食事の結果だといわれる。二〇年のオフシーズン、自分にとっての食材の適合性を知るための血液検査を受け、その結果を受けて、卵とグルテンを食事から抜き、好きだった手製のオムレツを封印した。これらの記事を読んだとき、すぐ思い出したのが大谷選手の出身校、岩手県の花巻東高校野球部の寮の食事である。

　高校野球の強豪校として知られる花巻東高校野球部の寮では、野球選手として成長期の身体をより大きく育てるため、朝晩合わせて一日丼十杯のご飯を食べる慣習がある。丼一杯のご飯を五〇〇キロカロリーと換算すれば、おかずを入れて一日約七〇〇〇キロカロリー（成人男子の平均摂取カロリーは約二〇〇〇キロカロリー「令和元年国民健康・栄養調査報告」）になるだろうから、あっけにとられる。この寮に三年間住んで野球に取り組んだ大谷翔平、あるいは菊池雄星（ブルージェイズ）のふたりは、花巻東の「一日丼めし十杯」で身体を大きくしたのだから、メジャーリーグでのめざましい活躍は偶然の一致では片付けられない。しかも当時、大谷選手は「プラス三杯」を自分の目標にしていたから、意欲も「食べる力」も並外れている。高校入学当時の写真を見ると、百九十センチ以上の背丈はあるのに、現在とは似ても似つかないくらい細く、ひょろりとしている。佐々木洋監督が「大谷も菊池も高校三年間で、食べて二十キロ増やした」とコメントするのを読んだとき、相撲部屋にも負けていないと舌を巻いた。身体を育てるだけの量を食べこなせるのも、アスリートとして成長するための能力の一部だ。

食事によって身体を変え、みずからの実力を磨く――十代のとき身をもって積み重ねたリアルな体験が、メジャーリーガー大谷翔平の特別なパワーと存在感を育む土壌になっている。アメリカでの日常の食事は、朝と昼はクラブハウスのビュッフェ、夜は、専属栄養士のアドバイスを参考にしながら自炊が基本、調味料をあまり使わない素材中心のシンプルなものを食べていると、インタビューに応えて語っている。

日本の野球界を最先端に立って牽引してきた人物が、こう明言する。

「食べることも仕事なのである」

『戦士の食卓』（岩波書店）のなかの一行だ。著者は落合博満。一九九八年に現役を引退するまで三冠王を三度獲得、野球解説者を経て、中日ドラゴンズ監督としてチームを四度のリーグ優勝に導き、二〇一一年には球団史上初、二年連続リーグ優勝。歴戦をくぐり抜けながら勝利をつかみ取ってきた落合博満は、食事は練習・睡眠と並ぶ重要なテーマだと、つねづね考えてきたという。また、同書のなかで、選手時代から自分の体力と精神を支えてきたのは信子夫人の料理だったと明かす。

野球界と野球選手について、裏の裏まで知り尽くした立場からの鋭い分析。

「最近の選手は体格がよくなり、筋骨隆々のタイプは増えたものの、軽度のケガや故障が多く、太く長くプレーを続けられる選手は限られている。つまり、スポーツ科学、医学、栄養学は確実に発達し、それに伴って練習や食事の環境もよくなっているはずなのに、それが成果の向上には必ずしもつながっていないのだ。

一番問題なのは、食べることも仕事だという認識はあるものの、食事や睡眠は日常生活において当たり前過ぎる行動であり、その重要性を本質的に理解していないことではないか」

ずばり、核心を突いている。食事や睡眠は本能と結びついているもの、しかも日常生活と重なる領域だから、プライベートと仕事との境目は曖昧《あいまい》になりがちだ。そのうえ、健康やスポーツ栄養に関する研究や情報があふれ、しばしば惑わされる。落合の「研究は進んでいるはずなのに、かならずしも成績の向上につながっていないのはなぜか」という疑問は、まさに指導者の本音だろう。

一九五三年、秋田生まれの落合博満にとって、つねに食は「生きるため」の手立てであり続けてきたけれど、時代の変化とともに日本の社会が豊かになり、食を「愉しむ」「選ぶ」選択肢が生まれた。そこにこそ、食事に向かう態度の違いが生まれる理由があるのではないか、と指摘する。そして、「若いプロ野球選手は食が細くなっている」のは、プロの世界で図太く生き抜くために食べるのではなく、愉しみを求める欲求が発動されているためだと思考を深める。「生きるために食べる」と「愉しむために食べる」、ふたつは大きく異なる。アスリートだけでなく、私たちもまた、「食べて生きる」という人間の本能を充たす行為から離れたところに立っているのだろう。

さらに落合は、自身のスポーツ哲学をこう語る。

〈「心技体」ではなく「体技心」〉

かねてから日本のスポーツ界では、とかく精神論がもてはやされてきた。根性、粘り、克己、我慢……強い精神こそが結果を生み出すと信じるあまり、身体の声を後回しにする風潮が、たしかにあった。しかし、「心」はむしろ最後ではないか、と提言する。最優先にするべきは「体」。だからこそ、身体をつくる食事が重要なのだ、と。

数ある日本のスポーツ競技のうち、ただひとつ、オフィシャルな栄養ガイドラインを発表している組織がある。公益財団法人日本サッカー協会（以下、ＪＦＡ）。プロフェッショナルとアマチュア、両方のサッカーを統括する組織である。ＪＦＡの機構のなかには、医師、研究者、トレーナーなど十二人の専門家によって構成されるＪＦＡ医学委員会が組織され、健康管理、アンチ・ドーピング、救急救命などの部門と並んで、栄養サポート部会が運営されている。この栄養サポート部会によって作成されたのがＪＦＡ栄養ガイドラインで、生育年代ごとの食事や栄養をめぐる啓蒙《けいもう》活動をおこない、サッカー人口すべてに向けて食事と身体との関係についての情報を発信している。

二〇一七年十一月、栄養サポート部会の発足にあたって、部会長の前田弘は、ＳＮＳをはじめ情報の氾濫《はんらん》によって根拠や信憑《しんぴょう》性の見極めが困難になり、スポーツ栄養について正しい情報を発信する重要性が高まっていると指摘、そのうえで「コンディショニングの基礎となるのは、選手の生活習慣（ライフスタイル）」だと記し、極端な食事制限に惹きつけられたり、とかくサプリメントに頼りがちな風潮を挙げたうえで、まず日常の基本的な生活習慣に目を向けることがサッカーおよびスポーツの第一歩だと釘を刺している。

このＪＦＡ栄養ガイドラインは、医学委員会の見解に基づいた懇切丁寧な内容で、公式ホームページでも広く公開されてだれでも読むことができる。「戦うためのからだづくり」一項目だけとっても、「体力を向上させるためには」「日々の体調管理がトレーニングの質を上げる」「成長段階にあった食事の摂り方」「相対的エネルギー不足に注意を！」と、最新のスポーツ医学を反映した知見と説明が盛りこまれている。骨の成長、貧血、月経状況に応じた食事内容などにも言及、成長期の子どもを持つ親にとっても、有益な食事のアドバイス読本としても役立つ。

ＪＦＡが熱心に栄養について発信する背景には、日本でのサッカーのプロ化が遅かったことが関係していると思う。Jリーグが設立されたのは一九九一年、今日まで三十年の若いプロスポーツに関わるひとびとが、近年いっそう進むスポーツ栄養学の研究成果を取り入れたのは自然な流れだっただろう。とりわけサッカーというスポーツの特徴のひとつは、低年齢から競技をはじめるところにある。学校や地域のチームに所属しながらサッカーにいそしむ成長期のジュニアにとって、食事をないがしろにしていいわけがない。もちろん、サッカー界が栄養と食事について公的な啓蒙活動をおこなう背景には、プロスポーツとしてのサッカーの人気の醸成、地域と密着したチーム運営のありかた、スポンサーからの巨額の資金などにもリンクしている。

食事の内容や摂り方について積極的に発言するアスリートには、とりわけサッカー選手が多い。たとえば、横浜F・マリノスのディフェンダーとして現役を二十年続けた「鉄人」中澤佑二選手には、著書『鉄人中澤佑二の食トレ』（ダイヤモンド社）がある。十代から現役生活中までの食生活を具体的に明かし、現役中は揚げものやケーキなどのデザート、ドレッシング類、アルコール類は口にせず、一日にかならず魚や海藻類、納豆、梅干し、毎日半個の皮つきのりんごを摂り、好物の焼き肉を食べるときは赤身だけ、外出時はカテキンを多く含む緑茶を携帯し、植物由来のたんぱく質を多くとるために豆腐バーガー……二十四時間をサッカーに捧げた姿勢に頭が下がる。この姿勢があればこそ、四十歳までトップ選手として現役を全うできたに違いない。

トルコの名門クラブ、ガラタサライで活躍したのちフランスのマルセイユに所属、二一年からFC東京に復帰、二〇二二年、カタールで開催されたワールドカップに出場した長友佑都選手の食事へのこだわりは、つとに有名だ。プロテニス選手、ジョコビッチの食事に触発されて糖質制限食に興味を抱き、二〇一六年からは専属の日本人シェフを雇って二人三脚で食事に取り組む姿は、求道者のそれにも映る。試行錯誤の結果、まず取り入れたのは「ファットアダプト食事法」。それまでの糖質制限食をやめ、質のいい脂質やたんぱく質を摂って脂肪をエネルギー源に変える方法だ。糖質・たんぱく質・脂質の割合を三：三：四に設定して体質改善するこの食事法は、とりわけ長友選手のパフォーマンスと身体感覚にしっくりくるものだったという。ピッチで長時間動くための持久力、疲労回復の速度など、自身の身体反応を確認しながら確信を得ていったのだろう。

サッカー元日本代表選手の鈴木啓太は、アマチュア時代からプロ選手生活を経た経験を生かして腸内細菌についての研究をおこなっており、アスリートを腸内環境や食事面からサポートする活動を続けている。また、結婚を機に栄養学の勉強をはじめ、毎日の食事面からアスリートの夫を支える妻たちの奮闘もしばしば耳にする。

プロのサッカー選手、しかも第一線で活躍する選手ほど食事に対する探究心が旺盛なのは、サッカーというスポーツが長時間にわたって高い身体能力を要求するからだ。フィールドを長時間走る持久力。スプリントをこなす高強度運動のパフォーマンス。スピード能力。競り合う場面でパワーを発揮する能力……多様で激しい運動量に相応するエネルギーや栄養が必要になるため、その源となる食事の質がおのずと問われる。たとえば、筋線維の収縮のエネルギー源を生み出す糖の一種、筋グリコーゲン。これを多くふくむ食物は、ご飯、麺類、パン、フルーツなど。試合当日、キックオフタイムから三、四時間前に消化のよい高糖質食を摂る、足りなければ試合一時間前にバナナやエネルギーゼリーを摂るなどのケアを実施。試合中は水分補給とエネルギー補給、ハーフタイムには筋グリコーゲンを補うためにバナナやエネルギーゼリー、試合後も、損傷した筋肉を修復させるため、すみやかにたんぱく質を摂取する……これらのケアを細やかにおこなうことも、プロのサッカー選手の仕事のうち。つまり、身体づくりから疲労回復にいたるまで体調管理に長けていなければ、サッカー選手は体調不良や怪我などダメージを受けやすい。

日本のプロサッカーチームでは、それぞれに食事をめぐる取り組みをおこなっているが、そのうち、学校給食や社員食堂、病院や介護食など食の分野に携わる企業、ＬＥＯＣがサポートするＪリーグチームがある。二〇二〇年、十三年ぶりにＪ１復帰を果たした横浜ＦＣ。前年十月には中村俊輔が月間ベストゴールを受賞、二二年にはＪ２に転じたが、ふたたび捲土重来《けんどちょうらい》を狙う。

横浜ＦＣの筆頭株主となった二〇〇五年以降、ＬＥＯＣはスポーツ栄養に携わる人材育成に力を入れ、公認スポーツ栄養士やその資格取得を目指すメンバー十八人（二〇二二年当時）が所属するスポーツ栄養アカデミーを組織している。スタッフは陸上、野球、駅伝、サッカーなどの競技を受け持ち、各チームの必要に応じた栄養管理や食事づくり、合宿や遠征試合への同行（コロナ禍中、おおむね休止）、試合に向けた栄養補給計画、契約内容によってはパーソナルサポートも請け負う。

横浜市保土ケ谷区。横浜ＦＣのトレーニングセンター内クラブハウスで、毎日の食事づくりをはじめ栄養管理全般に関わっているのは管理栄養士の石川《いしかわ》真由美《まゆみ》だ。二〇一七年六月から横浜ＦＣの専任。毎日厨房に入り、調理師三名、調理補助のパート三名のスタッフとともに、素材の準備作業、仕込み、盛りつけ、皿洗いまで携わる。そのほか、選手に向けて食堂に置く栄養情報のポップ作り、栄養関連の資料作成、もちろん毎日の献立もすべて石川の手によるものだ。

横浜ＦＣに所属するサッカー選手やスタッフ約六十名の献立は、どのようにして作られているのだろう。

コロナ禍以前は朝昼晩、三食を提供していたが、二〇年以降、昼食と夕食の二食を担当する。

朝食三十名前後、昼食六十名前後、夕食四十名前後。食材ロスを防ぐため、食事は予約制。年間約二百五十日の食事をまかない、休日や練習のない日、遠征中、シーズンオフは食堂を休む。コロナ禍以前はビュッフェ形式、現在は定食形式。入り口での手指の消毒、マスク着用、アクリル板の設置、箸は使い捨てにするなど、感染対策や衛生管理を受け持つ作業も増えた。

　石川の日々の様子から、チームスポーツの食事の特徴が見えてくる。

「まずチームで測定する各自の体重や筋肉量の最新データから、栄養価を設定しています。摂取カロリーの目安は一日あたり一人平均三五〇〇キロカロリー。それを、朝食のカロリー二五～三〇%、昼食三五～四〇%……というふうに分割して設定します。練習スケジュールとの兼ね合いで献立をつくるのですが、午前中と午後のトレーニング、それぞれの比重によって昼と夜のボリュームを調整します。午後にトレーニングがある場合、やはり選手はキレのある動きをしたいので、昼食は軽め、夜は少し重ため。トレーニングメニューは前月二十日前後にコーチからもらい、練習内容を確認しながら献立を組み立てます」

　食事の中身は、なかなかボリュームが多い。朝食はご飯と汁もの、肉か魚の主食、卵料理、サラダ、野菜の小鉢もの、自由に選択できる食品としてヨーグルト、納豆、牛乳、バナナ。昼食はご飯と汁もの、肉か魚の主食、副菜二品、緑黄色野菜を中心にした野菜料理、野菜四～五品目を並べるサラダバー、オレンジ、グレープフルーツ、キウイ、ブルーベリー、パイナップル、メロンなど季節の果物を並べるフルーツバー。さらに、エネルギー補給用の炭水化物としてうどん、そば、スパゲッティから一品、サイズの大小も選べるように準備する。暑くなってきたら、フルーツたっぷりの冷たいスムージー。

「汁もののバリエーションを増やすように心掛けています。見た目が似ていると、汁ものは残りがちになるんです。最近反応がよかったのはサムゲタン風スープです。鶏肉を使ってあっさり食べられつつ、辛みを利かせてご飯が進む味つけにしたのですが、『あれ、今日は味噌汁じゃない、じゃあ食べてみよう』と手を伸ばしてもらえる。意外性も大事で、ビーツ、ロマネスコ、スプラウトなどめずらしい野菜をサラダバーに組み入れたり、目を引く工夫をしています。肉類、とくにステーキはつねに喜ばれるのですが、脂質を控えるメニューを好む選手もいるので、脂の扱いには気をつけます。カレーには脂質の多いルーではなく、スパイスを使う。揚げもののリクエストもあるので、そのときは、仕上げにオイルのスプレーをかけて焼くことで油の吸収率を下げるなど、細かく工夫しながらやっています」

石川は、トレーニングセンターの外での食事も担当している。シーズン中は月平均四回、ホームスタジアムでの試合がある日は、開始前のエネルギー補給としておにぎりやバナナ、羊羹《ようかん》などを用意、試合後はすばやい体力回復のためにキッチンカーを活用して温かいリカバリー食を提供する。もともとＬＥＯＣが所有していたキッチンカーを生かせば、衛生基準を満たしつつ温かい食事が出せると考えた石川が上司に諮《はか》り、稼働させることになった。

一般には公開されない試合のあとのバックヤードで、試合直後から「食べる仕事」はスタートしている。

「すばやく体力を回復させるため、炭水化物とたんぱく質の両方を効率的に摂れる食事を提供しています。ただ、どうしても試合のすぐあとは食欲が湧かないので、できるだけ食べやすいメニューを心掛けます。スパイスの利いた鶏胸肉のキーマカレー、たんぱく質とビタミンの豊富な鰻《うなぎ》のひつまぶしなど人気がありますね。ブロッコリーを添えたり、オレンジやグレープフルーツなどのフルーツをつけたり、ビタミン補給も重要です」

体力を削られたあとのリカバリー食は、翌日の練習や次の試合に向けて欠かせない役割を担う。

ホームグラウンドを離れた遠征先の食事管理は、ＬＥＯＣに所属する管理栄養士、仲山七虹《なかやまななこ》が担当している（二〇二一年当時）。石川と仲山は日頃から横浜ＦＣの栄養管理について情報を共有しており、アウェイでの宿泊施設との連絡を仲山が取りながらメニュー内容を調整する（コロナ禍以前はチームに同行して現場を確認するときもあったが、現在は控えている）。食事の現場で起こる選手の反応は繊細で、パスタが伸びてしまっていて柔らかい、サラダバーの野菜の種類が少ない……クレームに対応するスピードも求められる。試合前日には炭水化物が多め、肉類は脂質の少ない鶏肉など、宿泊施設に細かい指示を出しながら食事の質をコントロールしてきた。

同僚たちの協力に支えられながら四年間の経験を積んできた石川にとって、クラブハウスの厨房はあらたな発見と学びの場だ。

「やはり『手づくり』を敏感に察知してくれるんです。食べる量も、手づくりだと倍くらい違う。フルーツは生の新鮮なものを私たちがカットして出していますし、カステラをつくったときは『今日これ作ったの!?』と感動してくれる選手も多く、やっぱり私たちのモチベーションも上がるので、いい循環を続けていけたらと思っています。いま、薄皮饅頭の試作中なんですよ。

ハードなトレーニングをこなす毎日のなか、おいしい食事、おいしそうな食事が出てくることで食堂に来るのが選手の楽しみになるといいなと思います。アスリート食としてはヘルシーな定食スタイルが理想的だというイメージがありますし、当初は私もそう考えていました。でも、それがすべてではありませんでした。味、見た目の変化、バリエーションの多さ。選手の生の声から気づきを与えられたことがたくさんあります。食事づくりが仕事にならないように、作業にならないように。確実に食べてもらえる、めりはりのついた食事を大事にしたいです」

「確実に食べてもらえる食事」という言葉に責任感がにじむ。「食べてもらえる」という表現は、へり下りのニュアンスではなく、選手の身体や体調管理を預かるプロとしての責任感の発露だろう。もし机上の計算でカロリー数や栄養バランスが完璧であっても、口に入らなければ身体に吸収されず、献立をつくる側の自己満足に終わってしまう。まず食べたいと思い、食べておいしいと感じ、有益な時間を過ごしたと満足できる——ここに自分の仕事の着地点があるというのが、石川の実感だ。

近年、食事や栄養を介してスポーツに関わる仕事が関心を集めている。好きな調理とスポーツを結びつけられる、学生時代のスポーツ経験が生かせる、身につけた栄養学の知識をスポーツ選手に還元したい……動機はさまざまだが、ともすると地味に思われがちだった裏方の存在がスポーツと結びつくことで華やかなスポットライトを浴びているのだ。企業がスポーツチームを公式サポートするケースが増えたのも、スポーツがもつ「健康・健全・明るい」といったイメージが自社のブランディングにメリットをもたらすからだろう。いっぽう、勝敗、成績、記録など絶対的な評価がつきまとい、結果が出せなければ生き残っていけないシビアな世界だから、スポーツに関われば、生き残りを賭けた厳しさを共有することにもなるのだが。

長年、スポーツ栄養に携わりながらLEOCスポーツ栄養事業企画部を率いる関根《せきね》豊子《とよこ》に、自分たちが目指すものについて訊いた。関根は栄養士養成学校を卒業したあと、体育系の大学院で学んだのち、国立健康・栄養研究所で研究補助を務め、横浜市スポーツ医科学センターでクリニックの栄養士として栄養指導に携わった経験を持つ。二〇〇七年、ＬＥＯＣ入社。

「選手のパフォーマンス向上のお手伝いとして、まず大切なのは、ベスト・コンディションで試合に立ち向かえる状態をつくることです。キックオフの瞬間、よし行ける、すごく調子がいいと感じられるかどうか。減量が必要な競技では、減量が順調に進み、さあこれから試合というとき、自信を持てているかどうか。チームには控えの選手もいますから、次のスターティングメンバーを目指すうえで身体をどうつくっていくか。さまざまな局面でパフォーマンスが向上するサポートをするのが私たちの役目だと考えています」

二〇二二年現在、ＬＥＯＣが契約している全国二千七百施設のうちアマチュアからプロまでスポーツ関連施設は二十ヶ所、関根は、それぞれを受け持つ管理栄養士や公認スポーツ栄養士の教育や監督指導をおこなう。とはいえ、競技の種類、環境、選手の年齢層も違えば、契約内容や予算も異なるのだから、サポートの中身はとうぜん現場によってかなり違う。

「高校生のチームの場合、監督さんは選手の身体を大きくしたい、たくさん食べさせたい。もちろん、選手自身も身体はつくりたい。でも、練習に時間を割いていれば、食べる時間そのものがおのずと減ってしまい、消化吸収できる時間も短くなります。現実のギャップを埋めるのも私たちの仕事で、より消化吸収のいい、身につく食事、さらに効果的な食べ方も提案する必要が出てきます。サッカー、ラグビー、野球、陸上、水泳、柔道など多様な競技に関わっていますが、水泳や陸上などの記録そのものが成績として残る競技は、練習方法や食事との関係も科学的な研究がなされていて、比較的対処しやすい。やはり課題が大きくなるのは、チームスポーツでありながら個人個人のスキルが求められる競技です。チーム全体と同時に選手個人へのより細やかなサポートが求められ、いま、両軸の需要を強く感じているところです」

関根のジレンマは、企業同士の契約条件が介在する以上、避けては通れない課題である。チームに所属する選手はひとりひとり異なる状況を抱えているのだから、その違いは、おのずと食事にも反映される。

「チームが大きくなればなるほど、コーチ陣とのコミュニケーションが取りにくいケースもあります。陸上のように、監督とコーチがひとりずついるようなスポーツの現場では細かい情報を直接伝えやすいのですが、野球のように一軍から三軍まであり、コーチの仕事も細分化していると、情報の伝え方もむずかしくなる。この人物に話したらより伝わりやすくなるなど、コミュニケーションの仕方の工夫も重要になってきます」

興味ぶかい話を聞いた。現場では、その競技にあまり興味がないスタッフを配属することにしています、と言うのだ。すぐに言葉の意味を測りかね、むしろよく知っているほうが深く関われるのではないですか？　と訊くと、「それが、違うんです」。とくに興味もなかった栄養士のほうが、知るために一生懸命勉強する。しかも、まったく知らなければ、スター選手にも新人選手にも平等に接すると聞き、膝を打った。なるほど、選手にとって食事を摂る場所はプライベートな領域でもあるのだから、よけいな深入りはむしろ煩わしく、微妙なやりとりがトラブルの原因になるときがある。サッカーチームの場合、地元とのつながりも深くなるため、調理業務に携わる人材はファンを避ける——プロスポーツと食と人間が交差する現場のデリケートな一面を教わった気がした。

横浜ＦＣを受け持つ石川の言葉も思い出す。

「メンバーに選ばれるかどうか、選手にとってとてもナイーブな問題ですし、チームには故障中の選手もいます。試合が近づくと選手はメンタル面を整えていますから、ふだんこちらから何か声を掛けたりすることは控えます。とにかく負担にならないよう、食事を楽しく提供することに集中しています」

現場を統括する関根のひと言に含蓄があった。

「私たちの仕事は、スポーツ栄養の知識だけが求められるわけではないんです」


国外に滞在する吉村俊亮《よしむらしゅんすけ》とオンラインで会話をしたのは、まだ寒い二〇二一年二月半ばだった。取材当日、現地は深夜に近い時間なのに、画面の向こうの白と青のボーダー柄のさわやかなＴシャツと笑顔が印象的だ。吉村は、サッカー元日本代表で、当時ギリシャのＰＡＯＫテッサロニキに所属していた香川真司選手、バドミントン日本代表の桃田賢斗選手などプロのトップアスリート数名の専属栄養士を務めていた。

一九八八年、福岡生まれ。中村学園大学栄養科学部栄養科学科卒業。中学野球や高校サッカーなどのチームに専属管理栄養士兼トレーナーとして関わり、またトップアスリートの専属栄養士として一対一のサポートもおこなうスペシャリストだ。二〇二〇年一月、スポーツ栄養専門の会社「ＡＮＤ‐Ｕ」を設立し、ジュニアの栄養指導や講演にも熱心に取り組んで国内外での活動の幅を広げている。

香川選手とパーソナルサポートの契約を結んだのは二〇一八年、当時香川選手が所属していたボルシア・ドルトムントの本拠地ドイツ・ドルトムントに、吉村も単身渡ることになった。香川選手がマンチェスター・ユナイテッドから古巣ボルシア・ドルトムントに戻ったのは二〇一四年だったが、なかなか結果を出せなかった自分を振り返って、「慣れた環境に甘えていた自分が確実にいました」と、「Ｎｕｍｂｅｒ」二〇一八年三月一日号（文藝春秋）に掲載された独占インタビューで語っている。

「ユナイテッドに行く前には2年連続でリーグ優勝したし、ある程度やれるだろうと。過信です。どこか舐めた気持ちが自分の心の隅にあった。サポーターはもちろん、連続優勝した時の自分を見ている。チームを勝たせて当たり前、優勝して当たり前、そんな香川真司を期待しているわけです。自分自身も昔の記憶の残像が消えなかった」

香川選手は当時の心境をこんなふうに述懐している。

「結局、自分のようにずば抜けた身体能力のない選手がヨーロッパで戦うためには、チームメイトと一緒にやるトレーニング以外の部分で、身体能力の差をつめていくしかない。その差に絶望したり、驚いたりするのではなくて、向き合っていけるようになりましたね」

（『心が震えるか、否か。』香川真司著　幻冬舎）

香川選手にとって、身体能力を高める可能性のひとつを、管理栄養士の資格を持つ吉村との出会いに求めたのは必然の選択だったことがよくわかる。

さっそくドルトムントに渡った吉村は、栄養計算に基づく献立づくり、買い出し、調理、盛りつけ、食事に関するすべてを請け負い、現地の素材を使いながら和食を取り入れた食事を中心に据えた。

毎日が発見の連続でした、と吉村が語る。

「いかに栄養のバランスがよくても、じゃあメンタルが弱っているときにそれを食べたからといって、精神的に救ってくれるわけではないと気づかされました。管理栄養士にとっては栄養のバランスが大事、食べる側にとってはまず楽しくておいしい食事が大事、この両方をいかに調整するか。多くのトップアスリートからよく聞くのは、『一日の楽しみは食事だけ』という声です。トップアスリートは、街を歩くと、だれかにつねに見られているストレスを感じることも多く、話しかけられるのがおっくうだから外に出たがらない選手も多い。ですから、メンタル面も含めてトレーナーと意見交換し、そのうえでメニューをつくる必要があります。毎回違う食事を提供しているつもりでも、味つけや見た目が微妙に似ることがあるんですよね。でも、食べる側は、今日はどんな料理なんだろうという期待感を抱いている。管理栄養士も、これからは栄養バランスだけではなく、シェフ並みの料理技術を身につけていくことが要求されていると思います」

――「専属」という二文字の重みをひしひしと感じます。選手ひとりだけに特化した食事を提供するのだから、要求される幅はとうぜん狭くなり、コンディションや練習量によって臨機応変に切り替える柔軟性も求められますね。

「いま僕がサポートしている競技はサッカー、陸上、バドミントン、ラグビー、ラクロス、剣道の六競技ですが、まず重要なのは、その選手にとって必要なエネルギー量が摂れているかどうか。たとえばバドミントンの練習はきわめてハードで、それを補うだけのエネルギー量が必要です。また、目で球を追う動体視力に重要な鉄分の補給も大切です。鉄は競技スキルを左右する栄養素といわれ、卓球やテニスにしても、鉄が足りず貧血状態になると、血中の酸素の運搬能力が下がって動体視力に影響を及ぼすことがわかっています。

栄養学の最新データについても、どの情報を選ぶのか、注意が必要です。たとえば消化器官である小腸は栄養面に大きく関与しますが、激しい運動が小腸の吸収細胞の変化に影響をおよぼすという動物実験段階の結果がある。それを考慮すれば、練習や試合後のリカバリーに向くのは分子の小さい吸収されやすいもの……腸の機能についてはまだ解明されていないことが多いのですが、今後の研究に注目しておくべき分野だと思っています」

——栄養管理を担当している選手の試合の結果や記録は、やはり相当気になりますか。

「はい、もちろんです。まず、日々の体組成と体重の変動をいかに小さくするか。これができていなければうまくサポートできていない、あるいはほかの選択肢を持つ必要があるかもしれません。私自身にとっての日々の評価基準は、〈選手のコンディション・自分のコンディション・食事中の表情や雰囲気〉、この三つです。また、もし選手が苦しんでいるときは、自分たちにも何か責任があると思うので、スタッフと相談しながら改善点を模索します。

食材の栄養価の変化によって食品の扱いを変える場合もあります。じゃがいもは数年前に栄養の成分表が改訂されているのですが、百グラム当たりの食物繊維が二グラムから九グラムに引き上げられました。それまでは、試合前日は糖質を摂るためにじゃがいもを活用していたのですが、九グラムとなるとじゃがいもを摂れば食物繊維の量が一気に上がることになり、体内のガス発生のリスクが出てパフォーマンスを下げる可能性がある。麺類もじっさいは消化に時間がかかり、選手によって向き不向きがあります。また、魚の脂肪酸は好ましい脂質ですが、魚のおかずのときはご飯を食べる量が減る傾向がある……さまざまな要素を考慮し、アップデートしながら食事内容を組み立てる必要があります」

　聞けば聞くほど、その細やかさに驚かされる。練習内容にしても、緩めのジョグなのか、ダッシュをふくむスプリントなのか、長い距離を走りこむのか。走りの内容によって糖質や脂質の増減を調整しているという。

　話を聞きながら、ふと気になったことがある。おたがい人間同士なのだから、相性の良し悪しもあるだろう。うまくいっているときはいいけれど、ちょっとした誤解や感情の綾が生まれる場合もあるだろうし、不信感が募れば溝ができてしまう。もしそうなったら、いくら配慮の行き届いた食事であっても、ストレスの導火線に至る可能性を孕《はら》むものに変わる。なんといっても、結果を出せなければ契約が終了するシビアな関係のうえに成立している仕事である。

「どんな相手であっても、つねにこちらも観察されているなと感じています。そもそも選手自身が練習に対してストイックですから、そのシビアさをスタッフにも同じように求めるのは当然のこと。僕自身は、個人につくのが好きですね。初めての経験が好きなんです。たとえ苦手な状況でも、初めての経験であればやってみたいと思うタイプです。心配性なんですけど、でも向こう見ずなのかな。

気をつけているのは、いかに専門家色を出さないようにするかということです。パソコンと向き合って数字に落とし込んだ献立を提供していると、どうしても専門家色が出やすくなる。でも、アスリートからすれば、日々の食事はトレーニングであると同時に、日常生活の食事でもあるんです。選手の日常のなかに専門家が入ってくると、ストレスを生むもとになる。予定外の間食も、絶対に否定しません。むしろ乗っかります。今日一日の食事が崩れたとしても、それを挽回するチャンスが一週間に六日もあるというふうに考え、調整するのが僕たちの仕事。うちの会社の社員理念でもあるのですが、『専門家である前にひとでありなさい』。これは、香川選手のサポートをしながら学ばせてもらったことでもあります」

香川選手の、ある一日の食事。

朝食　ツナおにぎり　野菜の味噌汁　唐揚げ　白身魚のソテー　フルーツ　ヨーグルト
　　りんごジュース

昼食　関西風うどん　おにぎり　肉だんご　ミニサラダ
　　アボカドとレモンとまぐろのオードブル

夕食　ご飯　まぐろの刺身　切り干し大根の煮物　味噌汁　サラダ・カレー風味ドレッシング
　　きゅうりとかにかまの辛子マヨネーズ和え

二〇二一年三月中旬、福岡市博多区にある福岡医健・スポーツ専門学校を訪ねた。一九七六年に創立された滋慶《じけい》学園グループ八十四校のうちのひとつで、医療とスポーツに関連する職業人教育をおこなう総合学校だ。とりわけスポーツ業界での職業は、トレーナーひとつとっても、アスレティックトレーナー、チームトレーナー、パーソナルトレーナー、リハビリトレーナー、フィットネスインストラクター、幼児体育指導員、整体師、チームスタッフ……多様に細分化されている。そのほか鍼灸《しんきゅう》、柔道整復、理学療法など、スポーツはすでに大きなマーケットをもつ一大産業だということが、教室に集まる若者の数からも伝わってくる。

　同校では、五年ほど前からスポーツ科学を学ぶ学生たちが履修する科目のひとつにスポーツ栄養学を組み入れた。教務部・スポーツ科学科長の吉満寛《よしみつひろし》は、その背景にはフィットネス業界の急成長があったと指摘する。

「ライザップが登場して注目を集めた二〇一〇年代が、フィットネス業界の大きな転機だったと思います。ライザップはトレーニング、料金、栄養指導、この三つを成立させ、フィットネス業界に一石を投じました。同時にパーソナルトレーナーの需要も高まっていき、当校でも、栄養分野にも強いトレーナーを育成するため、五年ほど前にスポーツ栄養学を科目に取り入れたんです」

　その講師として迎え入れられたのが、吉村俊亮だ。この日、海外から戻ったあと二週間のコロナ自己隔離期間を終えた吉村は、九十分の授業を二コマ受け持つことになっていた。受講する生徒は、約三十名。授業のテーマは、一限目がアスリートの身体組成、二限目がアスリートのからだづくりについて。

　スポーツ栄養学は、栄養学の基本にくわえ、アスリートの競技力の向上を前提として研究を進める分野である。たとえば、運動によって起こるたんぱく質代謝は、身体に大きな影響をおよぼす。吉村は、持久性の運動ではＢＣＡＡ（分岐鎖アミノ酸／バリン・ロイシン・イソロイシン）の代謝が上がるため、筋肉の分解を防ぐＢＣＡＡを補う必要があること、トレーニングとたんぱく質摂取の科学的な関係などを説明したうえで、自身がアスリートたちと接しながら現場で得た知見を織りこむ。

「トレーニングの継続は、たんぱく質の利用を向上させます。筋肉に正しく負荷がかけられるようになり、トレーニング後四十八時間はたんぱく質の代謝が亢進《こうしん》、たんぱく質の合成が大きくなります。だから、運動直後にたんぱく質を摂るだけでなく、四十八時間以内の食事も視野に入れなければもったいない。極端にいえば、トレーニングをしっかりしていれば筋肉はつく。でも、目標に達するためには、トレーニングだけではスピードが遅いんです。そこに栄養学を導入することによって、より短期間で自分が求める結果に行き着くことが可能になる。アスリートの競技人生は限られています。中・高・大学時代、あるいはプロになってから数年間の短い競技人生のなかで、より速く大きな成果を求めるなら、食事に取り組む必要があるということです」

　よそでは聞けないプロフェッショナルの見解だ。

　そもそも人間の身体には、トレーニングや負荷によって機能を上げる能力が備わっている。その能力に長けているアスリートなら、なおさら。よりスピーディに能力を高めるために導入するのが効果的な栄養の摂りかたであり、食事である。アスリートにとって、食事は、劇的な変化をもたらす特効薬ではなく、身体機能を効果的にサポートしながら目標への近道へとあと押しするもの。ここを見誤ると、極端な食品信仰に陥ったり、やみくもに情報に振り回されたりする――アスリートを現場で支えているプロフェッショナルのメッセージは、教室の若者たちに伝わっただろうか。

福岡に数日間だけ滞在するという吉村と、じかに会う機会を得た。一ヶ月前はオンライン上だったが、今回はおたがいにマスク越し。丁寧で柔らかな物腰は変わらず、迷いのない口調だが、押しつけがましさのない話しぶり。これも、歴戦のトップアスリートたちと信頼関係を築いてきたコミュニケーション能力なのだろう。

話したいことはたくさんあったが、まず、単刀直入に訊いた。

――第一線のアスリートに自分が求められるのはなぜだと思いますか。

「アスリートとの関わり方が大きいのかなと思います。

もし、食事についての選手の意見や考えが間違っているなと思っても突っかからないですし、その場で自分の意見をぱっと返したり、専門的な話に水を向けたりもしません。トップのレベルにいるアスリートって、食に関していえば、ときどき別人格のように昨日と今日とで好みが変わって驚かされることもありますし、自分のルーティンを大事にして、だれがなんと言おうと貫き通す選手もいる。でも、相手に向かって、『それは困る』『違う』というやりとりは絶対にしません。選手自身、納得がいかない感じを引きずってしまうと、翌日の練習に影響する場合もありますから。

話すべきときには、第三者のトレーナーも選手といっしょに同席するミーティングできちんと、と心掛けています。媚《こ》びを売ることもしないですし、結果に対するフィードバックも受け取らない。契約事は非常にシビアですから、切るときは切って下さいというスタンスです。そういうところが、むしろさっぱりしていて気持ちがいいと捉えてもらえることが多いようです」

人間同士だから、そのつもりはなくてもよけいな感情が生じて、目の前の食事にべつの感情がまとわりつくことがある。その可能性をできるだけ遠ざけるために一定の距離感を保つというのが、プロとしての吉村の思考法だ。そのうえで、徹底的に信頼関係を築く努力をする。ＬＩＮＥでつながっている相手から休日や時差に関係なく連絡や相談が入ってくることも多く、そのたびに厭《いと》わず返事を送る。二十四時間仕事のスイッチが入っている状態だけれど、「自分はひとより何か秀《ひい》でているわけではないから、この十年、より高いレベルの専門家になるために時間を使って成長しようと考えてきました」。この謙虚な粘り腰が、アスリートに伝わるのだろう。

　食事だけではパフォーマンスは上がらない、と吉村は強調する。

「まずトレーニングあってこそ、です。トレーニングがなければ、食事はパフォーマンスの向上につながらないし、メンタルが崩れたら結果は出ない。体力、食事、精神面、これらがひとつの輪になってはじめて、サポートの成果を生むことができます。食事だけ突出していてもだめなんです。逆に言えば、そこがこの仕事の結果がわかりにくく、むずかしいところでもあるんですよね」

「食事はトレーニング」の意味が少し見えてくる気がした。体力と技術のトレーニングを支え、さらに押し上げるトレーニングとしての食事。だから、管理栄養士もチームの一員として「体力、食事、精神」のバランスを成立させるところに仕事の要諦《ようてい》がある。

「僕らはそのひとを変えたいからこそ、そのひとの色に染まりながらやっていかなきゃいけない。居心地がいい、安心できると感じてもらえなければ、最終的に目指すところには行けない」

「変えたいからこそ、そのひとの色に染まる」という言葉にはっとさせられた。それが結果を求めるための一食であっても、おいしい、楽しい、うれしい、ほっとする、人間の根源的な喜びに結びつかなければ身体には取りこまれていかない。無意識の領域や脳の働きに関わるところにもまた、スポーツの現場における食事の奥深さとむずかしさ、あるいは無限の可能性があると思われてならない。

スポーツ栄養の仕事は、現代社会が抱えるひずみにも直面している。ドーピングの問題だ。普通に日常生活を送っているつもりでも、アスリートにとってはドーピング問題に抵触する場合がある。ＪＡＤＡ（公益財団法人日本アンチ・ドーピング機構）では、中国、メキシコ、グアテマラ産の豚肉を食べた場合、禁止物質クレンブテロールが検出される可能性を注意喚起しており、中国遠征では外食禁止が義務づけられる競技もある。国内外で食材を選び、自身の手で調理する吉村にとっても、ドーピングはごく身近な懸案事項だ。二〇二一年六月、アメリカの女子陸上選手シェルビー・フーリハンがドーピング違反によって四年間の出場禁止処分を受け、東京オリンピックへの出場が断たれたという報道があった。禁止物質のステロイドが身体に入った経路は不明だが、もっとも可能性が高いのはメキシコ料理のブリトーに入っていた豚肉ではないかと推測されるという。記事を読みながら、そんなことが起こるのかと驚き、しかし、いまやドーピング問題は日常と背中合わせの現実だと痛感した。選手にとっては日常のわずかなひとコマ、ほんの数口の食べものでも、それがアスリート生命さえ閉ざしてしまう現実は、現代社会がもたらす残酷な一面だ。

東京都世田谷区、駒澤大学玉川キャンパス。

春の風が吹き渡るしんと静まり返ったグラウンドの前に、三々五々、若い男子選手たちが集まってきた。限りなく脂肪が削《そ》ぎ落とされた痩身《そうしん》、すらりと長く伸びた脚の筋肉の張り。ひと目で長距離ランナーとわかる身体つきなのだが、彼らの四肢に日々の過酷な練習が刻みこまれていると思うと、整然と並んで淡々とストレッチに励む姿が鬼気迫るものとして見えてくる。

駅伝の強豪として知られる駒澤大学陸上競技部。二〇二〇年の第五十二回全日本大学駅伝、優勝（六年ぶり十三回目）、二一年の第九十七回箱根駅伝、優勝（十三年ぶり七回目）。二一年正月、念願の王座奪還を果たした駒澤大学チームの面々の力強い走りは、いまなお目に焼きついている。復路、走る選手の後方につけた車中からさかんに気合を入れる大八木《おおやぎ》弘明《ひろあき》監督の大声も、全国に生中継された。

「漢《おとこ》だろ！　漢だろ！」

一躍有名になった「漢だろ！」が胸に響くのは、とっさに口を衝《つ》いて出た大八木監督の言葉にタマシイが籠もっていたからだ。渾身の叫びが選手たちの走りを勇気づけ、全日本大学駅伝優勝に続いて箱根の山も制覇しようとする気迫がチームをひとつに束ねていた。一〇時間五六分〇四秒、十区のアンカーの選手がゴール。

そのあと、テレビ画面が切り替わって映し出された映像もまぶたに焼きついている。優勝の瞬間、部屋のなかで数名の選手たちといっしょに飛び上がって喜ぶ女性の姿。

あっ、大八木京子《きょうこ》さん。

数十秒の短い映像だったが、思いっきり目尻を下げて拍手する笑顔に惹きこまれながら、長く駒大陸上部の寮母として若い選手の食事を一手に引き受けてきた彼女に、ぜひ話を聞かなくてはならないと思った。

　駒澤大学陸上競技部の道環《どうかん》寮は、駒澤大学玉川キャンパスの近く、宅地や畑の広がるのどかな土地に建つ。一年生から四年生まで五十人ほどの学生たちが生活しており、東京オリンピック男子マラソン代表に選ばれた中村匠吾《しょうご》選手は、駒大卒業後の現在も大八木監督の指導を受け、二一年半ばまで道環寮で食事をとる生活を続けていた。

「こんにちは！」

　寮の玄関を入ると、すれ違う学生たちがかならず会釈をして挨拶の声をかけてくれる。みんなとても礼儀正しい。スポーツ選手、それも男子学生の寮といえば、とかくむさくるしいイメージを抱きがちだが、四年前に移転、新築された道環寮は広々として新しく、ひとり暮らしの学生アパートより居心地がよさそうな気がする。玄関先でさっそく、このすがすがしい空気は駒大陸上部に醸成されたカラーなのだろうと察せられた。

　寮母を務めるそのひとは、正月のテレビで画面越しに観たとおり、いやそれ以上に優しく柔らかな佇《たたず》まいで、二十七年間休みなく朝から晩まで選手たちの食事をまかなってきたひとだろうかと訝《いぶか》しむほど、控えめで穏やかな物腰だ。

　彼女の主戦場である厨房にさっそく案内してもらった。

「以前の寮は木造で古かったので、料理するにも狭過ぎるし、ずっと使いにくさとの闘いだったんですよ」

　広々としたステンレスの作業台、幅のある通路も動きやすそうで、新築するにあたって厨房のスペースを広く確保してもらったんです、と言う。

作業台のかたわらに置いてある巨大な白い山に驚かされた。ひと抱えもある大きなザルに積み上がる研いだ米の山。いったい何合あるのか、見当もつかない。

「一回に三十五合です。いつもお昼過ぎにお米を研いで、ザルに揚げておきます。研ぐって言っても、もうひたすら水を替えるみたいな感じで」

研いだ米のザルの隣には、同じくらい大きなステンレスのボウルに白い液体が溜めてある。たぶん、米の研ぎ汁。何に使うのだろう。

寮母を引き受けたのは一九九五年、夫の弘明がおたがいの母校の指導を始めてすぐだった。当時、寮の食事は学生たちの自炊でまかなっており、朝食は一年生の担当で、準備や後片づけに追われて下級生は朝の練習もろくにできない。調理道具も揃っておらず、カップラーメンやパンで適当にすませている実情を知り、暗澹《あんたん》たる気持ちになった。「このままでは絶対に強くなれない」。実業団で指導した経験をもつ大八木は、長距離ランナーは疲労が溜まりやすく、貧血になりやすいことを痛感していたし、自身も貧血や疲労骨折を経験してつらい時期を過ごしたことがある。血中のヘモグロビンが減少して体内に酸素が行き渡らなくなる貧血症状は、たちどころに持久力を奪い、長距離ランナーの致命傷になる。だから、まず食事の改善が急務だった。そこで白羽の矢が立ったのが、当時三十一歳の妻、京子だった。駒澤大学で同級生でもあった彼女は、陸上部のマネージャーを務めたかつての「同僚」でもあったから、夫の頼みを断る理由はなかった。

「とくに栄養の知識があるわけでもなく、料理の技術もなかったけれど、やるしかありませんでした。貧血を防ぐレバーとかひじきの煮物をとにかくいっぱい出して、やっぱり男子だからお肉も出して。ひとりでつくって出す、つくって出す、毎日その繰り返し。ちょうど娘が生まれた頃で、背中に赤ちゃんをおぶって料理していました。朝は五時過ぎに起きて寮に来て、また家に戻って家事をして、また寮に来て夕食をつくって、片づけをすませて帰宅すると夜九時過ぎ。もう毎日必死だったから、当時のことはよく覚えていないんです」

五年後、チームは急浮上する。第七十六回箱根駅伝（二〇〇〇年）で初優勝。そのあと二〇〇二年から四連覇。全日本大学駅伝での優勝も続き、「強豪駒大陸上競技部」の名前は全国に知れ渡る。しかし、チームの快進撃を自分にとっての課題と捉えたところに、食事を一手に任された京子の並外れた向上心と胆力があった。陸上競技部の元エースで、実業団に進んでマラソンの日本最高記録（当時）を樹立した藤田《ふじた》敦史《あつし》選手（現・ヘッドコーチ）も寮での食事を続けていたから、トップアスリートが食べる食事は果たしてこれでいいのだろうかと悩んでいたというのも、勉強熱心な京子らしいエピソードだ。意を決して〇七年、都内の栄養専門学校に入学、二年間通って栄養士免許を取得。卒業後、福祉施設で五年間、栄養士として献立作成に携わる。そのあいだも変わらず、家庭では子育て、寮では学生たちの食事づくり、文字通りノンストップで走り続けた三十代、四十代の日々である。

食堂の入り口の壁に、みずからつくった手書きのＰＯＰがいくつも貼ってある。

「納豆の栄養」

「貧血を予防する食事」

「骨を丈夫にし、怪我《けが》も予防する食事」

「持久力をつける食事」

いずれも、必要な栄養素や食品、その理由を解説したわかりやすい図解つき。栄養士としての知識を、学生たちに還元しようと努める。

朝夕の献立は、すべて京子が自分で作成する。ところが、彼女の口から出たのは意外な言葉だった。

「カロリー計算はしていないんですよ。当初、数字より、どうやって状況を変えてみんなの口のなかにバランスよく入れるか、そこからスタートしているので、カロリーの数字は二の次。本当はそういうの、あったほうがいいのかもしれませんけれど。たまに取材などで頼まれてカロリー計算してみると、陸上選手に必要なカロリーに見合っているので、大丈夫かなって。

自分がつくるのは家庭料理なんです。そういう食事をしっかり食べていれば、ちゃんとやっていける、基本はそこだと思っています。ご飯と汁もの、メインのおかず、あと二品くらいあれば、エネルギー補給と疲労回復は満たせる。もちろん消化吸収のいい食品の組み合わせとか栄養学的な細かいことは盛りこむのですが、とくに何かに偏ることはありません。一日トータルで見ると、選手ひとりずつの身体も練習量もご飯をお代わりする量も違う。それに、若い子たちだから、数字を言ってもどこまで聞いてるのかしら、って（笑）。まあ、元気でしっかり食べてくれればそれでいいかな」

このおおらかさが京子の「味」なのだろう。得意料理もとくにないんです、本当にふつうの家庭料理なんですよ、と何度も繰り返す。ただ、さりげなくこう言った。

「食事にたいする意識は、けっきょく貧血になったり故障して走れなくなったとき、はじめて自覚するんだと思います」

このひと言に、我が子を水に落として泳ぎ方を教える動物の親のようなニュアンスを感じた。

献立は半月前に作成し、長いつきあいの地元の業者に食材をまとめて発注する習慣だが、じつは、いつもメニューの予定通りに進むわけではないという。全国各地のOBや保護者、陸上関係者から旬の野菜やフルーツなど、しばしば厚意で送られてくる食品の差し入れを無駄にしたくないし、生鮮食品は鮮度のいいうちに厨房で使いたいから、献立の予定にこだわっていられないのが実情だ。

時計の針が午後四時を回ると、京子と調理補助の女性が厨房に入り、コンロに火が点いた。

〈四月二十一日　夕食メニュー〉
ごはん　キャベツと卵のスープ
鶏肉のチーズタッカルビ風
きんぴらごぼう
ツナときゅうり、こんにゃくの中華風サラダ
水餃子
ヨーグルト　いちご

キャベツを刻む音が厨房に響く。きゅうりを刻み、洗ったサラダ菜をちぎり、ツナをボウルに入れてほぐし、浸しておいたきくらげをザルに揚げて水気を絞る……黙々とふたりが手を動かす。洗った米の隣に置いてあったあの白い研ぎ汁を、京子がよっこらしょとコンロまで運び、大鍋にざーっと移して火に掛けた。米の研ぎ汁を何に使うのだろう。気になってちらちら見ていると、沸騰した鍋のなかへ鶏肉七キロを小分けにして入れ、火が通ったらトングで引き上げ、バットに移している。

「米の研ぎ汁はよく利用するんです。あらかじめ米の研ぎ汁で肉に火を通しておくと、柔らかくなっておいしいし、食べやすくなるんですよ」

こんなところにも彼女の料理の本質が垣間見える。ざあっと流してしまえばひと作業が終わるのに、米の研ぎ汁をわざわざ取っておき、無駄なく生かす。しかも、大鍋になみなみと沸騰した研ぎ汁、延々と下ゆでする七キロの鶏肉、すべてが重く、熱い。むやみに手間ひまをかけるのではなく、必要だと思った手間は厭わない。ゆでた鶏肉を一個ずつトングで引き上げ続ける姿を見ながら、この場面を選手たちに見せたい、毎日の料理がおいしい理由を教えたいという衝動に駆られた。

ゆでた鶏肉は、油を熱したフライパンに入れてきつね色の焦げ目をつけ、次々に焼いていく。火の前の京子の顔がみるみる火照《ほて》って赤くなる。夏場は、汗だくの重労働だ。タッカルビ風の一品には野菜もどっさり入る。しめじ、ピーマン、キャベツ。大鍋でつくるので「一気に材料を入れると、下のほうが重みで押されて潰れちゃうから」、野菜を数回に分けて鍋に入れるのも工夫のひとつだ。手早く、むだなく、スピーディ。大きな木べらを握り、野菜を足すたび、ぐっ、ぐっとコブシに力をこめて掘り起こしながら全体を混ぜる。

「炒めものにしたくても、なにしろ大量で重いでしょ、けっきょく最終的に煮物っぽくなっちゃうんですよね」

苦笑いするのだが、大鍋のなかの野菜も鶏肉も艶々《つやつや》として、つまみ食いしたいくらいおいしそうだ。味つけは、辣油や豆板醬、おろしにんにく、キムチの素などをぱぱっと目分量で組み合わせ、迷いのない豪快な手つき。途中で何度か味を見ながら思い切りよく味を足していく様子に、二十七年の歳月がもたらす実績の確かさがあった。

午後六時半近く、数人の選手たちが食堂に入ってきて配膳の手伝いを始める。テーブルにずらりと並べたワンプレートにきんぴらごぼうを盛りつけるアシスタントの女性の手も早くなり、食堂の空気がにわかに活気づく。持ちまわりで食堂係を受け持っている選手たちは、テーブル拭き、テーブル数ヶ所にまとめて置く調味料の整頓、厨房から運んできた鍋から皿に盛り分ける手伝い……無駄口も叩かず粛々と進めてゆくのだが、盛りつけを終えたひと皿ひと皿をチェックし、皿の縁にこぼれた汁気をティッシュできれいに拭って整えている。大学生の男子の意外な細かい所作にびっくりして、思わず「いつもの習慣ですか」と訊くと、姿勢を正してひと言。

「気遣いっす。はい、大事だと思います」

配膳が終わると、すべての椅子の座面を汚れていないかチェックしているので、また感心する。先輩から後輩へと引き継がれてきた道環寮の習慣だという。

長いテーブルにずらり、五十いくつの配膳が整うと、ひとりの選手が「失礼します」と厨房に入ってきて、京子に報告する。

「食事の準備ができました」

「はい、お疲れさま」

午後六時四十五分。練習を終えて帰ってきた選手たちが続々と食堂に入ってくる。

それにしても、目を見張るボリュームだ。街場の食堂の定食の倍はある、惜しみない量。朝晩合わせて三十品目以上使うという素材の多さ、彩りのよさ。入部すると、早朝からハードな練習を毎日続けているのにすぐ数キロ体重が増え、見違えるほどたくましい身体つきになるという。

息子を東京へ送り出した実家のお母さんたちもびっくりするほどの豊かな食卓だ。

たくさん食べさせるための工夫がいくつも見てとれる。こんにゃくを使う中華風サラダは、気温が高くなってきたから、見た目と食感を涼やかに。鶏肉のチーズタッカルビ風は、自分でチーズを一枚のせてレンジであたため、たんぱく質とカルシウムをプラス。若者の好みに合うし、ピリ辛の味つけにすればご飯が進む。とかく食が細いといわれる昨今の若者たちだから、入部したてのときは、寮の食事の多さにとまどう選手もいるらしい。ある一年生の選手が、「最初はびっくりしましたが、だんだん量が食べられるようになっていきました」と言うのを聞き、相撲部屋でのちゃんこにも通じていると思った。アスリートとしての身体づくりに取り組む真っ最中なのだから、うかうかしていると遅れを取ってしまう。また、チームメイトは、同時にライバルでもある。同じテーブルで肩を並べれば、食べる量だって負けてはいられず、これも〝同じ釜のめしを食う〟効果に違いない。

食事時間の後半になると、二台のテレビ画面が午後に撮影したばかりの練習記録の映像に切り替わり、食堂は自分たちの走りを確認する復習の場になった。いっぽう厨房では、ローテーションで係が回ってくる補助担当の選手たちが食器を洗い始める。てきぱきと片づけを進める様子を眺めながら、連携プレーも駅伝のチームワークの走りとどこかでつながっているのだろうなと思う。こうして毎日おなじ釜のめしを食う者同士、おのずと絆を深めてゆく。選手たちがそれぞれの部屋に引き上げて食堂が静かになると、京子の長い一日もやっと終わる。

藤田敦史ヘッドコーチに話を聞いた。藤田コーチが選手として駒大陸上競技部に入ったのは九五年、ちょうど大八木コーチが誕生し、夫と京子二人三脚の食事づくりがスタートした年だ。

「選手たちが寮で自炊していたときは、栄養の知識も食事に対する意識もないから、自分たちの好きなものばかりを適当に食べていたんです。簡単につくれるスクランブルドエッグや味噌汁、インスタント食品とか。だから、どんなに練習しても身体がつくれず、記録も出せなかった。僕も、いっこうに貧血が治らなかったんです。ところが、奥さんが食事をつくってくださるようになって、だんだんチームの結果が出るようになっていった。そうなったら、奥さんも辞めるに辞められなくなったんだと思います。僕たちは、奥さんが背中に一歳のお子さんをおぶってフライパンを振る背中を毎日見ているわけですから、日頃の感謝を伝えるためにも、どうしても試合に勝ちたかった。小さなお子さんがいて、自分の家庭があるのに、朝早く寮に来て料理して、合間に自分のうちの家事をして、夜もまた来てつくって片づけて……もう本当に、なかなかできることじゃないです。いまの学生たちは、そのありがたみをどこまで理解できているのかな。
けっきょくは、奥さんは陸上が好きなんだと思うんです。監督がいて、奥さんがいてこその駒大陸上部。だから、あの時代は駒澤の創生期なんです」

　京子は、歴代の選手たちから「奥さん」と呼ばれている。年若い、自分の娘たちよりも年下の男子選手たち全員から「奥さん」。「駒澤大学陸上競技部　規約」の「食事について」の項目にも、「欠食する場合は原則前日までに奥さんに伝える」と明記してあるのを見て、駒大陸上競技部にとって、「奥さん」の呼び名は「監督」と並ぶ尊称だと思い、じいんとした。スタート地点から今日までの二十七年間をつぶさに知る藤田コーチの言葉通り、大八木夫妻が手塩にかけて育ててきたわが子同然のチームである。

　スポーツのジャンルは違っても、あの落合博満の洞察「『心技体』より『体技心』」の精神が、ここ駒大陸上競技部にも通底していることに感銘を受けずにはいられない。まず食事の大切さを知って体をつくる、そのうえで技を磨き、体と技を整えれば心はおのずとついてくる――スポーツの現場で二十七年間、大八木夫妻が身をもって示し、実践してきたことだ。その結果として、現在の駒澤大学陸上競技部の強さと結束力がある。

京子が言う。

「『食事も練習のうち』とよく言います。チームがいいときも悪いときもあるので、食事と成績は必ずしもイコールにはならないのですが、チームの成績がどうであれ、私がやるのは毎日おなじこと、基本的に何も変わらない。たまたま調子が悪くても、いずれ力を発揮して強くなっていく選手の姿をこれまでに何度も見てきました。ほんと、ふつうの家庭のお母さんとおなじなんです。調子がよくてもそうでなくても、毎日お弁当をつくって、ご飯をつくって、その感覚といっしょです。これでもかっていうほどつくって出しているので（笑）、とにかくお腹いっぱい、食べられるだけたくさん食べてほしい」

食堂で肩を並べ、和気あいあいと食べる選手たちを見守るにこやかな笑顔は、「寮母」のそれではなく、「母」そのものに映った。

箱根駅伝の前日、夕食が終わると、京子が選手たちに毎年手渡す四つのものがある。

カステラ、エネルギー系ドリンク、勝守り、手紙。

駅伝が終われば主力の四年生選手は退き、春には新入生が入ってきて、また新しいチームになる。寮での四年間、選手の誕生日にはそれぞれにケーキを手渡して祝ってきた京子にとって、箱根駅伝はチームが一丸となって挑む試合であり、選手ひとりひとりの門出を見届け、社会に送り出す餞《はなむけ》の場。そう考えて二十七年やってきた。もちろん、二人三脚でやってきた夫が精魂こめて勝負を賭ける大舞台でもある。

休みがあったら何をしたいですか、と訊いてみる。

「旅行がしたいです。ひとり旅もすごく好きなんです。二十七年あっという間でしたけれど、ずっと年末もお正月もなかったし、ふつうの家庭とはまるで違う生活をしてきました。育ち盛りのときの娘たちに親らしいこともしてやれず、いまとなっては申し訳なかったと思っています。監督には、そろそろ休みたいなと言っているんですけれど」

時間が許せば試合に付き添って応援するけれど、箱根駅伝には同行せず、寮に残っていつもと変わらず朝食をつくり、留守を守るのが長年の習慣だ。でも、ごくたまに好きな旅をするとき、成人した娘といっしょに出掛ける旅先は箱根である。

十章

弱さとスポーツ

「感動物語」の背景にあるもの

●アスリート新谷仁美の発信力

●「スポ根」の危険

●指導者と選手の関係

●ジェンダーとスポーツ

●順天堂大学「女性アスリート外来」

●女子バスケットボール元日本代表の葛藤と再生

二〇二〇年十二月四日、大阪・ヤンマースタジアム長居《ながい》。

日本陸上競技選手権大会長距離種目の注目レース、女子一万メートルがいよいよスタートした。観衆が固唾《かたず》をのんで見守るなか、鮮烈な走りを見せて独走したのは積水化学女子陸上競技部所属、新谷《にいや》仁美《ひとみ》選手。日本記録を十八年ぶりに二八秒以上縮める三〇分二〇秒四四をマーク、優勝とともに東京オリンピック出場内定を勝ち取る。

新谷選手の走りは衝撃的だった。まっすぐ伸びる上体、リズミカルなスピードを維持する両脚、上下動のないピッチ走法。トラックの円周を、前へ、前へ、何かを切り拓《ひら》くようにハイペースで進む。一周四百メートルを七三秒に設定、速いスピードを保ちながらラストまで押し切る戦術。最初の一周を七二秒、二千メートルまで七三〜七四秒で走り、並みいる国内トップクラスの選手たちを周回遅れにしながら、後半もスピードに緩みはない。

長距離レースやマラソン、駅伝をひたむきに走る選手の姿に神々しさを覚えることがあるが、このレースにおける新谷選手の走りから私が受け取った感情を言葉に置き直すことはむずかしい。気がつくと、なぜか十数分過ぎたあたりから、目尻に涙が浮かんでいた。神々しさとか感動とか、そのような大きな言葉では括《くく》りたくない、観る者の感情に揺さぶりをかける圧倒的な走り。それでいて、胸をわくわくさせるエンターテインメント性もある。スタートから二千メートルまでの序盤、集団の先頭にはおなじ積水化学のチームに所属する佐藤早也伽《さやか》選手の姿があった。新谷選手の頼みに応じて快くペースメーカーを引き受け、レース展開づくりに貢献してくれた佐藤選手への感謝にも背中を押されていたことは、試合後の勝利インタビューを聞いて知った。二十分経過、二十五分経過、いぜんスピードは緩まない。柔らかく左右前後に動く両手が、目に見えないものを掻《か》き分ける仕草にも映る。右足、左足、シューズの裏が着地する一瞬、一瞬、何かが切り拓かれているのが目に見えるかのようだ。ラスト四百メートル、さらに周回遅れを引き離すスパートは異次元の走り。

しかし、私が真に畏怖《いふ》したのは、レース直前、スタートラインに立つ新谷選手の姿をカメラが捉えた数秒間の映像だった。画面に一瞬映し出された顔が、いまにも泣き出しそうに歪んでいる。何かつぶやいている。ほんのわずかな唇の動きが「だいじょうぶ」のかたちに読めた。苦悶に近い形相のまま、自分を落ち着かせようと深呼吸を繰り返して動くむきだしの肩。その全身に漲《みなぎ》っているのは、長距離一万メートルの勝負に挑む興奮や武者震いではなく、レースに立ち向かう自分の身に巻き起こるすさまじい恐怖なのだととっさに察したとき、画面のこちら側で背筋が凍りついた。

三十代を迎えた彼女の走りは、なぜこれほど観る者の心を動かすのか。

レース後、あるスポーツ記者が書いた記事のなかに、この問いに答える一文を見つけた。

「それは彼女が、成長のストーリーを発信し続け、周囲を進化させるアスリートだからだと思う」

「成長のストーリー」を、他者の口を借りず、みずから発信するプロフェッショナルのアスリート。しかも、歯に衣《きぬ》着せず、驚くほど率直に、自覚をもってシャープな言葉を選択する。

「アスリートは走るのが好きみたいに思われますが、私、全然そうじゃない。私、走るの好きじゃないんですよ。何ならスポーツも嫌いで。単純にしんどいし、何が楽しいのかよくわからない」

「いったん引退してから復帰したきっかけは、OLより走るほうが手っ取り早くお金を稼げるから。それだけです」

「私に求められているのは勝つこと。それが私の仕事です。好きとか嫌いとか言ってる場合じゃなく、きれいごと抜きで結果第一優先っていうことですね」

「企業にとって、アスリートは商品だと思うんです。看板なんです。その企業を背負っている宣伝部隊みたいなもの」

　迷いも衒《てら》いもないこれらのきっぱりとした言葉を、大舞台のレースの二ヶ月半前、じかに新谷選手から聞いた。

　朝からどしゃ降りの雨が降り続く二〇二〇年九月下旬、日本歴代二位の記録をマークした全日本実業団対抗陸上競技選手権大会女子五千メートルのレース直後に、新谷選手と会った。そのすぐあとの十月、プリンセス駅伝ではエース区間の記録を一分一五秒縮める快挙をおさめるのだが、重要なレースを控えながらも、ごく自然体で取材に応じてくれた。

　日本女子陸上界を席巻するトップアスリート、新谷選手に取材を申し込んだのには目的があった。

　知りたいことがある。

アスリートは、自分の弱さとどのように向き合っているのだろう。

　勝つこと、強いこと、優れた記録を出すことがアスリートにとって最大の目的であるならば、他者より抜きん出るための実力を身につけるうえで、自分の内面と向き合うことは避けられないはずだ。また、スポーツを語るとき、しばしば「自分を追い込む」という言葉を耳にするけれど、では、アスリートが「自分を追い込む」とき、得るものがあるいっぽう、失われるもの、壊れるものがありはしないだろうか。

「スポ根」という言葉についても、考察したくなる。すっかりポピュラーになったこのフレーズが物語るように、とかくスポーツは「根性」「やる気」と結びつけられ、モチベーションや能力を高める原動力として扱われる。では、「根性」「やる気」がある者だけが記録を伸ばせるのだろうか。並み外れた「根性」がなければ勝てないのだろうか。過酷な練習。シビアな体調管理。指導者との関係。勝ち負けの結果。モチベーションの維持。アスリートもまた弱さを併せ持つ人間なのだから、「根性」「我慢」によって心身のダメージがもたらされる場合があるのではないか。

　そのようなことを、ほかでもない新谷選手に訊《き》いてみたいと思った。

　彼女の発言には、本質を突く鋭さと独自の視点があり、しかも一切の忖度《そんたく》がない。「走るのは、手っ取り早くお金を稼ぐための手段」という彼女の発言にマスコミはいっせいに飛びついたが、私には〝きれいごとに興味はありません〟というメッセージに聞こえた。虚飾とはほど遠い場所にあるプロフェッショナルの本音は、だからこそ「周囲を進化させる」力をもっている。

　二〇一三年、世界陸上モスクワ大会女子一万メートルのレースで五位入賞を果たしたときの自分の写真について、二〇二〇年五月二十一日のツイッターでの発言。

「言い方悪いけど、キモチワル。写真は無月経になってしまった25歳の私。メンタルを破壊して無月経になるまで追い込む事が本当にかっこいいものなのか。女子選手はしっかり考えてほしい」

　これを読んだとき、私が驚いたのは、自分の体験を個人的なものとして片づけず、女子スポーツ選手が抱える問題として捉え、スポーツ界の内側から声を上げる姿勢だった。さらに、自分が無月経になったのは「怪《け》我《が》への負担を無くすために体を軽くしようという浅はかな考えで実行された過度な減量と誰にも相談しなかったこと」「結果を得るためだったとは言え、自分がした事は体と心を破壊する行為だった」。以前、女性アスリートについて「生理があるようでは、まだまだ甘い」と書かれた記事を見かけたとき、その無責任な物言いに呆れ（男性の指導者の発言だった）、いまだにこんな認識がまかり通っているのかと愕然《がくぜん》としたのだが、新谷選手はまったく反対の主張を発信している。

　彼女が正面切って投げかけるのは、日本のスポーツ界にたいする問題提起だ。しばしば美談として語られがちな「自分を追い込む」行為は、心身に大きなダメージを負わせる可能性がある。

「長くに渡って日本の女子スポーツ界はこの問題に目を背けてきた」

　新谷選手は二十五歳のとき、いったん引退を決意している。高橋尚子の再来と期待されながら、自身の決断によって陸上界を去り、四年間の空白を置く。そののち現役復帰、そして驚異的な日本記録の更新。極端な浮き沈みをかいくぐってきたアスリートにしか見えないものが、きっとある。

　一九八八年生まれ、岡山県総社《そうじゃ》市出身。駅伝の名門、興譲館《こうじょうかん》高校へ進学し、全国高校駅伝や国体、インターハイなどでめざましい記録とともに頭角を現し、新谷仁美の名前を全国に知らしめる。高校卒業後の二〇〇六年、小出義雄監督の指導をもとめて豊田自動織機女子陸上部に入部。しかし、現役引退を表明する二十五歳までの八年間は、〇七年に開催された第一回東京マラソンで初優勝を果たすなど当初は記録を伸ばしたものの、そのあと伸び悩み、アスリートとしての充足を得られないまま孤立感を深めていった。一二年、ロンドンオリンピック出場。一三年、世界陸上モスクワ大会女子一万メートルに日本女子代表として出場、自己記録を更新し日本歴代三位（三〇分五六秒七〇）。しかし、目標としたメダル獲得を果たせなかった精神的なダメージは大きく、右足足底《そくてい》筋膜炎の悪化が重なり、一四年、みずから現役引退を選ぶ。

二十代後半の四年間は、事務職の会社員として過ごした。「デスクワークがまったく向いていなくて、パソコンのエクセルもうまく使えないだめなＯＬだった」。自分に自信が持てず、悶々としているところへプロチームへの復帰を打診され、二〇一八年、ＮＩＫＥ ＴＯＫＹＯ ＴＣに入部、現役復帰。一九年、全国都道府県対抗女子駅伝に出場し、アンカーとして区間賞を獲得するなど順調に復活を遂げ、ドーハでの世界選手権で十一位。このとき、満足のいかない結果に奮起し、それまで十年あまり単独で取り組んでいた練習メニューやトレーニング内容を見直し、横田真人コーチらとともにチームを組んで方向転換を探りはじめる。人間不信にまで陥っていた新谷選手は、ついに心から信頼できるコーチと巡り会った手応えを感じていた。

二〇年、積水化学女子陸上競技部（セキスイフェアリーズ）へ移籍、横田コーチほかチームのメンバーを集め、さらに結束を固めてゆく。移籍直後の一月、全国都道府県対抗女子駅伝で東京のアンカーとして出場、区間賞を獲得。海外遠征でも記録を着々と伸ばし、現在にいたる。

自己ベスト（二〇二二年現在）

五千メートル　一四分五五秒八三（二〇二〇年九月　全日本実業団対抗選手権）
一万メートル　三〇分二〇秒四四（二〇二〇年十二月　日本選手権　日本記録）
ハーフマラソン　一時間〇六分三八秒（二〇二〇年一月　アメリカ　アラムコ・ヒューストンハーフマラソン　日本記録）
マラソン　二時間二一分一七秒（二〇二二年三月　東京マラソン）

――トップアスリートとしての新谷選手のキャリアに、スポーツの現場で味わってきただろうさまざまな葛藤を思わずにはいられません。あらゆるスポーツには、自身の弱さを乗り越えていく克己心が求められますが、くわえて、監督やトレーナー、チームメイトなど他者との関わりも大きな影響をおよぼすのではないでしょうか。近年、指導者によるハラスメントの問題もしばしば耳にします。

「私も弱い人間なんです。現在の横田コーチ、マロンコーチ、山田（はつみ）マネージャーの三人のチームはだれよりも味方だと思っていますが、この信頼関係が得られたからこそ、長年自分ひとりだけで背負ってきた重荷を下ろすことができました。それまでずっと、本当に信頼できる指導者と出会えなかったから、トレーニングも練習の改善もすべてひとりでやってきたんです。その経験を踏まえれば、まず、選手と指導者の関係はおたがいの問題だと言いたい。指導者は、選手が自分の意見を言えず我慢しなくちゃならない関係を作ってはいけないし、いっぽう選手は、せっかくの信頼関係をたったひとつの出来事でぶち壊したくないからと、はき違えた我慢をしがちだけれど、その必要はない。何か問題が起こったとき、とかく指導者が責められがちですが、じつは選手側の問題でもあるんです」

――監督とうまく行かなければ試合のとき使ってもらえない、レギュラーに入れてもらえないから我慢するという声を漏れ聞くことがあります。

「私は、中学、高校で恩師と呼べる先生方と出会えましたが、実業団に入ってから、監督との関係がうまくいかなくなりました。まさかそんなことが自分に起こるはずはないと思っていたし、指導者と選手は強い信頼関係が大切だと思っていたから、何度も自分からぶつかっていきました。何を言われても我慢しよう、監督といっしょに世界を目指すんだという強い気持ちがあったし、そもそも自分で選んだ監督でしたから。でも、だんだん監督の言葉が理解できなくなり、あきらめるほかないところまで追い詰められました。女性の身体についての考え方ひとつとっても、痩せていればいい、細いほうが有利だ、そのためには生理がなくても構わない、というような。身体の機能を否定する指導者が、もし世界的な実力者であったとしても、ふざけるなと。監督に対する気持ちがすぱんと切れてしまいました。周囲に信用できるひとはいない、だったら他人に頼らない、自分のやり方で周囲を黙らせて納得させる。そう考えるようになっていったのは、監督との信頼関係が築けなくなったからです。それに、私の性格として、やられたらやり返す。倍返し（笑）」

――それこそ昔は、練習中に水を飲むな、ツバでも飲んでおけ、などという指導が成長期の子どもに対しても当たり前に行われていました。身体能力を十全に発揮してこそのスポーツなのに、違和感をおぼえます。記録を出すためには痩せているほど有利、って本当でしょうか。

「とくに陸上の長距離選手の指導者は、選手が太ることにすごく抵抗をもっています。痩せてこそ走れるという思い込みがあるから、太る原因を全部否定しがち。アスリートにとって栄養管理は重要な要素なのに、指導者によっては、栄養が行き渡ると太ると勘違いしたり、食欲をなくすことを歓迎する指導者までいます。私自身、〝細い〟とよくいわれ、だから〝速い〟となる。でも、なぜ〝細い〟と〝速い〟を繋げるんでしょう。中高生の成長期に、身体が大きくなったり女性らしい体形になるのを抑えてまで結果を出させる風潮が、たしかにあります」

――世界陸上モスクワ大会のときの自分の身体つきを取り上げて、ツイッターで発言していらっしゃいましたね。

「はい。モスクワ大会のときはもっとも痩せていた時期です。身長百六十六センチで体重四十キロあるかないか、体脂肪三％。身体が軽いから三十分くらい楽々走れるし、かかとにも負担が少ないという浅はかな考えでした。炭水化物を摂らず、一日に何度も半身浴をしたりしてダイエットを続けていたら、あんのじょう、生理が止まって不調を招いた。しかし、陸上関係者のあいだに、あのくらい一気に体重を落としたほうが走れるという固定観念を植えつけることになってしまったんです。でも、本当に速い外国人選手が食事を摂っていないような体形をしていますか。食べなければ筋肉はつかないし、筋力もスピードも出ない。食べものは、栄養だけでなく、身体を強くしてくれます。走れるのは痩せた身体なんだというイメージに捕らわれているのは、日本人選手だけですよ。自分はそういう間違った考えの原因をつくってしまったひとりだと思うから、積極的に発信しなくてはいけないと思いました。無月経になるまで自分を追い込むことに意味はありません。

こんなことは言いたくないんですが、スピード維持においては、体重が重いより、軽いほうが走れるんです。でも、続いたとしても、せいぜい半年。私が『調子がおかしい』と気づいたのは、生理が止まったあとでした。ロンドンオリンピック後に右足のかかとを痛め、二十五歳のとき無月経になったのですが、とてもショックでした。たとえ怪我をしなくても、生理が止まったら生きていくうえでの柱を失う、体調の悪化を引き起こすというイメージを強く持っていたので。『生理があってこそ健康なんだ』と自然なかたちで教えてくれたのは、私の母です。中学・高校の監督も、選手たちに『生理があるのは強みだと思え』と言って下さっていた。選手として速く走れるようになるには強い身体が絶対必要だと教えてもらったことを、とてもありがたいと思っていました。だから、社会人になってそれを否定する監督にはついていけなかった」

――新谷選手のように、はっきり自分の意見や抵抗感を表明できずに悩んでいる選手も多いのではないですか。

「そうですね。結果を出す以前に、指導者に嫌われちゃいけない、監督の言葉は絶対だと思いこんでいる選手は少なくないと思います。とくに実業団の場合、その傾向が強い。でも、私に言わせれば、よくまあそんな選手を雇うな、お金をどぶに捨てるようなものだな、です。選手は企業のマスコットでいいんだと自分を甘やかしていたり、企業側は、情が湧《わ》くからつい長く在籍させたり。その結果として実業団チームがアマチュア化し、世界に通用しない原因にもなっている。こういう状況のなかで、指導者が自分の支配下に選手を置く……日本独特の状況です。

指導者はあくまでも指導する者であって、ボスではない。指導者も選手も同等なんですよ。チーム内で上下関係はあっても、企業からみれば同じように雇っているわけで、結果が出なければ馘《くび》にされるのはどちらも同じ。なのに、上に立って自分の王国を作りたい指導者が多いのですが、選手を支配するのと指導は、意味が違います。私の場合、自分ひとりで結果を出すというやり方を貫いてきたけれど、一番むずかしいことでもある。『新谷さんの強い性格だからできたんでしょ』とよく言われるんです。まあそうなのかなとも思うんですが。今でも、合宿地で偉そうに座って暴言を吐いている高校の監督などを見かけると、何様のつもりだろうと思う。それが選手のメンタルを壊している行為であれば、指導者の資格はありません」

――周囲から厳しく追い詰められることによって、自分でも思いがけない力が出るということはあるのでしょうか。何かに挑戦しようとするとき、せめぎ合いの苦しさが逆に功を奏するときがあるのか、どうか。

「私、最近よく思うんですが、追い込むことって本当に必要なのかな。他人がはたから見て、だれかががんばっている状態を『追い込んでいる』と表現するのは構わないんです。でも、自分で自分を無理やり追い込む必要があるのかな、と。無理に追い込んでも、必ずしも力を一〇〇%発揮できるわけではないし、力みすぎて空回りしたり、ストレスが溜まったり、アクシデントに繋がったり、食生活の乱れを招くこともあるし、心の問題を抱える場合もある。その問題のほうがむしろ大きいように思うんです。だから、なるべく自分がストレスを抱えないために、心に闇を持たない環境をつくることが大切なんですよね。私についていえば、ストレスを溜めこんだり、自分のメンタルを破壊する行為は遠ざけたい。そもそも、走るトレーニング自体が自分の細胞を壊したりもしているわけで、スポーツって果たして健康なものかといえば、違う一面もある。あれほど汗をかいて、日焼けして、過酷な思いをして、どこが健康なのかなとも思う。

　私が大事にしているのは、自分の『現在』を世間に出すことであって、長く陸上を続けるためじゃない。ですから、企業やスポンサーから馘だと言われたら、すぐ辞めます。企業にとって自分が広告塔であることはよくわかっていますし、だから、いかに棚の上で新谷仁美という商品をアピールできるかというところに自分を置く。発信できるものがあれば、どんどん表に出していくことも自分のモチベーションにしています。私、ただで走らない人間なので（笑）」

——新谷さんらしい、ドスの効いた言葉です。日々の葛藤や心の問題はどんな強い選手でも抱えていると思いますが、新谷さん自身は、心のなかに闇を持たないためにどんなことを意識してらっしゃいますか。

「私、走るの好きじゃないんですよ。何ならスポーツも嫌いで。もともとは好きだったんですけど、仕事にしてから嫌いになってしまって。単純にしんどいし、何が楽しいのかよくわからないし。でも、これがプロとしての自分の仕事ですから、自分のリズムや精神状態を保つことを徹底してやっています。トレーニングは、自分に合うものは続け、だめだなと感じたら除外する。対人関係も同じですね。どんなに昨日まで仲が良かったとしても、現在の仕事と人生にとってストレスだったり価値観が合わなくなったら、すぐ切ります。ふだん集団行動はあまりしないし、一日の八割はひとりでいます。

　試合のとき自信を持ってスタートに立てるかというと、私はそうではないんです。自信を持って練習を積んできたとしても、自信の保証にはならない。ただ、今までやってきたことは何ひとつ乱れていないから大丈夫、緊張してわけわかんなくなっているけれど、全部が一本の線で繋がっている。そう思いたいから、ふだんやっていることを乱されるのをすごく嫌います」

——そのスタイルは、ほかの選手にも導入できますか。

「導入はできても、結果に結びつくかどうかわかりません。おなじことをやってもおなじような成績はたぶん出ないし、私がだれかと同じやりかたをしてもだめなんです。目標が同じであっても、それぞれの体質、能力、力を発揮するタイミング、すべて違うから。けっきょく、自分に合う方法を見つけることが結果を出す一番の近道ですよ、というのが私から言えることですね。試合が終わったら、〝さあ買い物に行くぞ！〟。ハイブランドの洋服が好きなんです。お金のかかる女だと公言しています」

――またしてもキラーワードですね。ともかく無理を自分に課さず、安定した身体状況をつくる必要がある、と。

「はい。時と場合によっては、自分の身体を顧みずに結果を出そうとすることがあると思うんです。でも、それは目先だけの話で、決して長くは続かない。指導者が痩せろって言うから痩せよう、指導者が大丈夫だと言うから無月経でいいや、そんな考えでいたら、ドーピングにまで繋がってしまうことだってある。強くなりたいなら、まず身体を強くしないと。自分の身体を気遣うのは、自己中心的なんかじゃない。生きていくうえで、自分の身を守れるのは自分しかいないんです」

――こうして、新谷さんのようなトップアスリートが自身の経験を顧みながら発信することの意味はきわめて大きいと思います。アスリートがなにを考えているか、なにを問題視しているか、ストレートに伝わってくることが少ないから、よけいに。

「ツイッターを本格的に始めたのは二〇二〇年からなんです。ＳＮＳを使って周囲が発信しているのを見たり読んだりするうち、何かが足りないなと思うようになりました。競技については、ウィキペディアを見てもらえばわかる。でも、生理のこと、女性の問題、指導者と選手との関係性、試合のときの精神状態などは、ウィキペディアには書かれていない。しかも、現役の選手ひとりひとりによって状況は違うから、迷うことも多いと思う。そのとき、何かの役に立てるように、と積極的に発言するようになりました。ただ、こうして私が好き勝手に発言できているのは、バックについて下さっている企業やスポンサーの理解が大きいんです。私の場合はＮＩＫＥ、積水化学、明治の三社ですが、ほかの企業に較べてどんどん発信して下さいという姿勢なのでありがたく、背中を押してもらっています」

料理は苦手だと言う。凝ったものをつくることはない。シンプルな味が好きだから、そのときどきで肉をゆでたり、容器にそのまま「ハーブといっしょにブロックごとぶちこんで、レンチンして塩胡椒」。あれこれ指示されたり決めごとを作られたりするのが苦手なので、自分に合わせたアドバイスをもらえているのがとてもありがたいと言う。試合の前には、いつも通りの量を六時間前に食べ終えておく。験《げん》担ぎも一切なし。食べたいときは「自分の気持ちに素直になって、揚げものもＯＫ」。

無駄のない、めっぽう切れ味のいい新谷選手の言葉は、もちろんただ奔放に発せられるものではない。かつて実業団に所属したとき、うなぎ登りに伸びていた記録ががくんと落ちたときの苦しさ。みずから求めた指導者との信頼関係が得られず、その結果として自分を押し殺し、打ちのめされたすえの居場所のなさ。孤絶感を深めて陸上競技界を去る決断を下し、四年間送った会社員生活への違和感。

この取材をつうじて、二十一歳のとき、最大の応援者だった祖父の死によってあらたな地平に立ったことを知った。

「一番応援してくれていたおじいちゃんが亡くなったとき、おじいちゃんには悪いんですけど、プレッシャーから解き放たれた感覚があったんです。絶対に味方でいてくれる、だから応えなきゃいけない、がんばらなければならないという、自分が勝手につくった檻《おり》のようなものがあったんだと初めて気づきました。これからは自分を檻から出して解放していかなければならない。だから、自分の身体が大切だし、そのためには食べることも大切。私にとって、監督の言うことを聞くのが仕事でもなければ、痩せることが仕事でもない。走って結果を出す。それが自分の仕事だとしっかりわかったのが、おじいちゃんが死んだ二十一歳のときでした」

「自分が勝手につくった檻」という言葉にアスリートの複雑な心理を思い知り、胸を突かれた。自分への期待、他者からの期待は、アスリートにとって、得体の知れない怪物のように自己を圧《お》し潰す可能性を持つ。その危うさと厳しさが「檻」になり変わってしまう。もちろん、期待は未来をはぐくむタネでもある。孫と一心同体になり、ありったけの期待と愛情を注いでくれた祖父の死によって「檻」から外に出たと感じたとき、アスリートというより、ひとりの人間、ひとりの女性としての自我を、新谷選手は確立し得たのではないか。一個の人間として生きる主権の獲得である。

あの、新谷選手のふたつの表情を思い浮かべる。

スタートラインに立つ、極限の怖れが浮かぶ顔。

完走後の勝利者インタビューの晴れやかな顔。

両極の表情のなかに存在する一万メートル日本新記録、三〇分二〇秒四四。十八年ぶりに更新された数字のなかに、アスリート新谷仁美の内実がとてつもない濃度で凝縮されている。

2020年12月、日本選手権女子1万メートルで日本記録を塗り変えた新谷仁美の力走
写真：ナノ・アソシエーション

2022年3月、東京マラソンに出場。
13年ぶりにマラソンに挑戦し、自己ベスト2時間21分17秒を記録
写真：EKIDEN News

スポーツの世界はいぜん「男性社会」だという指摘をよく聞く。

じっさい、女性アスリートの数は増えているが、指導者や組織には女性の数が圧倒的に少ない。たとえば、スポーツ指導者のうち女性の割合は三割未満、スポーツ団体役員のうち女性の割合は一〇・五九％（いずれもスポーツ庁作成資料による）。この状況がもたらすのは、トレーニングの内容、食事や栄養の摂りかたや休息、大会の運営法などさまざまな要素が男性の視点で行われがちになる傾向だ。また、月経、妊娠、出産など女性の身体にともなう事柄に対する理解や配慮の少なさも、近年になって取り上げられ始めた。この問題のおおもとにあるのは、多くの指導者が男性であること、異なる性にたいする認識の壁が支障を生みがちであることが指摘されている。ある男性のランニング指導者から、「相手が女性選手の場合、個人の身体について言及するとセクハラと捉えられる恐れがあるかもしれず、アドバイスしたくても、つい遠慮してしまう」と聞いたことがある。その結果、本音のやりとりができずにコミュニケーション不足に陥っている例はいくらでもあるのだろう。

女性がトレーニングを続けるうえで、身体に大きな影響をおよぼしている女性ホルモンの存在に配慮することは世代を超えて重要だが、とりわけ注意が喚起されているのは、心身の成長過程にある中高生のスポーツの現場だ。

こんな実体験を知人から聞いたことがある。

高校の新体操部に所属している娘が夕飯を抜くようになった。空腹をお菓子で紛らわしているらしく、顔色も悪くなって貧血気味なのに、何を言っても聞く耳をもたない。心配になって問い質《ただ》すと、どうやら原因は顧問の教師の言動にあった。「痩せてすらりとしていなければ、新体操はきれいじゃない」「体形が細くなければ採点の数字が低くなる」「体重が増えるから、炭水化物は控えるように」……もともと生真面目な性格だから、褒められたい、努力を認められたいと思い詰め、しだいに食事を摂る行為への恐怖感が芽生えていった。あんなに好きだったハンバーグなのに、箸もつけない。長時間練習して体力を使っているのに、食べようとしても食べられない。親子とも苦しむなか、とうとう授業中に倒れて保健室に運ばれ、部活動の指導方針が取り沙汰されることになる。そのとき目の当たりにした指導者への不信感がぬぐえず、けっきょく自分から新体操を辞めたのだという。「あのとき、それでも続けていたら、と想像するだけでも恐ろしい」と話す知人は、「親として学校に掛け合いたかったけれど、娘が新体操に打ち込んでいる心情を思うと、どうにも勇気が出せなかったんですよね」と苦い後悔を口にした。

　たぶん、氷山の一角なのだろう。審美系といわれる体操競技では、「痩せている」「細い」が「きれい」「優秀」に結びつきがちだ。そもそも女性は男性に較べて筋肉量が少なく、脂肪量は多い。生理機能を維持するために必要な脂肪酸を必須脂肪酸というが、男性は体重の三%、女性は一二%が必要といわれ、必須脂肪酸が減少し過ぎるとバランスが崩れて月経が止まり、無月経を引き起こす。

　興味深い調査結果がある。二〇一五～一六年度のスポーツ庁委託事業「女性アスリートの育成・支援プロジェクト」のひとつとして実施されたアンケート調査「低エネルギー状態が女性アスリートのスポーツ・健康のリスク及びパフォーマンスに及ぼす影響」（プロジェクトリーダー・

早稲田大学スポーツ科学学術院教授　田口素子）。これによると、正常月経のアスリートは約四割、そのほか六割が月経異常をもっている。競技別にみると、無月経は審美系で五八・四％、持久系で五四・〇％におよび、とりわけ審美系のアスリートは体脂肪がつくことを恐れて欠食したり食事内容に偏りが生じがちだという。また、疲労骨折の既往歴は持久系がもっとも多く、次いで審美系、球技系、筋力・瞬発系。エネルギー摂取量が多いアスリートは疲労骨折の経験がないという結果も報告されている。

　貧血の改善も大きな課題である。

「貧血と疲労骨折、オーバートレーニング、慢性疲労などコンディション不良との間には、いずれも関連が見られました。貧血の既往がある人は、疲労骨折や慢性的な体調不良の既往も高いということが明らかになりました。

　貧血は食事によるエネルギーや鉄の摂取不足によって引き起こされるスポーツ障害です。このことから、エネルギーや栄養素をバランス良く含む食事がとれていないアスリートは体調を崩しやすく、ケガや故障、コンディション不良、オーバートレーニングなどを引き起こしやすくなると考えられます。女性アスリートにとって、食事改善はコンディショニングとパフォーマンス向上のための課題と言えるでしょう」

（「低エネルギー状態が女性アスリートのスポーツ・健康のリスク及びパフォーマンスに及ぼす影響」より）

スポーツは、日常生活では起こらない負荷を自分の身体に繰り返し強いる行為に等しい。だからこそ、競技の特性に合わせた食事内容を心掛ける必要がある。しかし、アスリートのなかには「生理がないと楽でいい」「練習をがんばっている証拠のようなもの」と考えてしまう風潮もある。しかし、「きれい」「楽でいい」「がんばっている」が健康や成長を阻んでいるとしたら、スポーツは何のためにあるのだろう。

また、成人前の十代の選手と指導者との関係では、上下関係が固定されやすく、指導の名のもとに絶対的な力が行使されないとも限らない。この危険性について、指導者や保護者がよほど自覚をもっておかなければ、両者のあいだに権力の気配や支配関係が生まれる場合がある。「化粧やピアスは禁止」「髪を肩より下まで伸ばすな」「恋愛禁止」「先輩には絶対服従」など、日本のスポーツの現場でよく聞かれる〝御法度《ごはっと》〟のあれこれは、過度な我慢や節制を美化する手段として利用されてきたのではないか。

これらの問題点の指摘は、多くの場合、女性の側からなされている点にも注意しておきたい。女性が声を上げなければ、旧態依然とした「男性社会」が変革されないのは、社会そのもののありかたにも通底している。男女共同参画を謳いながら、「二〇二〇年までに指導的地位に女性が占める割合を三〇％に」と目標を立てたはずなのに、いまだに女性議員が増えない国会のように。日本の政治状況においても、男性中心の権力構造のなかで男性たちの意向に沿う女性が議員候補として選ばれている現実がある。

振り返れば、スポーツにおける女性参加に向き合う歴史はまだ浅い。

イギリスのブライトンで「第一回世界女性スポーツ会議」が開かれたのは一九九四年、日本が参画したのは二〇〇一年。日本で女性がスポーツを始めたのは大正末期、高等女学校でのテニスや水泳である。学校教育のなかで中学、高校での体育の授業が男女共修になったのは一九八九年、学習指導要領の改訂による。わずか三十数年前まで、体育の授業は男女別修だったことを思うと、先達の女子アスリートたちへの畏敬の念がいっそうふくらむ。オリンピックでの日本女性の金メダル獲得に目を向ければ、筆頭は一九三六年、ベルリンでの女子二百メートル平泳ぎ・前畑秀子。二度めは六四年、東京での女子バレーボール、次いで七二年、ミュンヘンで女子百メートルバタフライ・青木まゆみ。七六年、モントリオールでの女子バレーボール。九二年、バルセロナでの女子二百メートル平泳ぎ・岩崎恭子……何十年経ったいまでも選手たちの映像が目に焼きついているのは、アスリートとしての姿がまぶしかっただけでなく、女性の活躍や社会進出を牽引するアイコンとして映ったからだ。柔道の田村亮子や松本薫、女子マラソンの高橋尚子、さらには、レスリングの吉田沙保里は八年間にわたって三度、伊調馨《いちょうかおり》は十二年間にわたって四度、金メダルを獲得する偉業を達成している。女子サッカーチーム「なでしこジャパン」が「ＦＩＦＡ女子ワールドカップ」で決勝進出、大会初優勝を果たし、日本中が熱狂の渦に包まれたのは東日本大震災と同年、二〇一一年初夏だった。

いっぽう、表舞台は、無数の敗退によっても支えられている。勝ち負けの内実には、心身の痛みに向き合うアスリートたちの現実があることも忘れてはならない。達成感の誇らしさや笑顔の美しさだけがスポーツのもたらす魅力ではないはずだ。

女性アスリートが抱える心身のトラブルを専門に診療する、日本初の試みを紹介したい。

順天堂大学医学部附属順天堂医院　女性アスリート外来。

Ｗｅｂサイトの冒頭に、こう記されている。

「女性アスリート外来とは、女性アスリートが長期的に高い競技力を継続できるよう、婦人科・整形外科・栄養科学・内科・メンタルの面から総合的に支援する日本初の取り組みです」

全国でも稀少な外来でおこなうのは、女性アスリートに起こりがちな月経周期異常、月経痛や月経前症候群、月経周期によるコンディション不良、疲労骨折や外傷、骨や関節・筋の痛み、摂取エネルギー不足の調整など、健康な状態を維持しながらスポーツを継続するための治療や指導である。開設は二〇一四年。文部科学省の私立大学戦略的研究基盤形成支援事業によって、同年、順天堂大学に設立された「女性スポーツ研究センター」（センター長・順天堂大学大学院スポーツ健康科学研究科　小笠原悦子教授）と連携している。

「女性スポーツ研究センター」の研究内容は、次の四項目だ。

一　女性アスリートのコンディショニング研究
二　女性の体力・健康づくり研究
三　女性の運動パフォーマンスの遺伝・環境研究
四　女性リーダーシップとスポーツ参加促進研究

スポーツの現場での女性のありかたの研究を深め、「男性社会」の現実を打ち破ろうとする試みでもある。

女性アスリートに見られる身体的なトラブルは、無月経、卵巣機能の低下、骨粗鬆症《こつそしょう》、疲労骨折、貧血、拒食症や過食症の摂食障害など。現在、十代から大学生を中心に、閉経後の女性まで幅広くメディカルチェックやカウンセリングなど各人に応じた診療にのぞむ医師のひとり、婦人科医・尾崎《おざき》理恵《りえ》医師に話を聞いた。
「カウンセリングのとき、『成長期だから食べるのが大事ですよ』とアドバイスすると、『でも、監督から体重を減らせと言われていて、体重測定のチェックが週一度あります』『病院に来ていることさえ言えません』などの声を耳にすることがあります。さまざまな状況がありますが、ひとつの要因として、指導者の力が強いことが挙げられます。高校から寮に入って集団生活をするのも、日本のスポーツ界の特徴です。集団生活のなかで監督に従ううち、自分の意見をもたない選手になってゆく傾向も見られます。好きな食べものを訊いても答えられない子もいて、どこかに食べちゃいけないという思いがあるんだなと感じます。指導者についていえば、とかく目先の結果や成績を求めがちで、長期的な展望に立ってひとりひとりの選手を把握した指導ができていない方がまだまだ多い。臨床の現場で、そんなふうに感じています。

いっぽう、学会の報告によれば、アメリカでは、月経がなければドクターストップがかけられるシステムがありますし、監督やメディカルサポーターはチェックシートによって選手の月経周期を確認するのが常識になっています。ところが、日本では女性の指導者も少なく、男性の指導者が女子選手に月経について聞くのはセクハラになるとか、まだそんな状況なんです。私たち医者は、『ごく当たり前のことなんですから、普通に訊いてください』と指導者に言うんですが、それ以前の問題として、月経周期などとくに確認する必要がないと考えている指導者もいる。まず、その意識改革から始めなければならないんです。

医者の立場からいえば、体重を落とすことが成績向上に繋がるのかどうか、疑問があります。陸上の長距離選手であっても、体重を落とすのではなく、質のいいものをしっかり食べ、質のいい練習をして適正な体重であることが怪我の防止になりますし、競技能力を上げるのではないか。監督が『体重を何キロにしなさい』『体脂肪を何％にしなさい』と言ったところで、何を根拠にして数字の基準を決めたのか、それも疑問です。選手個人にとってベストな数字であるかどうかもわからない。記録を求めるうち、しだいに体重や体脂肪の数値にこだわり始め、それが目標値になり代わっていくんですね」

アスリートにとって、記録が思うように伸びないとき、自分の身体に目を向けることは重要な見直しのひとつだが、もう少し体重を落とせば数字が出るかもしれないと思い込む傾向は、圧倒的に女性に多くみられるという。引退した女子フィギュアスケート選手、鈴木明子は、かつて凄絶な摂食障害に陥った経験を公表している。一日に五回体重を測り、微量でも減っていれば「がんばった証拠」。拒食が続き、一時は体重が三十二キロまで減って心身の不調が底を打ち、苦しみ抜いた。そののち、周囲の懸命な助けによって食べることもトレーニングのひとつだと捉え直し、摂食障害を乗り越えてゆく。

じつは、男性アスリートにも摂食障害が増えているという。

尾崎医師が語る。

「アスリートが摂食障害に陥りやすいのは、普段から飢餓状態や低エネルギー状態が起こりがちだからです。男性はそもそも筋肉量が多いため、相応のエネルギー摂取量が必要ですが、正しい知識がないまま食べものによってエネルギーを補給しなければ、飢餓状態を招きます。つねに飢餓状態に置かれていると、精神的に食事にこだわり始め、過度に考え詰めたりする。その結果として、摂食障害に陥りやすい傾向がみられます」

厳しいトレーニングによって筋線維は傷つけられ、食事や休息によって修復される。そのとき、順調に筋線維が修復するためには、それ相応量のたんぱく質が必要になる。筋肉のなかに溜められていたエネルギー源、筋グリコーゲンが失われて筋線維が修復しにくくなるから、積極的にたんぱく質を摂らなければならないし、米やパン、麺類などに含まれる炭水化物でエネルギーを補給する必要もある。また、たんぱく質の分解や合成を効率的にうながすビタミンＢ６を摂ることも大切だ。これらの基本的な知識を身につけないまま、指導者から言い渡された体重や体脂肪の数字、あるいは自分で自分に課した目標値がひとり歩きしている現実がある。

その危険性について尾﨑医師が警鐘を鳴らすのは、かつておなじ苦しみを味わったからでもある。尾﨑医師には、十代のとき、陸上選手として全国大会に何度も出場したアスリートとしての経験があった。

「ちょうど中学三年のとき、関東大会や全国大会に出場して記録が伸びていた時期でした。進学が決まって、高校の先生から『トップレベルでがんばりたいのなら、体重をこの数字以下にしなさい』と指示され、そうか、体重を減らせば速く走れるんだな、と。うちは四姉妹でみんな陸上をやっていたので、食卓にはお肉や野菜がいっぱい出ていたけれど、食べ過ぎていたわけでも、太っていたわけでもなかった。栄養指導もなく、体重の数値目標だけ示されて痩せる方法もわからないから、あ、食べなきゃいいのか、と。当時五十キロの体重を減らすために、海藻とかひじきしか食べずに走りまくっていました。最初はどんどん痩せてタイムが出るのですが、入学後二、三ヶ月経った頃、ぱたりと走れなくなった。四階の教室まで上がれなくなったのを覚えています。栄養不足による貧血です。見かねた両親といっしょに病院に行き、鉄剤の点滴を打ってもらいました。
十代でいえば、怪我をする可能性が高いのは、高校に進学したときだといわれます。痩せなきゃという気持ちが出てきて、食べる量は増やさず、練習量だけ増える。そのとき無月経が続けば女性ホルモンも出ないし、エネルギーも足りない。悪循環のなかで不調をきたし、もう辞めたい、じゃあここで引退しよう……私自身がそうでした。いま振り返ると、高校時代はつらい時期も多く、大好きだった陸上をつらい過酷な競技と思うようになり、最終的にはもう続けられないと思うようになりました」

いま、婦人科医として活躍する尾崎医師が臨床の現場で痛感するのは、選手と指導者の両方が、正しい知識をもちながら意識改革を図る必要性だ。身体のバランスが崩れれば、生理は簡単に止まってしまうし、無月経を当たり前の状態として放置すれば、アスリート自身の将来にも大きく関わってくる。月経の周期とともに体重は変化するし、コンディションも変わる。頭痛や目まい、むくみ、腰の鈍痛など、女性ホルモンが心身の変動につながっていることを認識できていなければ、スランプと勘違いする場合もある。だからこそ、指導者は、アスリートの身体の成長によってトレーニング内容を見直す責任と役割があるのだ。

「女性のスポーツの発展が、女性の社会進出にも大きく関わっています。そのためにもメディカルチェックなど医学的なサポートが入ったり、アスリートと婦人科の距離がもっと縮まるのもとても重要だと考えています」

また、女性アスリートの可能性を社会のありかたが潰しているという見方にも含蓄がある。

九七〇年代に生まれたマインドフル・ランニングの実践者であり、時代や文化に左右されずに

「心と体とスピリットが一体となったランニング」を提唱する指導者でもあるマイク・スピーノは、著書『ほんとうのランニング』（近藤隆文・訳　木星社）のなかで、このように指摘する。

「私は中学時代に優れたランナーだった大勢の女性と話したことがある。11歳や12歳でクラス最速のランナーになった人がたくさんいた。だが多くの女子がこのような活動をあきらめ、さほど野心的ではない方向へと導かれている。私たちの文化が社会的に女子をスポーツで秀でることから遠ざける仕組みになっているからだ。多くの女性はヨガやダンス、スキーに加えてテニスも多少はすることができるが、汗をかいて肉体の限界に挑むことは自己イメージやアイデンティティの『倒錯』を引き起こす。身体で自己表現をするエネルギーと欲求ではちきれんばかりの女性は驚くほど多い」

「男性は当座の充足感や結果を求めがちなため、多くの可能性を切り捨てやすい。女性のほうが継続的なランニングのトレーニングから得られる本質的な効果に満足しているようだ。男性は目標を達成しても本質を見失うことが多い」

女性とスポーツを考察するうえで興味深い試みをふたつ、紹介したい。

まず、身体機能の分野をみてみよう。

女性の身体機能とスポーツとの関係やメカニズムは解明されておらず、いまだ不明な点の多い分野である。女性ホルモンであるエストロゲンと筋肉の相関関係に注目したのは、順天堂大学医学部附属順天堂医院、産婦人科に所属する長井《ながい》咲樹《さき》医師だ。

卵巣から分泌される女性ホルモン、エストロゲンが骨格筋や運動能に与える影響について研究した報告はきわめて限られている。

エストロゲンは、骨量や筋肉量・筋力の維持作用があると言われており、運動能力と密接に関係していると考えられている。そこで長井医師がおこなったのが、実験動物マウスから卵巣を除去し、内在性エストロゲンレベルを低下させて、生体レベルでエストロゲンが骨格筋や運動能に果たす役割を明らかにしようというもの。長井医師によれば、じっさい「エストロゲンはマウスの運動持続能を亢進《こうしん》することを明らかにした。エストロゲンはミトコンドリアにおけるエネルギー産出を制御することで、マウス個体レベルの運動持続能を制御している可能性が考えられた」（筆者注・ミトコンドリアとは各器官の細胞内に存在する細胞小器官で、エネルギーを産出する働きを担う）。

二〇一六年に発表された論文の末尾には、こう記述されている。

「閉経後の女性や女性アスリートにおける臨床所見と同様に我々の研究結果は、エストロゲンが女性における筋力維持や運動能力レベルにおいて生理学的役割を果たすことを示唆している」

つまり、女性ホルモンはあきらかに身体機能の一部として重要な役割を果たしている可能性があり、無月経を見逃したり放置したりすれば、成長を妨げるだけでなく、女子アスリートの健康な身体の働きをないがしろにすることになりかねない。この事態から目をそらしがちな風潮を、スポーツ界は真摯《しんし》に受け止めて改善するべきだ。

精神面の分野にも注目したい。

二〇一四年に公開された、ドキュメンタリー映像作家、ローレン・グリーンフィールドによる#LikeAGirl キャンペーンビデオ。アメリカのＰ＆Ｇ社の女性用品ブランド「オールウェイズ」

による思春期教育の支援活動の一環として展開されたキャンペーンで、テーマは世界中の女性たちが「強さと自信、活力をもって生きていけるように」。ＹｏｕＴｕｂｅ上でも公開されて大きな反響を呼んだこの映像作品は、男女を問わず、私たちは無意識のうちにジェンダーの概念を取り込みながら生きていると訴えかける。

この映像は、LikeAGirl = 「女の子らしく」という言葉が無意識のうちに行動や考えかたを左右する事実を明らかにしたもので、きわめて興味ぶかい。冒頭、カメラの前で若い男女たちが「女の子らしい」という言葉からイメージする動作を求められると、一様になよなよした態度をみせる。ところが、社会的な刷り込みを経験する以前の、十歳前後の少女たちにおなじ要求をすると、ためらいなくエネルギッシュな動作をする。

しかし、最初は身体をくねらせる仕草をしてみせた女性が、カメラの前で再度「女の子らしさ」について訊かれると、ついさっき自分が意識せずにとった「女の子らしい」仕草を恥じるかのように否定するのである。

短時間のうちにあっけなくくつがえされる言葉や態度に驚かされ、「女の子らしさ」をめぐる変化の激しさ、あやふやさ、根拠の薄さがジェンダーをめぐる問題の複雑さを物語る。それでも、ふたたびカメラの前に立って「女の子らしく」動いてみせる女性たちのテコンドーの力強い蹴り、野球のバットのフルスイング、カメラと対峙してまっすぐな視線を向ける仁王立ちは、ぶっちぎりの輝きを放っている。

二十二歳、一九九六年アトランタオリンピック出場。

三十歳、二〇〇四年アテネオリンピック出場。

二度オリンピックに出場し、日本バスケットボール女子チームで十七年間主戦力を担ってきたトップアスリートが、引退後、精神的な不調に追い込まれ、「死にたい」とまで思い詰める日々を過ごしていた。テレビに映るスポーツの映像を見ることさえつらく、オリンピックの映像が目に入れば、苦しかった選手生活や試合がフラッシュバックして具合が悪くなる。不意に涙がぽろぽろ出たり、動悸《どうき》が激しくなったり、夜中に目が覚めることもしばしば。「あのときこうしていればよかった」「ああしていれば、勝てたのに」……周囲への申し訳なさや後悔が募り、自分を責めるあまり、想像もしなかった絶望感や自己嫌悪に苛《さいな》まれ続けた。

小磯《こいそ》（旧姓・濱口《はまぐち》）典子《のりこ》、一九七四年、長崎市生まれ。姉の影響で小学四年からバスケットボールを始め、県内一の名門校、鶴鳴《かくめい》女子高校（現・長崎女子高校）に特待生として入学、インターハイで日本一を経験する。卒業後、実業団チーム「ジャパンエナジー」に所属。バスケットボールが好きというより、「家が裕福ではなかったので、早く就職して自立したいと思っていました」。現役生活通算十七年、Wリーグでの年間MVPは三回、ベスト5に十二回選出。ポジションはセンター。得意技は百八十三センチの長身から決めるフックシュート。愛称「マックさん」。周囲から厚い信頼を得てチームに貢献してきたが、いっぽう、十八歳のとき初めて出た九二年バルセロナオリンピック予選出場から十八年、三十六歳で引退するまで、ひたすら身体能力の限界に挑戦する日々を送ってきた。アトランタオリンピックでは、ライバルの中国を下して一次リーグを突破するが、準々決勝でアメリカに敗退。アテネオリンピックでは、一次リーグ最終戦で敗退、準々決勝進出ならず。勝ち上がる鍵を握ったギリシャ戦では、キャプテンの自分が五回のファウルで退場処分を受けたことを、みずから「致命的」「戦犯」と捉えた。このあと、一度めの引退。翌年、選手兼コーチとして「アイシン・エィ・ダブリュ　ウィングス」に移籍し、復帰。チームをWリーグ昇格へ導き、二〇〇八年北京オリンピックでは最終予選に食い込んだが出場は叶わず。一〇年、二度めの引退。

　現在、小磯は埼玉県に暮らしている。〇七年に結婚、出産を経て一児の母。幼児から中学生を対象にバスケット教室で教えたり、心身の相談を受けるカウンセリングをおこなうかたわら、アスリートの心の問題について積極的に発言を続けている。

　コロナ禍中、日に日に感染者が増えていくなか、オンラインで話を聞いた。画面のなかの彼女は包容力のあるひととなりを感じさせ、「初めまして」と挨拶を交わせば、おたがい虚心坦懐に語り合えた。

　小磯が単刀直入に切り出した。

「いまはスポーツがビジネスになり得る社会です。そうなると、スポーツ選手からどうお金を生みだすかという視点が介入してきます。なのに、スポーツの世界では努力とか根性とか、いまだに戦後のモットーを大事にしている。いやいや、スポーツを取り巻く世界は大きく変わっていますよ、そういう美談のような考え方を植えつけると、子どもたちがビジネスをスポーツに導入する大人たちと出会ったとき、おかしなことが起こりますよ、とまず言いたい。現実として、純粋にスポーツが好きなだけではやっていけない世界が広がっているし、だれもが成功者になれるわけではない。努力だけで越えられない壁もたくさんある。なのに、自分を押し殺してスポーツで成功するためだけに生きていたら、本来の自分を見失ってしまう危うさを孕《はら》んでしまいます」

――スポーツとビジネスが結びつく状況があるからこそ、とかく「感動物語」がつくられたり必要とされたりしていると感じます。いっぽう、スポーツの世界でキャリアを積んできた小磯さんが、スポーツの現場の弊害やアスリートが抱える心の問題について発言を続けるのは、とても勇気あること。

「なぜ私が言えたかというと、いったん自分がゼロになったからです。五年ほど前、ＪＡＭＳＮＥＴ東京という団体が催すオリンピックやスポーツについての勉強会によばれ、医師を相手に話す機会がありました。ちょうどそのとき、どこにも所属せず仕事もしていなかったので、思い切って自分の経験や危惧《きぐ》を口にすることができました。このスポーツで生計を立てるんだと覚悟を決めて実業団に入った十八歳のときから、勝ちにしがみつく毎日がスタートしていました。監督や先輩の言葉には、絶対服従、歯を食いしばりながら、『よくがんばったな』と言わせるためだけにがんばっていた」

引退間際、ヨーロッパ遠征でのこと、初めて先輩の指示に「それは違います」と異議を唱えた。その翌日、視界に映る街並みが色鮮やかに見え、移動中の空港内では、通り掛かった貴金属店のショーウィンドウに飾られたグリーンのジュエリーがグリーンに、ピンクがピンクに、ぴかぴかに光り輝きながら目に飛び込んできた。それまでの曇りや霞が掻《か》き消え、晴ればれと映る光景の衝撃。自分には本当のものが見えていなかった、美しいものを美しいと感じる感覚が麻痺していたという自覚は、再生の始まりを意味した。

「バスケって、勝てそうにない相手に勝たなきゃいけないんです。身長百八十センチ台はざら、二メートル超えの選手もいるチームに勝たなければならないわけだから、普通の練習や勉強量では通用しない。勝つという世界観のなかにどっぷり浸かってしまいます。そのうち不完全燃焼が生じると、『自分の弱さに勝て』と教えられ、叱咤《しった》激励される。そうすると、今度は自分を責める方向に向かう。私自身がそうでした。

いま振り返ると、根性論に縛られていたし、バスケ以外何もできないという思い込みがあった。弱音を吐いちゃいけない、他人より自分を責める、行きすぎた礼儀……あとで振り返れば、恐ろしい。チームって、勝つためにあるし、和を重んじるから、選手の個性なんかいらない、となっていくんですよね。そうなると、シュートは入らなくなっていきます。シュートは芸術なんです。芸術に個性がいらないなんて言えますか」

オーバートレーニング症候群。負荷の大きい運動によってトレーニングの効果を上げるさい、疲労回復や心身のケアが不十分で慢性的な疲労状態を招く状況を指す。段階的に進んでいくのが特徴で、身体と精神の両方のストレスによって、競技力の低下、倦怠《けんたい》感、睡眠障害、摂食障害、安静時の心拍数の増加などがみられ、ホルモンバランスの崩れにもつながる。

責任感もひと一倍強く、人情家。小学四年のとき、好きで始めたバスケットボールを生きていくための仕事にした瞬間から始まった小磯の苦闘は、このオーバートレーニング症候群を地でゆくものだった。しかも、チームの年長者として若手選手たちをまとめ、勝利に導く役割も背負わなければならない。でも、渦中にいれば、自分のつらさは「克服しなければならないもの」。負の要素を自分のなかで解消しようとするのは、忍耐力のあるアスリートが陥りやすいジレンマだといわれる。

心の負担が少し軽くなったのは二十九歳のとき、古武術研究家、甲野《こうの》善紀《よしのり》との出会いによってだった。力を発揮するときには、むしろ実感がないこと。強さは、むやみに力んだり狙ったりして生まれるものではないこと。また、指導者が選手に向かって暴言を吐いたり無理を強いても許されるスポーツの現場の歪みも指摘され、長年の肩の荷が下りるような思いがした。

　ところが、本当の修羅場は引退したあとにやってきた。

「成績が上がれば給料も上がる。自分で望んだ選択だから当然だと思いながら命がけでバスケットをやっていると思っていましたが、自分がどんなに苦しんでいたのか、本当にわかったのは引退したあとでした。

　まず、引退したことを自分で喜べなかったんです。その思いを自分に向けるほかなく、今度は私の反省の日々が始まったんです。チームメイトに対してこんな厳しいことをしてしまった、私が不器用だったから、こんな自分なのに日本代表に長く居続けたから……監督にもっと走れと言われて、絶対に嫌だと逃げ回る夢も何度も見て、泣きながら目が覚める。隣に娘が寝ているのを見て、ああもう練習しなくていいんだ、と安堵《あんど》するんです。現役時代にあれだけがんばったのだから、もうやり残したことはないと言えるはずなのに、苦い後悔だけがぐるぐるまわって、自分を責める気持ちだけが大きくなって、つらくなった。アスリートとして、私はなぜこんな最後を迎えたのか、と」

　自分を否定しながら生きる苦しさは、燃え尽きるより残酷かもしれない。すでに歩いてきた道のりは、修正も上書きもできないのに、自分を受け容れることのできない痛みが深まっていた。

　知人の勧めで、東京大学先端科学技術研究センターでおこなわれている「当事者研究」（東京大学、熊谷晋一郎准教授によって二〇〇六年から本格的な研究が始められた）に関わる。「当事者研究」は、他者を隣人として捉え、隣人と自分の経験や苦労について語り合い、考察を深めながら新しい言葉や知識、価値を生み出していこうという視座に立っておこなわれている。熊谷准教授に請われ、研究会やシンポジウムに参加するうちに自分が苦しんできた体験を語れるようになった小磯は、少しずつ回復の手がかりを見出すと同時に、自身にとっての心の問題を公に発信するようになる。それでも、いまだにテレビなどで女子バスケットの試合を楽しんで観ることはむずかしいという。

「結婚して出産、子育てを経験しながら、人間はこんなふうに生きていくんだなということを娘に教わりました。引退して、いったん仕事を全部なくしたときに本当のひとりの人間になれた気がした。なぜか安心したんです。以前は、バスケット以外のことをするのは悪でした。スポーツはつねに綱渡り、失敗したらそこで終わり。収入も途絶える。でも、ゼロになって仕事を探しながら、この身体を使って働けばいい、ちゃんと地面を歩けば収入は得られる、それでいいんだと思えたんです。

　スポーツのよさは、自分でも想像できない自分に出会えること。そのいっぽう、弱さに打ち勝つことは、自己否定と背中合わせになることがあります。だから、やみくもに弱さを否定するのではなく、弱さを認め合い、共有することができたら、といま思うのです。自分だけではなく、相手も同じように持っている弱さ。それを、自分の持つ弱さの使い方で強さに変えられるのではないか。これほどスポーツへの関心が高まっているのだから、アスリートの精神面をケアできる態勢がもっと整備されていくといいですね。

スポーツのための人生ではなく、人生の一場面のなかにスポーツがある。そのくらいに思っていないと続かないと思う」
切れば血のほとばしる小磯の道のりから絞り出された言葉だ。

脳裏に浮かぶ人物がいる。

松本薫、元柔道選手。二〇一二年、ロンドンオリンピック金メダル。一六年、リオデジャネイロオリンピック銅メダル。世界柔道選手権、ワールドマスターズ、グランドスラム……金メダルを獲り続け、アグレッシブな戦いぶりから「野獣」と呼ばれた。一九年、引退。現在、二児の母。

二〇一九年二月七日、引退にさいして記者会見が開かれた。

「二十五年間を振り返ってみて、どんな柔道人生でしたか」という記者の問いにたいする答えの一部。

「『柔道が好きじゃないとだめなんだな』『私は柔道が好きだ、柔道が好きだ、だからやっているんだ』とずっと思っていたんですけど、ずっとどこか違うなっていうのがあって、引退したいま、私って柔道が好きか嫌いかって言ったら、柔道が嫌いなわけじゃないですけど、好きってわけでもなかったんだって気づいて、私にとっての柔道は目標であり夢であっただけで、それを柔道を通して成長することができたので、わたしにとっての柔道は教育柔道だったと思います」

自分の柔道人生に向き合って繰り出した、痛快な一本。「嫌いなわけじゃないですけど、好きってわけでもなかった」という言葉の余韻が深い。「金メダルを獲ったら違う風景が見えるのかと思っていたら、見えたのはあいかわらずの日常の街頭風景だった」とも、どこかで語っていた。

「第二の人生はアイスクリーム」と宣言し、高田馬場にオープンしたアイスクリームの店に関わる。そのアイスクリームは「ギルト（罪悪感）フリー」。乳製品不使用、グルテンフリー、白砂糖不使用、トランス脂肪酸不使用、毎日でも食べられる「罪悪感のない」アイスクリームだ。

とかく賛美されがちな「この道ひと筋」のストーリーは、「感動物語」「成功物語」に仕立てられやすい。それらは、わかりやすく、感情移入しやすく、愛されやすい。なぜなら、そのほうが広く受け容れられるから。しかし、スポーツとビジネスが結びついた社会のなかに、おのずと消費の構造が生まれているのはまぎれもない事実だ。すぐに答えの出にくいジェンダーやＬＧＢＴＱ、あるいはメンタルヘルスに関わる問題が、消費の渦中に巻きこまれて軽んじられたり、何かにすり替えられて本質を失ってしまいかねない。

アスリートのあいだでも、自分の精神状態や不安を口にすることをタブー視し、自分の弱さを押し隠すことで自分を守ろうとする意識が強いという。プロテニスの大坂なおみ選手が二〇二一年、全仏オープンで記者会見を拒否し、罰金を科されて二回戦を棄権したとき。長年メンタルヘルスに悩みを抱えてきたと告白して世界中を騒がせたのも、アスリートみずから自分の弱さを語ったことへの動揺や反発、理解不足のあらわれではなかっただろうか。「強い自分」を内外にアピールするのは、勝敗に関わる戦略のひとつだという考えかたもいぜん根強いが、しかし、その抑圧が無意識のうちにアスリートの心身を蝕《むしば》む可能性も否定できない。大坂選手の告白は、「アスリートである私も、あなたとおなじ人間なのです」というステートメントでもあった。

よほど注意深く意識を払わなければ、アスリート自身も、その周囲も、スポーツの世界に触れる者も、「感動物語」のわかりやすさ、愛されやすさに足をすくわれてしまう。

強さへの惜しみない拍手。

弱さや痛みへの共感、あるいは想像力。

スポーツは、人間の強さや弱さ、迷いや決断、すべてを引き受け、試し、露わにし、あますところなく描き出す。だからこそ、人間を惹きつけてやまない。

十一章

身体と時代

二〇二一年東京オリンピックのあとで

●進化を生きる

●押尾川親方の現在

●東京オリンピックの遺産

●新谷仁美「結果以上のものを見せる」

●オリンピック選手村の食堂で

●時代と身体は直結する

二〇二二年一月、第九十八回箱根駅伝。二年ぶり、六度目の総合優勝を果たしたのは、青山学院大学である。往路・復路合計一〇時間四三分四二秒、二位の順天堂大学に一〇分五一秒の差をつけて大会新記録をマークした。九区を走った中村唯翔《ゆいと》選手、十区の中倉啓敦《ひろのぶ》選手は区間新記録を出し、原晋《はらすすむ》監督いわく「青学史上最強」のチーム力を証明する独走ぶり。

テレビ中継画面から、運営管理車の拡声器を通して原監督の声が何度も伝わってきた。

「そうそう、そうそうそう！」

選手の背中を押し出す力強い声が箱根の山道に響くのを聞きながら、たったいま、駒澤大学陸上競技部の大八木《おおやぎ》監督はどんな気合を入れているのだろうかと思いを馳《は》せずにはいられなかった。

ちょうど一年前、第九十七回箱根駅伝の優勝校は駒澤大学だった。十三年ぶり、七回目の総合優勝。往路・復路合計一〇時間五六分〇四秒。第五十二回全日本大学駅伝でも優勝を勝ち取り、二大レース二冠を果たした圧巻の年度だった。その数ヶ月後、私は世田谷区にある駒澤大学の道《どう》環《かん》寮を訪ね、寮母を務める大八木監督の妻、京子《きょうこ》を取材していたから、箱根駅伝の中継画面には、かつてないほど釘付けになった。肩入れしながら応援するときの選手やチームとの一体感は、いっそうの昂《たか》ぶりをもたらす。ひたすら献身的に日々の料理をつくり、選手たちに温かな視線を注ぐ京子の姿を目の当たりにすれば、〝勝ってほしい〟ではなく〝報われるべきだ〟と祈らずにはいられない。二〇二一年の正月は、大八木監督が活を入れる声「漢《おとこ》だろ、漢だろ！」を聞きながらテレビの前で拳を握り、優勝の快挙に歓声を上げた。

しかし翌年の二二年、駒澤大学の結果は第三位、記録は一〇時間五四分五七秒。試合後、満面の笑みを浮かべて宙に舞う原監督が映し出されたあと、テレビ画面が切り替わり、がっくりと肩を落として苦渋に満ちた大八木監督の表情が映し出されたとき、とっさに私の網膜に蘇《よみがえ》ってきたのは、去年のおなじ日、勝者の栄光に包まれる大八木監督の晴れ姿だった。ひとりの人間が、勝者と敗者に分裂する異様な感覚。新たな年の始まりに箱根を走る悲喜こもごもに接して、こんな残酷な光景を見ていいのだろうかとうろたえながら、すぐには見つからない言葉を探してひどく動揺した。

今日の勝者が一転、明日の敗者になる。

今日の敗者が、明日の勝者に返り咲く。

勝つことを宿命づけられたスポーツの現場は、寿《ことほ》ぎと残酷の合わせ鏡だ。スポーツを観る行為は、一瞬の目撃者、一瞬を語る証言者になり得る可能性を孕《はら》む。だから、観る者は息を詰めてアスリートの一挙手一投足を凝視し、それが光であっても、陰であっても、人生の縮図をあらわす言葉に耳を澄ませる。

二〇二二年三月六日、東京マラソン当日。十三年ぶりにマラソンに挑戦した新谷《にいや》仁美《ひとみ》選手は、自己ベスト二時間二一分一七秒を記録、日本人女子二位でゴール。四十二・一九五キロを走っても文句なしの結果を出すのだからすごいと驚嘆していたら、新聞記事で新谷選手のコメントを読み、ええっと声を上げてしまった。

「何度も挑戦したけどマラソンの魅力がわからないし、走る人の気持ちが理解できないし、この一回でもう嫌、二度と走りたくないと思いました」

「マラソンは生きる上で必要ないと思った。走ること自体必要ないし、遅刻のときだけ走ればー分。ビジネスを考えたらマラソンはいいなと思うけど、二時間も走る必要はないと今日、はっきり決まった」

新谷選手は、第一回東京マラソンで初出場・初優勝した実績を持ち、長距離選手として独自の走りを磨いてきたトップアスリートだ。自己ベストを更新しながらも、マラソンは自分には向いていない、トラック競技の成果には繋がらないと判断した、そうレース直後に話したという。二一年に新谷選手を取材したときの彼女の言葉のキレを思えば、「ビジネスを考えたらマラソンはいいなと思うけど」というドライな言葉にも納得がゆくけれど、その上をゆく感情の発露にどきりとさせられたのである。

ところが、一ヶ月も経たないうちに前言撤回。七月、アメリカ・オレゴン州で開催される世界選手権に代表メンバーとして参加すると発表した。いったん「マラソンは自分に向いていない」と口にした新谷選手はどんな走りを見せるのか、これは目が離せないと思っていたら、予想もしなかった過酷な展開を知ることになった。オレゴン州ユージンで開催中の世界選手権のレース直前、新型コロナウイルスの検査で陽性判定を受け、エントリーを断念。その前日には、女子のエース一山麻緒《いちやままお》（資生堂）や鈴木健吾（富士通）もコロナウイルスに感染、欠場が発表された。「今回が最後の世界陸上」と覚悟しながら臨んだ大きな節目にあって、新谷選手の無念はいかばかりだったろうと、遠くから胸中を慮《おもんぱか》った。

公式に引退表明したのち、ふたたび現役復帰を決意したマラソンのトップランナーもいる。

大迫《おおさこ》傑《すぐる》選手。

東京オリンピック出場を自分のゴール地点に据えた大迫選手は、男子マラソン六位の記録をもって引退するのだが、二二年二月、現役復帰を発表。このとき、引退後にアメリカでシカゴマラソンを観戦、二位に入賞したゲーレン・ラップ選手の走りに刺激を受けた、今後はマラソンだけでなくトラックレースにも出場する、と発言。現役復帰にさいして、「もし失敗しても、挑戦することに意味があると知ってもらえたら」と語っている。二二年十一月、現役復帰後、初エントリーしたニューヨークシティマラソンで五位（二時間一一分三一秒）をマーク。また、おなじ十一月には、大迫みずから企画し、実行委員会会長を務めた中距離ロードレース「The Fst in Fukuoka 2022」が福岡・大濠《おおほり》公園で開催された。「これから世界で活躍するためには、11月、12月もしっかりトラックに生きるようなスピードを磨かないといけないと思っています。そういう思いで、ロードレース、しかも短い距離で企画しました」（「月刊陸上競技」二〇二二年十一月十三日配信）。国内ではあまり実施されることのない一マイル（約一・六キロ）と五キロのレース。陸上選手の実力強化だけでなく、今後は地域とアスリートの活動との橋渡しをおこなうのも目標にしているという。この新しい発想や企画力は、海外を拠点に活動しながら、トップアスリートとしてみずからの浮き沈みを見据えてきた大迫選手ならではのものだ。

スポーツの世界に流れるスピードや浮き沈みの激しさは、超高速のジェットコースターを思わせる。優れたパフォーマンスや最高の記録を表す「キャリア・ハイ」という言葉にしても、〝伸びしろ〟と〝限界〟を当然のように背中合わせにする厳しさがある。心身ともに緊張感を漲《みなぎ》らせながら送る現役の選手生活は過酷に違いないが、自分の伸びしろと限界の見極めもまた、ひとりひとりの実人生において、避けては通れない選択なのだろう。限られた現役生活だからこそ、それぞれの身の振りかたにはアスリートとしての生きかたや考えかたが表れる。そこに鮮烈な人物像が浮かび上がるのも、スポーツの世界ならではだ。

現役を引退したあと、現場に残って後進を育てるコーチやトレーナーに転じるアスリートも少なくないが、日本の伝統競技の世界に、若い世代の育成、教育、生活、環境にいたるまですべての責任を預かる道を選んだ人物がいる。

押尾《おしお》川《がわ》親方（元関脇豪風《たけかぜ》）。一章でくわしく書いたが、一九年に引退したあと尾車《おぐるま》部屋付きの親方を務め、日本相撲協会の定年を迎えた尾車親方の部屋閉鎖にともない、二二年二月七日付で押尾川部屋の新設が承認された。東京都墨田区内に購入した土地に三階建ての部屋を建設し、名実ともに親方として押尾川部屋を率いる身である。所属する力士は十両矢後《やご》、幕下天風《あまかぜ》、序二段飛《ひ》燕力《えんりき》、序ノ口の風賢央《かぜけんおう》の四人。くわえて、世話人の錦風《にしきかぜ》、一等床山《とこやま》の床豪《とこごう》。今後は新弟子の部屋入りも予定されている。

〇二年の夏場所での幕下十五枚目格付出《つけだし》のデビューから一九年初場所までの十七年弱、「並外れた努力を重ねてきた関脇」と評され、三十九歳まで土俵に上がり続けた力士人生があればこそ、あらたな押尾川部屋の誕生がある。

押尾川親方が率直に真情を語ってくれた。

「やったことがないことをするのだから、やはり怖さみたいなものはあります。部屋付きより、部屋持ちのほうが責任感も桁《けた》違いです。でも、死ぬときに〝俺、あれをやっとけばよかった〟とは思いたくない。悔いのないように生きたいと思ったんです」

二二年春、両国。三年前に会ったときよりずいぶん体重を落としてすっきりとした押尾川親方は、いつもの明快な話しぶりだ。

三階建ての新部屋の三階には家族とともに引っ越して住み、公私ともに新しい幕開け。一階が稽古場、台所、ちゃんこ場、上がり座敷。台所のガス釜やコンロ、冷蔵庫、食糧や飲み物を備蓄するストッカーの大きさにいたるまで、現役時代の経験を生かして選んだ。毎日のちゃんこにしても、そもそもちゃんこは力士として身体を大きくするための食事なのだから、親方の目配りは細部にまでおよぶ。

「昼の稽古のあとのメニューは、前日にLINEで報告させてチェックします。たとえば、（LINEの画面を見ながら）昨日は味噌キムチ鍋、三色丼、揚げもの、煮卵。今日は豚ちり鍋、豚のもやし炒め、だし巻き卵、きゅうりのキューちゃん。鍋のほかに三品出しなさいと伝えています。冷蔵庫の中身まで把握していますよ。任せっきりにしてしまうと、なにかあったとき『おまえら何やってんだ』と責任をなすりつけてしまう。そうではなく、責任はすべて自分が背負うつもりです。毎日食べる食事の質や量にも責任を持たなきゃならない。十五歳の子も預かるわけですから。献立、買ってきた食材、何が余っているか、差し入れの量や内訳、ぜんぶ頭に入っています。米の炊き方も指導しますよ。とにかく無駄がないように。稽古もおなじ。無駄のない稽古が大事です」
ひとつ屋根の下で暮らしながら切磋琢磨する相撲部屋において、日常生活の細部と稽古は重なり合っている。「無駄のない稽古」とは、集中して行う稽古のこと。相撲は土俵に上がってから勝負が決まるまでの時間が短く、一瞬のうちに勝敗を決する競技だから、ふだんの稽古においても集中の質を問うべきだというのが押尾川親方の方針だ。

「なんとなくやっているんじゃだめなんです。なんとなく食べたり、なんとなく稽古したりの生活をしていると、なんとなくの成績しか出ませんから」

この言葉を聞いて、なぜ現役の豪風時代、数度の故障や手術、リハビリを経ながらも、三十七歳で幕内での三場所連続勝ち越しを記録、三十八歳で再入幕を果たす記録を残せたのか、その答えがあると思った。

部屋持ちの親方としてあらたに出発する自分を、押尾川親方はどのように見ているのだろう。

「子育てといっしょだと思うんです。赤ん坊が立った、歩いた、抱きついてきた、言葉を喋った……こちらに何かを返してくれた瞬間の感動や喜びを、僕はたぶん、ほかのひとの何倍も感じる人間だと思うんです。座布団の並べ方ひとつとっても、一度教えるときちんと直る。口に出して褒めると、褒められることに慣れてしまって気が緩むからいちいち言いませんが、自分のなかで〝小さな喜び〟として細かく噛みしめています。ほんの小さな成長にも感動するところは自分のセールスポイントだと思いますが、同時に自分の弱点にもなり得る。なんといっても、血の繋がっていない子たちを手塩に掛けて一人前に育てるわけですから、気持ちが入り過ぎないように気をつけながら進んでいきたいと思っています。いずれにしてもね、死ぬまでゴールはないんですよ、たぶん。時代によって、考え方も世の中の環境も変わっていきますから。
ただ、失敗は恐れたくないんです。競技者が指導者の立場になったとき、競技者のときは〝俺だったらこうするのに、ああするのに〟とさんざん思ってきたのに、実際に指導者になったら、自分がやってきたこと、やらされてきたことをなぞるパターンが多い。なぜなら、挑戦するのが怖くて大胆になれないから、自分がやってきたことをやらせてしまうのです。自分はそうなりたくないと戒めています」

墨田区内に部屋が完成するまでの二年間は、コロナ禍と重なった。しかし、なにかと動きにくいこの期間を、建築から税務まで一個人事業主として幅広い知識を身につけるための日々と考えて、猛勉強したという。もちろん、十七年弱の力士生活から導き出された自分なりの答えも親方を務めるうえでの糧だ。

以前、話を聞いたときの言葉が脳裏にこびりついている。

「相撲は神経を消耗する競技なんです。十五日間一場所を戦い抜くとき、十日過ぎた終盤戦あたりから、食べても痩せる」

鍛錬を積んだ者同士が正面切って向かい合い、体力や技能を超えた一瞬の戦いを迫られたとき、最後にものをいうのは精神力だ。行司の軍配が上がり、肩を大きく揺らしながら額に汗して呼吸を整える力士の姿にときとしてまぶしい光が宿る瞬間、そこには、土俵の上に精神の純粋な発露が生まれている。

三年ぶりに会った押尾川親方の佇《たたず》まいには、部屋を背負う人物としての自信と謙虚さが共存していた。所属する力士の四股名《しこな》は、最初の一字を「風」にしようと考えています、と明かしてくれた。

二〇二一年、東京オリンピック・パラリンピックが終わった。

新型コロナウイルスのパンデミックによって開催が一年間延期されたが、二十一世紀にオリンピックと疫病が交差するなどだれが予測しただろう。じっさい、二一年七月直前まで開催は揺れ続け、多くの議論が巻き起こった。コロナ禍中での開催の是非、観客の有無の意味、オリンピックに出場するアスリートと国民とのあいだに生じた微妙な溝の気配、スポーツの意義やオリンピックが果たす役割にも議論は波及していった。また、大会前に物議を醸した組織委員会の森喜朗前会長による女性蔑視発言は、国際社会の目が集まるオリンピックに関わるものだったからこそジェンダーをめぐる意識のありようが焙《あぶ》り出され、うやむやにされなかった側面がある。

多様な問題が坩堝《るつぼ》のなかで紛糾した「スポーツの祭典」を介して、私たちは何を学んだのだろう。少なくとも、自国開催の当事者としての視点がもたらされたと考えたい。

東京オリンピックを「負の遺産」にせず、レガシーづくりのための議論が必要だと説くのが、日本オリンピック委員会（ＪＯＣ）元理事の山口香《かおり》だ。山口は現役の柔道選手時代、一九八四年第三回世界選手権で日本人の女性柔道選手として史上初の金メダルを獲得したパイオニアであり、八八年ソウルオリンピックで銅メダルを獲得、日本代表コーチも歴任してきた。

東京オリンピック・パラリンピックを振り返る山口の発言の一部。

「オリパラは多様性、ジェンダー、平和など、そこに気づきを与えて、意識や行動の変容を起こしていくことで社会課題に貢献できるわけです。それをやってこそ、オリパラは『ただの競技大会じゃないよね』と言えると思うんです。
みんな、大会がゴールと考えちゃっている。開催前のプロセス、開催後、どう感じ、私たちはどう変わらなきゃという仕掛けをね、組織委やＪＯＣがやっていかないと。これでは花火大会と同じで、きれいだったね、金メダルとったね、で終わっちゃう。札幌が２０３０年冬季五輪を招致するなら、なおさら検証や気づきを与えるような深い議論をしないと次に進めないですよ」

（二〇二二年一月八日付　東京新聞「連載・スポーツの針路～東京大会の先に」④）

山口の提唱する「検証や気づき」は、アスリート、スポーツ運営組織の関係者、観客、マスコミ、政治家……それぞれの立場でオリンピックに関わった者に等しく求められるべきだ。私にとっては、果たして現在の形でのオリンピックは必要なのだろうか、とそもそもの存在意義について考えを巡らせる機会になった。国家、政治、経済などの巨大なシステムが組み込まれた現代のオリンピック。身体と技能を通じておこなわれる生身の個人の競い合い。これらの乖離《かいり》がいびつなものに見え、オリンピックの意義を簡単には肯定できなくなった。しかし、人間の身体と精神の究極に挑むアスリートたちの姿に心動かされ、忘れがたい感銘を受けたのも本当だ。
東京オリンピック・パラリンピック競技大会組織委員会に属する選手村メニューアドバイザリー委員会副座長を務めたのが、日本栄養士会副会長、日本スポーツ栄養協会理事長の鈴木《すずき》志保子《しほこ》である。八章で書いたとおり、公認スポーツ栄養士の草分けとして活躍する鈴木は、アスリートの栄養管理や食事指導などのサポートを手がけ、「確実に結果を出す」スペシャリストとして、日本のスポーツ界にとってなくてはならない存在として知られる。その鈴木が東京オリンピック・パラリンピックにも深く関わったと聞き、当事者として何を感じ、何を考えたか、ぜひ知りたいと思った。というのも、コロナ禍中、ほとんどの競技は無観客でおこなわれ、マスコミにも感染症対策として徹底的な取材規制がかけられていたから自由な取材もままならず、その結果、伝わってくる情報の内容にあらかじめ強い制限がかけられていたからだ。また、新型コロナウイルスが猛威を振るう最中での開催をめぐって、アスリートやスポーツ関係者の自由な発言の機会が奪われていたことも、ずっと気になっていた。

誹謗《ひぼう》や中傷を恐れて当事者がこぞって口をつぐむ風潮のなか、例によって忖度《そんたく》のない、しかも苦渋をともなう決意の発言をしたアスリートがいた（記憶によれば、ただひとりだ）。

陸上の新谷仁美選手である。

新谷選手は二〇二〇年十二月、東京オリンピック代表選考会を兼ねた日本陸上選手権一万メートルに出場して三〇分二〇秒四四を記録。日本新記録と東京オリンピック代表内定の権利をつかむのだが、レース直後に発した厳しい言葉は、開催の賛否を問うどちらの立場にも深く刺さったはずだ。

「東京オリンピックは国民のみなさんといっしょの気持ちになって成立するもの。ただやりたいというのはわがままであり、結果以上のものを私たちアスリートは見せないといけない」

「結果以上のもの」とは何を指すのか。アスリートにとって「結果」がすべてを物語るはずだ。

そのうえ、コロナ禍中、最大のパフォーマンスを出し切る緊張感や努力は並外れている。なのに、「結果以上のもの」を「見せないといけない」と自分にいっそう大きな負荷を掛ける言葉を聞いて驚き、胸騒ぎがして動悸が荒くなった。いま、東京オリンピックに関わるアスリートたちはここまで追い詰められているのか、と。

鈴木が関わった運営の現場にも、現場ならではの戦いがあった。

選手村の食堂の計画段階から関わった鈴木は、サービスラインの動線、料理の設定、味の調整まで運営企業と連携しながら細部を手がけ、提供する料理はあらかじめ試食会をおこなって確認を重ねた。調理中に使うレードルの大きさひとつにしても、エネルギー量や栄養素が表示通り摂れる容量にするよう運営会社に交渉、調整をおこなう。しかし、このような具体的な情報を社会に向けて発信したり、アピールする機会が訪れることはなかった。つねに優先されていたのは、「競技以外の情報を可能なかぎり外に漏らさず、マスコミや世間を刺激しないこと」だった。だから、「関係者は、取り組みの詳細について自分たちの発言を自粛するほかありませんでした」と鈴木は振り返る。

その結果、現場での取り組みと報道のあいだに齟齬《そご》が生まれていたのも事実だ。「ボランティアに支給する弁当が相当数だぶついている」「無駄が多い」などと新聞や雑誌で指摘されていたが、いっぽう、現場ではフードロスのための小さな努力が積み重ねられていた。たとえば、フードロス対策の大きなテーマ「食べ残しを減らす」。鈴木によれば、従来の国際大会の選手村食堂では、ひと皿の料理に使う肉や魚は百グラム単位で提供されるのが通常だが、今大会では、ひと切れ五十グラムでの提供を運営会社に依頼した。調理のプロセスにおいて五十グラム単位の細かい計量は工程がひとつ増えることを意味するが、運営会社はこれを引き受け、実行した。グラム数を半分に減らした理由は、アスリートは自分のパフォーマンスを発揮するために必要以上の量を摂取しないため、どうしても食べ残しが多くなるからだ。しかし、それを見越したうえで主催者側がフードロス対策を練れば、あらかじめ無駄を防ぐことはできると考えたという。

　アスリートにとって、きわめてシビアな勝負の現場。時代の要請を受けて掲げられたフードロスの課題。両者をどのように成立させられるのか、口で言うほど簡単ではない。

　鈴木によれば、現場では細かい試みがいくつもおこなわれた。

「選手村の食堂では、二十四時間いつでも食べられるというＩＯＣとＩＰＣのルールがあります。しかも、百ヶ国以上からアスリートが集まり、彼らに満足してもらう食事を提供しながらフードロス・ゼロを掲げること自体に、そもそも無理がある。ただ、単位を五十グラムに減らすだけでも、会期全体を通じてフードロス削減に貢献できました。試行錯誤の結果として、おおいに評価していいと思っています」

　オリンピックの会期中に留まらず、今後の社会に広く還元されるべき成果はきっとたくさんあるはずだ。

「世界中のアスリートに『この食事で戦える』と言ってもらえるメニューを出すのが、選手村食堂の大きな役割です。ブースはアジア、西洋、日本、ピザ、パスタ、ベジタリアン、ハラルのジャンルに分け、米ひとつとっても粘り気のある短粒米、もち米、サフランライスとジャスミンライスは交互に出して五種類は用意、芋を主食にする国の料理にはじゃがいも類、バナナを料理に使う食文化には甘くないバナナを使って対応しました。クスクスひとつとっても、日本人が食べておいしいクスクスではなく、クスクスを食べる国のひとがおいしいと思えるクスクスでなければならない。だから、運営企業には、何度も試食会を重ねて料理の内容を調整する必要が求められるんです」

「この食事で戦える」と思える食事のために、多様な食文化を受け容れる創意工夫が細かく重ねられたが、しかし、その内実が情報として伝わらないままだったことはきわめて残念でした、と鈴木は振り返る。IOCの唱えたコロナ感染対策の「バブル方式」のなかで粛々とスケジュールを消化し、クラスターを出さずに会期を終了する——この一点がすべてを制していたから、現場でどのような取り組みが行われているか、話題になりそうなことはすべてタブー視されたのだった。外国人記者たちがSNSで発信するコンビニの使い勝手のよさや、餃子、寿司、ラーメンのおいしさはときどき漏れ伝わってきたけれど。

　鈴木が忖度なしに打ち明ける。

「今回のオリンピック・パラリンピックのレガシーは、コロナ禍以前に私が思い描いていたものとはまったく変わってしまいました。スポーツ栄養にたいする理解を深めてもらいたいという期待が大いにあり、オリ・パラを通じて私がもっとも伝えたかったのは、食の多様性です。世界には、宗教や個人の思想と食事が繋がっている文化がある。しかし、日本では、嗜好の多様性には馴染みがあっても、思想をめぐる食の多様性が受け入れられているとはいい難いと思います。オリ・パラのレガシーとして、食文化にたいする意識の変容に繋げていけたらいいなあと願っていましたが、残念ながら、こちらから情報発信さえできなかった」

　折しも緊急事態宣言が発令され、飲食店が休業要請を受けて苦しい状況を強いられるなか、オリンピックに使う莫大《ばくだい》な予算に非難の目が集まり、しかも、食に関する話題はほとんどタブーに近かった。大会終了後に組織委員会は解散されたが、食堂関係についての報告書はまとめられており、鈴木は今後、報告書の内容を捉え直しながら踏み込み、有益な記録を残すために尽力したいと考えている。

　いっぽう、公認スポーツ栄養士としてパラリンピック出場の水泳チームや車いすバスケットボールチームを受け持った鈴木が担当したアスリートたちのメダル獲得数は合計十三。「確実に結果を出す」評判を実証してみせたわけだが、コロナ禍中、いやおうなしに意識の転換を迫られた。それまではアスリートの練習の質や身体の調整を最優先してきたが、コロナ禍中での優先順位の筆頭は「感染させない、命の危険から守る」、そのうえでの練習。しかも、人数を集める合宿ができない期間も長く、選手の意識や運動量に個人差が生じがちになり、選手ひとりずつに応じた細かい連絡と指導が必要になった。

　身体に障がいをもつアスリートは、自分の免疫機能を高め、健康を維持するための努力をいっそう求められた。

「自分の免疫機能は運動によってどんな影響を受けるのか、エビデンスを示しながら勉強させました。免疫機能に関与するナチュラルキラー細胞の数や活性の度合いは、安静時より運動中のほうがはるかに高くなります。しかし、運動終了後は二時間以上、激減してしまうというエビデンスがある。ですから、練習が終わったらマスクをすぐつける、帰りにどこにも寄らない、食べたいものがあれば練習の前に買っておくように……細かく説明しました。なぜスポーツチームでクラスターが起きるのか、それはたぶん運動後の更衣室やクラブチームの場が原因になっている。

練習後は気分が開放的になり、会話も多くなりがちですから。

　私はずっと『細胞レベルで勝ちたい』と言い続けているんですが、細胞のメカニズムを理解し、きちんと理屈をもって動ける選手は結果を出せるし、差を生み出せる。この点において、個人個人の身体機能が著しく異なるパラ選手のほうが、オリ選手より自覚が強い傾向がありますね」

　アスリートとして活躍するためには、身体との深い対話が必要になる。自分の身体は、いまどう機能しているのか、いないのか。内なる身体の声を察知する注意深さと判断力がなければ、好調の理由も不調の兆しも見逃してしまう。こうも言えるだろう、心身の微妙な変化や変調をいちはやく客観的に捉え、先を見越したうえで柔軟に対応できるのがアスリートとして成功する条件のひとつなのだ、と。

「勝ちたいなら、自分の身体は自分で考えて食べなきゃだめなんです。監督やコーチに甘いものを食べちゃいけないと言われているから食べない、ではなく、自分はどう食べるのかを選択する能力と考えかたが大切です。そのためには、指導者も変わらなくてはならない。ただ禁止して選手を管理していたら、自主性を奪ってしまいかねません。東京オリンピックの選手村の食堂でも、アイスクリームやクッキーをたくさん置きましたよ。だからといって、エネルギー摂取を助長するわけではない。世界中のトップクラスのアスリートは、みんな自分で考えながら食べています。自由をはき違えず、自分にとって本当に適切な食事は何か。世の中には情報があふれていますが、ただ情報や指導に依存するのではない自分主体の知識が必要です」

　そのために、公認スポーツ栄養士として培ってきた厚みのある蓄積を、鈴木は惜しみなく与えてきた。競技も身体能力も異なるアスリートたちを長年支えてきた経験から導き出された信念は、

「自分の身体を自分のものとして意識できるアスリートが成長する」。

ふたたび思い出すのは、「結果以上のものを私たちアスリートは見せないといけない」という新谷選手の言葉だ。最初に聞いたときは悲壮な覚悟と重圧感を受け取ったものだが、その後、オリンピック競技をテレビで観戦しながら、待てよ、と思った。「結果以上のものを見せないといけない」という彼女の言葉の背景にあるのは、アスリートは「結果以上のものを見せられる」という自負や自尊心ではないか。今日まで、ひと並み以上の鍛錬を積み重ねてきた。だから、自分の身体を信じられる。自分を信じていい——この直感や確信がなければ、「結果以上のものを見せないといけない」という発想には至らないはずだ。

自分の身体とその可能性を信じる。

生身のアスリートが身をもって示したオリンピックのレガシーのひとつに挙げたい。アスリートがそれぞれの身体を信じておこなう極めて精度の高いパフォーマンスは、一個の人間として自己を認め、自分を深く信頼する意志によって成し得るものなのだろう。それは、男女の身体性をともなう自己承認のかたちでもあるのだから、ジェンダーの理解にもつながるはずだ。

食べものは身体と直結しているからこそ、時代の潮流をもろにかぶる。なぜなら、身体と時代もまた直結しているからだ。

戦前・戦中、「産めよ増やせよ」と標語をあてがわれ、健康な子を産むための健康体が賛美された。時代の要請とはいえ、国力増強のために、あからさまに女性の健康を国が求めたのだから

〝お上〟のやることはおそろしい。ところが、戦後になると、復興と経済成長によるファッションへの関心を受け、個人の身体に他者の視線が介入するようになる。「痩せる」もその表れのひとつだ。〝痩せたい願望〟は、一九七〇年代から女性の大きな関心事であり続けてきた。『絶対やせるミコのカロリーBOOK』（弘田三枝子著　集団形星）は一九七〇年に刊行され、百五十万部を超えるベストセラーになる。また、二〇〇八年四月から始まった生活習慣病予防のためのメタボリックシンドローム健診が契機になり、〝痩せたい願望〟と〝体重の数字〟は日本中の男女の一大関心事となって、肉体改造は日の当たる道を歩くようになった。二〇一〇年代半ば、一大ムーブメントになった糖質制限食は、ダイエットの救世主のごとく熱狂的に受け入れられ、その是非や弊害を問う議論を巻き起こしながらも、市場では糖質オフ商品が続々と売り出され、多くのヒット商品を生み出してゆく。缶ビールや瓶ビールのラベルにでかでかと躍る「糖質0％」「アルコール度数ゼロ」の数字にも、だれも驚かなくなってしまった。

　しかし、揺り戻しというべきだろうか。近年、スポーツの現場では、米の重要性にあらためて注目する発言や情報発信が目立つようになった。たとえば二〇二一年十一月に開催されたシンポジウム「成長期アスリートの食と栄養を考える～世界が認める米の可能性～」（朝日新聞社、NHKエデュケーショナル主催）では、伸び盛りの十代のスポーツ選手にとって、米中心の食事がいかに大切か、しきりに説かれた。パネラーのひとりで一章に登場した橋本玲子《はしもとれいこ》（管理栄養士・公認スポーツ栄養士）は、米のメリットを「脂質が少なく、胃にもたれず、エネルギーを十分に取れる。米に含まれる『でんぷん』は、ジュースに含まれる砂糖やブドウ糖と比べて食後の血糖値の上昇が緩やかでゆっくりエネルギーに変わる」と述べている。また、高校球児にとっての食事の重要性を調査、研究してきた立命館大学の海老《えび》久美子教授は、かねてから糖質源としての米の優秀さを説き、主食としての米はほかの栄養素と組み合わせやすく、たんぱく質源にもなると啓発している。

拡大の一途をたどっているプロテイン市場にも触れておきたい。

「SAVAS」「TANPACT」などプロテイン商品を販売する明治ホールディングスは二〇二〇年、市場規模四百七十九億円のプロテイン市場でシェア一位、二〇一一年以降、売り上げは約六倍に拡大しているとアナウンスしている。以前はプロテイン商品の消費者はアスリートやボディビルダーなどが中心だったが、健康づくり、美容、ダイエットなどの目的で女性消費者が増え、コロナ禍中での運動不足を補うため、健康や体形維持を目的として飲み始める消費者も急増した。また、厚生労働省が主導するたんぱく質摂取の推奨も後押しになっている。

じつは、日本人のたんぱく質摂取量は二〇〇〇年代から下落をたどっている。厚生労働省の調査によれば、ここ数年の摂取量は一九五〇年とほぼ同等の水準に下がった。原因は、ダイエット、多忙による偏食、栄養の偏り、消費エネルギーの減少、高齢化による食事量の減少などが考えられる。五年ぶりに改定された「日本人の食事摂取基準」（厚生労働省　二〇二〇年度版）では、一日のたんぱく質の推奨量は成人男性六十～六十五グラム、成人女性五十グラム。総エネルギー量に占めるたんぱく質由来のエネルギー量も引き上げられ、たんぱく質摂取は社会の課題になった格好だ。とりわけ、高齢者にとってはフレイル（虚弱）やサルコペニア（筋肉減少）予防の側面も見逃せず、高齢化社会にあってたんぱく質をめぐる話題は尽きそうにない。

直結する身体と時代のまっただなかに、リアルな食べものが存在する。ただし、とも思う。食事はそれ自体が「目的」ではなく、あくまでも生きるため、生活を維持するため、あるいは目標や希望を叶えるための手立てのひとつであるはずだ。プロテインをごくごく飲めば僧帽筋や上腕筋に筋肉がめきめきとつくわけでもなく、速筋のたんぱく質の合成を促す（らしい）スケソウダラを大量に食べたとしても、短距離走のアスリートの記録が飛躍的に伸びるわけでもない。なにを選び、どう食べるか、試行錯誤したり修正しながら思考力や精神力を高めることによってエネルギーは生まれる。

数字にしても、おなじではないだろうか。

ひとりの人間の身体にまつわる身長、体重、体脂肪率、筋肉量、ＢＭＩ（肥満度）、基礎代謝量、血圧、視力、眼圧、肺活量、白血球や赤血球の数、コレステロール値、尿酸値、骨密度、あるいは腸内フローラの菌の数。置き換えてみれば余情が入るすきのない無機質な数字だが、しかし、その内部には熱い血のほとばしりや複雑な感情がある。

二十年近く前、私はいっとき体重が六、七キロ増えたときがある。当時、とにかくどんよりと身体が重だるく、睡眠は取れても寝覚めは悪く、顔に吹き出物ができてむくみがちになり、つねに偏頭痛を抱えていた。当時は駅のホームに鏡が設置してあり、そこに疲れ切った顔の人物が映し出され、ぎょっとして周囲を見回したこともある。もちろん、映っているのは自分だった。悩んだあげく大学病院の頭痛外来を受診してみたが、精密検査の数字にとくに問題はなく、原因が見つからないからいよいよ追い詰められた。万事休す。それでも、どうにかよけいなものを振り落としたくてたまらず、まず夜明けに起き出して歩き始めた。長く離れていた水泳をもう一度始めたのもちょうどこの頃だ。

理想を追いかけたいとか、なりたい自分になるとか、そんな高邁《こうまい》な気持ちはこれっぽっちもなかった。せめて、少しでもマシになれたら、鈍重なもやもやを取り払えたら。切羽詰まった気分に背中を押されて、長距離を歩いたり、毎年一週間の断食をする習慣ができたり（以来十三年続いている）、ジムやヨガのクラスに通ったりするようになった。たまに山に登ったりもするのだが、山登りの上級者といっしょに登るときは冷や汗の連続で、彼らが軽々と越えて渡る難場や鎖場で転げ落ちそうになるわ、息切れするわ、疲労のあまり雪のなかから足が抜けなくなるわ、自分の無謀さに辟易《へきえき》する。疲労困憊して必死であとをついていきながら、くやしさと情けなさで目尻に涙が溜まり、鼻水といっしょに手の甲でぬぐったことは何度もある。

そうしたら、アスリートの姿にもっと惹きつけられるようになっていった。心身を研ぎ澄ませて試合に挑む彼ら彼女らの姿を見つめていると、なぜか満ち足りた気持ちになれたことは、スポーツの現場と離れた場所にいる私にとって衝撃に近かった。勝ち負けを受け容れ、それでも未知の領域に向かおうとする姿が厳粛ですがすがしく、ジャンルを問わずスポーツを観ることそのものに不思議なカタルシスを覚えることに驚きや発見があった。

本書の冒頭で「スポーツをすることは、私にとって、少しずつ自分に落胆してゆくことを意味していた」と書いた。落胆や失望もまた、生きていくうえで避けては通れない階段なのだということを、いち早く教えてくれたのがスポーツだった。でも、フィールドに立つのではなく、観客席を温めながら手に汗握って視線を送る者にも、喜びや幸福は与えられるのだった。私は、救われた気持ちになった。何十年も経ってようやく味わったスポーツに対する感謝や敬意の感情が、いまもスポーツを観る自分の視線のおおもとにある。

二〇二一年、一年遅れの東京オリンピック。池江璃花子《りかこ》選手、競泳女子四百メートルリレー予選。三分三六秒二〇、全体九位。スケートボード女子ストリートの日本代表、金メダルを獲得した十三歳の西矢椛《もみじ》選手。柔道の阿部一二三《ひふみ》・詩《うた》選手きょうだいのオリンピック出場と金メダル獲得。ソフトボールの上野由岐子《ゆきこ》選手の渾身の快投と金メダル……まぶたに焼きついたアスリートの姿を挙げれば、きりがない。それぞれの競技で打ち立てられた驚異的な記録という数字は、はるか遠い世界に属するものなのに、なぜか温かく、親しく感じられ、そっと掌に握りしめて寿《ことほ》ぎたくなった。

とても好きな小説の一場面がある。『我が友、スミス』（石田夏穂著　集英社）。二十九歳の女性会社員の「私」が筋トレに打ち込むうち、ひょんな成りゆきからフィジークの大会を目指すことになる。

「腕立て伏せの間、私の胸には奇妙な感慨が芽生えた。多幸感とでも言おうか、私は、自分は幸せだと感じたのである。気の済むまで、誰にも邪魔されず、自分の身体を鍛えられること。それだけの時間と、金と、環境と、平和と、健康な身体が、私の手中にはあること。つまり、私は例えようもなく自由だということ。この瞬間がどこまでも続けば、私は何も言うことはない。そうした多幸感が筋トレ中に湧き上がるのは、これまでにも何度かあった。何やら突然の悟りというか、天からの啓示のように、私は今の状況を、掛け替えのないものだと感じるのだ」

そうだ。腕立て伏せをする「私」に共感して、大きくうなずく。

早朝に公園の池のほとりを走っているときも、テレビの前で固唾《かたず》をのんで箱根駅伝の走りを凝視するときも、土曜日の朝、アシュタンガ・ヨガのクラスで深い呼吸ウジャイ・ブレスを繰り返すときも、海の向こうで大谷翔平選手が右腕を振り下ろして投げる百マイルに目を見張り、あるいは構えたバットを振り切って生み出す白球の美しい弧を追うときも、たぶん私は「奇妙な感慨」を手に入れている。

それを自由と呼ぶならば、フィールドに立つアスリートによってもたらされる一瞬、一瞬の孤独な自由には、いまここではないどこかに向かう解放の確かさがある。

それぞれの現在　（二〇二三年一月初旬現在・掲載順　敬称略）

一章「相撲とちゃんこ」

●押尾《おしお》川《がわ》親方（元関脇豪風《たけかぜ》・押尾川部屋師匠）

日本相撲協会所属、二《に》所《しょ》ノ関《せき》一門の相撲部屋を率いる。部屋の理念は「心技体の成長」。所属力士は、矢後《やご》、風賢央《かぜけんおう》、天風《あまかぜ》、飛燕力《ひえんりき》、床豪《とこごう》（床山）、錦風《にしきかぜ》（世話人）。

「後援会を立ち上げ、会員を対象としたイベントをもっと行っていきたい。コロナ禍中、イベントは控えざるをえなかったが、今後は力士と後援会、ファンとの交流をさらに深め、部屋を盛り立てようと構想を練っています。力士をスカウトし、部屋所属力士を増やし、良い稽古、良い食事などに努め、部屋を活気づかせたい」

●橋本玲子《はしもとれいこ》（管理栄養士・公認スポーツ栄養士）

二〇一九年、ラグビーワールドカップ２０１９栄養コンサルティング業務を担当。各国代表チームのメニューリクエストの監修と宿泊施設に向けてのアドバイス・研修を行う。

二〇二一年、埼玉県熊谷市にオープンしたラグビーパーク「さくらオーバルフォート」で、ラグビーチームや施設内の宿泊施設、飲食店などと連携しながら、スポーツをするこどもと保護者や、地域住民向けの健康プログラムの企画に携わる。

二〇二二年、地方自治体からの依頼で運動部活動を通じた食育や、リモートで働く外国人従業員向けの健康セミナーなどを手掛ける。

「人生一〇〇年時代。今後は、トップアスリートの栄養サポートで培ったノウハウを、より健康に、美しく、はつらつと過ごしたい〝人〟をサポートするために活かしていきたいと思います」

二章「プロレスと筋肉」

●小林邦昭《こばやしくにあき》（新日本プロレス　道場長）
引き続き、道場を率いて精力的に活動中。

「できるだけ健康で、長生きできればといったところですね」

●棚橋弘至《たなはしひろし》（新日本プロレス所属プロレスラー）
二〇二一年、当時新日本プロレスが管理する四大シングル王座全戴冠を達成。

二〇二二年、藤波辰爾《ふじなみたつみ》デビュー五十周年記念大会のメインイベントに出場し、勝利。七月、G1 CLIMAX32にエントリー、三連勝ののち三敗。出場した二十八選手のうち、もっとも多くメインイベントに出場した。

「怪我などもありましたが、一番大きな変化はコロナでした。プロレスで楽しんでもらえるよう、エネルギーを送り続けています。ここ二年、太ってしまい、みなさんに逸材ボディがお披露目できていません。目下、ダイエットの日々です。現在のもっとも大きな目標は、プロレスを楽しんでもらえる新しい環境をつくること、楽しい世の中にすることです」

●流《ながれ》智美《ともみ》（プロレス評論家）

二〇二二年、『新日本プロレス50年物語』（ベースボール・マガジン社）刊行。毎週水曜発売「週刊プロレス」のコラム執筆中。

二〇二三年二月に引退する武藤《むとう》敬司《けいじ》へ十時間インタビューを行い、引退記念として発売される六ディスクＤＶＤに収録予定。

「アメリカ『ＣＲＯＷＢＡＲ　ＰＲＥＳＳ』社からの依頼で、世界的なプロレス興行の中心地だったセントルイスのプロレス史について執筆中、二三年秋に発売予定です。アントニオ猪木さんについての執筆も構想中です」

三章「プロテインか、青汁か」

●石井《いしい》智宏《ともひろ》（新日本プロレス所属プロレスラー）

二〇二一年、ＮＥＶＥＲ無差別級王座に挑み、勝利。六度目の戴冠を果たし、同王座の最多戴冠記録を更新した。

二〇二二年、ＮＥＶＥＲ無差別級のリマッチなどに参戦。海外からのオファーが増え、世界的に活躍。

「年間百二十試合ほどに出場し、アメリカやイギリスなど海外での試合も多く行っています。一年間、なるべく怪我、病気にならないよう健康管理に気をつけています」

四章「サプリメントの発見」

●武《む》藤《とう》敬司《けいじ》（プロレスラー）

二〇二一年、プロレスリング・ノアに入団発表。ＧＨＣタッグ王座を獲得、メジャー三団体のシングル王座とタッグ王座を獲得。

二〇二二年、日本武道館での大会でＧＨＣタッグ王座初防衛ののち、左股関節唇損傷による長期欠場で王座返上。六月、引退発表。

二〇二三年二月二十一日、東京ドームでの引退試合が予定されている。

●桑原《くわばら》弘樹《ひろき》（「桑原塾」主宰）

二〇一八年より阪神タイガースのコンディショニングアドバイザー。「桑原塾」の活動の一環として、アスリートへの指導、一般向けの執筆やセミナー開催、サプリメントを中心に企業へのアドバイス、サプリメントやトレーニング分野の資格取得にも関わる。

「元気もりもりです。還暦を過ぎてからは上手な歳の重ね方を意識するようになりました。年相応の老化を人並みに味わっていますが（老眼、白髪、コレステロール、頻尿、疲労、更年期など）、骨格筋量だけは毎年わずかながらも過去最高を更新中です。コロナ禍一年目にジムが一時閉鎖になり大打撃に見舞われましたが、場所を間借りしてダンベルやバーベルを使ってしのぎました。長生きが目標というわけではありませんが、規格外の七十歳を目指したいので、七十という年齢を仮ゴールというイメージで生活を組み立て、ＡＴＰ産出や睡眠などを幅広く捉えるようになりました。筋肉を増やしたければ、内臓や骨や腱、血管、脳など、結局は身体全体が健康でなくてはできません」

●藤戸《ふじと》正彦《まさひこ》（ＧＯＬＤＥＮＴＩＭＥ合同会社代表・株式会社スポスタ常務執行役員・一般社団法人日本プロテイン協会アライアンス部長）

二〇一九年、江崎グリコ勤続三十年ののち、五十三歳で退社。スポーツに特化したベンチャー企業、株式会社スポスタに転職。幅広くアスリートのサポートに携わる。

二〇二〇年以降、日本プロテイン協会やアドバイザー等スポーツ関連八種類の「パラレルキャリア」として活動の幅を広げている。

「約二十年のグリコ・パワープロダクション時代の経験を活かし、スポーツキャリアでフル回転中です。自分自身が本当にやりたいことを追求しつつ、心・技・体が充実した状態で、まだまだ進化しながらエネルギーを発していきたい」

五章「筋トレとはなにか」

●石井《いしい》直方《なおかた》（東京大学名誉教授）

二〇二〇年三月、東京大学スポーツ先端科学研究拠点長・教授を定年退職。

二〇二二年七月まで定年特例により、社会連携講座の主任を務める。

「二〇二〇年に肝門部胆管がんに罹患し、手術、その後の再発を経て抗がん剤治療中です。現在、とりあえずがんとの闘いです」

●西村博一《にしむらひろかず》（新潮社「Ｆｏｒｓｉｇｈｔ」編集長）

「ジム通いは週三〜四回、『バッグには三種の神器』も変わりません。怪我が続き、もう年齢を認めようと思い、低重量・高ｒｅｐ中心のトレーニングに変えたところ、意外にＭＡＸが伸び始めました。この先は脚の強化が目標です。二十歳の頃に目をそむけたスクワットが弱いという現実に、五十歳を過ぎてようやく向き合う力を得ました」

●小林恒《こばやしこう》（弁護士）

ボディビル、フィジークの部門で全日本学生大会に出場。司法修習生を経て、二〇二二年十二月より弁護士。

「引退後は、週二回ほどトレーニングをしています。大会に出る予定はありませんが、トレーニングは継続できたらと思っています」

六章「脂肪と健康」

●西澤美幸《にしざわみゆき》（〈株〉タニタ開発部）

二〇二〇年、カシオ計算機とのコラボ製品「栄養士電卓」に内蔵する計算式の指定や選定、説明書・解説等監修。ダイエット＆エクササイズ指導の書籍の栄養部門を担当。

二〇二一年、ＴＡＮＩＴＡ ＦＩＴのアプリ「体型判定」の判定枠作成、講演やテレビ出演など。

二〇二二年、次世代ヘルスメーター「FRシリーズ」に関して、たんぱく質摂取量目標量の計算式作成、食品摂取量計算と表示アルゴリズム、体型判定アドバイスコメントなどの作成を担当。講演やシンポジウム登壇ほか、ビキニフィットネス日本チャンピオン・安井友梨の全日本&世界選手権に向けた体組成計測結果分析&栄養サポートを行う。

「少しでも自分が携わった商品が世に出ることは本当にうれしいことです。好奇心はまだまだ旺盛なつもりですが、世間が驚くような新しい発想のものは柔軟な若手にまかせ、今後は、『なにこれ、ちょっと面白い！』と思えて、その結果を楽しむことのできる身近な指標や機器のアルゴリズムをつくりたい。自身のからだや活動状況を楽しみながら、自分の特徴を好きになるようなポジティブなものがいいですね。『肥満』『太りすぎ』と言われると気分が下がってしまいますが、じつはそうした傾向のある人が、ある程度以上の年齢では免疫力もあって元気でいられる確率が高いとも言われています。常識と考えられていたこと、とっつきにくいと思われているものこそ、見る側の解釈を変えれば、おもしろく楽しい可能性が秘められているのではないか。とはいえ、マニアックな研究をするだけではなく、私が尊敬する恩師のように『あの人と会いたい、話をしたい』と思われるような研究者を目指しています」

●横田《よこた》洋子《ひろこ》（〈株〉タニタ　ブランディング推進部）

二〇二〇年、脂肪量や筋肉量などからだの厚みによる体格の個人差による計測値への影響を低減し、健康指標の正確性をより高めたハイスペックの家庭用体組成計四モデルを発売。

二〇二一年、タニタのヘルスメーターが国内累計販売台数一億台達成。

二〇二二年、次世代ヘルスメーター「ＦＲシリーズ」発売。東京・丸の内の「丸の内タニタ食堂」リニューアルオープン。

「取材以降もタニタのブランド戦略と広報業務に精力的に活動しています」

七章「見えないものを見る」

●吉《き》良《ら》文孝《ふみたか》（東長崎駅前内科クリニック院長）
通常の診療のほか、当院で行っている腸内洗浄やチネイザンをより広めるために活動をスタート。栄養指導にも力を入れるべく栄養士の雇用を進め、栄養指導を始めた。肝臓病などの治験にも協力、医療の発展へ力を注いでいる。

「コロナ禍が明けつつあるなか、遠方からの患者さんも増えてきています。今後は以前のように海外の方もお迎えしていきたいと思っています。原点回帰として、当初の理念に立ち返り、今後は栄養指導の枠を自費診療の部門でも行う予定です。栄養指導に力を入れるべく栄養士の雇用を進め、治験などへの協力も始めました。栄養士が複数在籍するようになったので、一般企業の方たちとも協業し、さまざまな事業を展開していきたいと思っています。児童福祉への参入も考えており、現在模索中です」

八章「『勝つ』ための栄養」

●鈴木《すずき》志《し》保子《ほこ》（神奈川県立保健福祉大学栄養学科長・公認スポーツ栄養士）
現職のほか、公益社団法人日本栄養士会副会長、一般社団法人日本スポーツ栄養協会理事長を歴任中。車いすバスケットボール、パラリンピック水泳、マツダ陸上競技部、ゴルファーなど多くのアスリートの栄養サポートを担当している。

「マツダ陸上部は、ニューイヤー駅伝優勝が目標です。スポーツ栄養サポート以外の仕事も多くなり、私にしかできないことを考えて活動することを心がけています。スポーツの現場以外に、子どもや妊娠・出産・更年期へのサポートを本格的にやってみたい。『栄養』はほんとうに魅力的で、探求心はどんどん強まっています。すべてのひとに『パフォーマンスを、栄養で、マネジメントする』を広めたい」

●増田《ますだ》陽一《よういち》（マツダ陸上競技部監督）
二〇二三年一月、ニューイヤー駅伝二十二位（四時間五五分三九秒）。

「スタッフ体制の見直しにより、栄養サポートの大部分をチーム内で担い、さらにタイムリーかつ、きめ細やかなサポートを実施しています。鈴木志保子先生によるサポートは、引き続き年二回の食事調査と個別指導を継続していただいています。少しずつ選手の知識が向上し、故障や貧血で苦労する選手が少なくなり、チームとして栄養についての土台（基礎）が少しずつ構築されてきました。とくに向晃平《むかいこうへい》・定方駿《さだかたしゅん》については成長著しく、チームの主力として活躍を期待しています。日本代表選手の育成、ニューイヤー駅伝五位を目標に定めています。数年後には戦力を整えて駅伝日本一にチャレンジしたい」

●延藤潤《のぶとうじゅん》（マツダ陸上競技部選手・主将）

二〇二〇年十二月、日本選手権に出場、自己ベストを記録。

二〇二一年一月、ニューイヤー駅伝出場するが、アキレス腱炎症が悪化。陸上引退も考えたが、治療を経て十月にスピード練習復帰。

二〇二二年一月、ニューイヤー駅伝で最長区間の四区を走り、区間十一位。大阪マラソン初挑戦、二時間一三分一七秒。膝の故障を経て、ジョグを再開する。

二〇二三年一月、ニューイヤー駅伝で四区を走り、区間二十四位。

「ここ二年は故障続き。年齢的にも若くはなく、より一層自分の身体を気遣う必要性を感じています。練習不足でスピードやスピード持久力にやや不安があるので、いかに戻していくかが今後の課題。ニューイヤー駅伝四区とマラソンへのリベンジのため、走り込みに重きを置きつつ、スピードの質を上げています。目標は、ニューイヤー駅伝で四区区間賞／東京マラソン三位以内、二時間七分切りです」

●山本憲二《やまもとけんじ》（マツダ陸上競技部選手）

二〇一九年、びわ湖毎日マラソンで自己ベストを更新する二時間〇八分四二秒を記録、日本人トップ七位。東京オリンピックマラソン日本代表選考会（ＭＧＣ）で十六位。

二〇二二年、大阪マラソンで自己記録を更新（二時間〇八分三八秒）。トラック競技、駅伝、マラソンの大会に出場中。

二〇二三年一月、ニューイヤー駅伝補欠。

「第一線で楽しく競技を続けています。チームでは、ニューイヤー駅伝五位入賞を目標にしています。個人では、ＭＧＣ（マラソングランドチャンピオンシップ）出場権の獲得、マラソンでパリ五輪日本代表を目指し日々練習に励んでいます」

●圓井《つむらい》彰彦《あきひこ》（マツダ陸上競技部コーチ）

二〇二〇年、現役引退。現在、マツダ陸上競技部コーチ。

「現役時代、鈴木志保子先生から伝授された栄養の知識を用いて指導をしています。選手の栄養面の課題に対しては、鈴木先生と連携を取りながら各選手に見合った解決方法を検討し、改善を図ることで競技力向上に繋げています。チーム目標として、ニューイヤー駅伝で五位を掲げています」

●中村《なかむら》丁次《ていじ》（神奈川県立保健福祉大学学長）

二〇二一年、「東京栄養サミット２０２１」に参加。

二〇二二年八月、横浜にてアジア栄養士会議（The 8th Asian Congress of Dietetics; ACD2022）をリアルで主催、千三百人が参加。十一月、「食の新潟国際賞」で大賞を受賞。

「新型コロナによるパンデミック、ウクライナ危機や台湾問題による国際関係の緊張、さらに経済の停滞が重なり、世界の栄養問題は深刻化しています。とくにアジアは、急速な経済的発展により、飢餓と肥満が共存する栄養不良の二重負荷が顕著に現れ始めている。『アジア栄養士会議』では、アジアの人々が連携、協働して栄養不良の撲滅に取り組むことを約束した『横浜栄養宣言』を採択しました。学長として大学改革に取り組むと同時に、今後は、日本の栄養改善百年の経験を活かし、『栄養の力で人々を健康で幸せにする』活動を世界で展開することを目標にしています」

九章「アスリートを支える食のプロフェッショナルたち」

●石川《いしかわ》真《ま》由美《ゆみ》（ＬＥＯＣ管理栄養士）

現在、トップチームの選手、スタッフ約六十名分、下部組織（横浜ＦＣユース、ジュニアユース）の選手約百名分の献立作成と食事の提供を行う。選手向けのレシピ紹介や横浜ＦＣパートナー企業への食育セミナー、近隣小学校での調理実習なども実施。

「二〇二二年十月前半、自動昇格・優勝が決まるか、という状態で、トップチーム優先の運営。昇格前の期間は、食堂でも選手の緊張感が伝わってきましたが、選手から試合前に食べる食事へリクエストをもらうなど、食からも勝ちへの姿勢が感じられました。私と事業所スタッフは、選手からのリクエストに答えつつ、どんなときも冷静に、平常心を保ちながらいつも通り仕事に取り組んでいました」

●関根《せきね》豊子《とよこ》（ＬＥＯＣスポーツ栄養事業企画部）

二〇二二年、横浜ＦＣクラブハウスでの食事提供以外の食環境整備等をおこなう「栄養サポート専任の管理栄養士」を配置。他チームや選手個人からの栄養サポート依頼が増え、スポーツ栄養事業企画部配属のスタッフを増員。スポーツ栄養セミナーのほか、パーソナル栄養サポートでは、個人の特性や競技などに合わせた分析・アドバイスをおこなう。

「コロナ禍を経て、徐々に合宿や遠征への帯同もできるようになり、選手の喫食状況や身体、プレー中の動きを確認するなど、やっと以前のサポート内容に戻りつつあります。アスリートへの栄養サポート活動は、シニア世代やリハビリ患者にも応用できるとの理解が社内で広まり、高齢者施設など他業態担当の管理栄養士からの問い合わせや協力依頼を多くいただくようになりました。先輩管理栄養士としては、新人・若手に『食の専門家』としての意義、仕事のむずかしさとおもしろさを伝えていきたい」

●吉村《よしむら》俊亮《しゅんすけ》（管理栄養士・スポーツ栄養専門会社「〈株〉ＡＮＤ－Ｕ」代表取締役）

「現地で栄養管理から食事サポートをおこなうよう選手契約、チームの選手寮などでの大量調理をおこなう契約が増え、プロ選手からアマチュア選手まで多くのアスリートの食事・栄養サポートを引き受けています。また、自社アプリを活用した遠隔での栄養サポートも始め、様々なサポートの形を作っていっています。今後は、より多くの方々に、それぞれに合わせたサポートを提案しながら、『スポーツ栄養を当たり前に取り組む世界』を目指して精進したい」

●大八《おおや》木《ぎ》京子《きょうこ》（駒澤大学陸上競技部所属栄養士・寮母）

二〇二二年、箱根駅伝第三位（一〇時間五四分五七秒）、出雲駅伝優勝（二時間〇八分三二秒）。全日本大学駅伝優勝（五時間〇六分四七秒）。

二〇二三年一月、箱根駅伝第一位（一〇時間四七分一一秒）、同一年度の大学駅伝三冠達成。

「チームの目標が、大学駅伝（出雲駅伝、全日本大学駅伝、箱根駅伝）三冠です。選手たちが駅伝やレースでベストパフォーマンスができるように、栄養面でできる限りのサポートをしていきたいと思っています」

●藤田《ふじた》敦史《あつし》（駒澤大学陸上競技部ヘッドコーチ、次期監督就任）

「チームを強化していくための補佐役として、学生に寄り添いながら、ともに学生の目標達成へと向かって歩んできました。監督から学ぶことはとても多く、自身の指導者としての経験を積み重ねていくことに変わりはありませんが、まだまだ未熟な部分があり、引き続き監督から多くのことを学んでいきたいと思います」

十章「弱さとスポーツ」

●新谷《にいや》仁美《ひとみ》（陸上競技選手）

二〇二二年よりマラソンにも取り組み、三月、東京マラソンに出場、二時間二一分一七秒で、日本人二位。十一月、東日本女子駅伝に出場、最終九区を走り逆転、東京代表を優勝に導く。十一月、クイーンズ駅伝（全日本実業団対抗女子駅伝）出場、三区区間賞を獲得。

二〇二三年一月、ヒューストンマラソン出場予定。

「マラソン日本記録更新を目指してトレーニングを行っています。ヒューストンマラソンでのマラソン日本記録更新を目指しています」

●尾《お》﨑《ざき》理《り》恵《え》（東京都立東部地域病院婦人科医師）

二〇二二年四月より、順天堂大学非常勤講師、東部地域病院で婦人科医として勤務。

「婦人科医としての仕事を継続しながら、女性アスリートに対する診療も再開したいと考えています。そのなかで、スポーツをする全女性に対するメディカルチェックの実践、またアスリートとその家族、指導者に対する正しい知識の普及活動を続けていきたい」

●小磯《こいそ》典子《のりこ》（バスケットボール講師・カウンセラー）
現在、ふぁいぶるクラブ春日部、越谷アルファーズ、久喜高校バスケ部、ファイヤーワークス久喜校、ファイヤーワークス幸手校、蓮田市バスケットボール連盟、埼玉ワイルドベアーズでスクール講師。春日部ロータリークラブで奉仕活動部門の副部長を務める。

「新しい出会いに恵まれ、やりがいのある日々を送っています。まだ女子バスケの試合を見るのはむずかしいですが、仕事上必要であれば見られるようになってきました。Ｂ２のバスケット、男子プロリーグのアカデミーでスクールを行っていますが、クラブチームにすることを目標にしていきます。児童虐待をなくすための活動にも尽力していきたい」

おわりに

早朝四時半から五時のあいだに起きるのは長年の習慣だが、冬場になると、布団のなかで小一時間ほどぬくぬくと本を読んで過ごしがちだ。でも、この冬の極楽を続けていると確実に身体が重くなるので、十二月に入って一念発起し、まだ暗い六時前に外へ出た。

表に出ると冷気圏内に突入してぶるっとくるのだが、五分、十分も走ると身体の内側にぽっと熱が灯る。しだいに熱が広がってゆくのを感じながら、ああ筋肉が動き出した、と思う。このリアルな感覚が忘れられないのか、身体と脳がしきりに「気持ちいいよ」と誘いをかけてくるので、また翌朝、もぞもぞとトレーニングウエアに着替える。往復五キロ、折り返し地点で、善福寺公園の池の水面を眺めながらスクワット二十回、たまに三十回。家に戻る頃には汗だくで、全身がぽかぽかと火照《ほて》っている。

これが、私の「現在」の日常のなかの小さな一場面だ。

自分の身体が熱を放出する実感が忘れられないのかもしれない。小学校のとき参加していた水泳の〝特別練習〟で、プールサイドに立つ監督教師から「全員、五十メートルをダッシュで四本」と声が掛かったときは恐怖と緊張に震えた。ところが、チームメイトに何度も抜かれながら四本を泳ぎ終えて息も絶え絶えになり、生きた心地がしないのに、自分にも完遂できたうれしさと達成感が芽生えている。あのときの喜びの余波が細胞のどこかに棲《す》んでいるのだろうか。とはいえ、自分の身体をうまく使えていない感覚も、何十年経っても拭えない。

私自身の「現在」として、一九年以降に刊行した書籍を挙げる。

二〇一九年　『忘れない味』（講談社）
二〇二〇年　『肉とすっぽん』（文藝春秋）
二〇二一年　『遺したい味　わたしの東京、わたしの京都』（共著者・姜尚美　淡交社）
　　　　　　『父のビスコ』（小学館）
二〇二二年　『おあげさん』（ＰＡＲＣＯ出版）
　　　　　　『パセリカレーの立ち話』（プレジデント社）

そのほか、文庫本八冊。新聞や週刊誌、雑誌の連載。いずれにも全力を注いでいるつもりだが、うまくいったときも、うまくいかなかったときもある（書籍が売れたり、売れなかったり、という意味だ）。はかばかしい成果が出なかったときは、自分の力不足がひたすら情けなく、なにより一冊に関わった編集者を始めとする仕事仲間に対して申し訳が立たず肩身が狭い。執筆から刊行まで、出版もまた、チーム一丸となって挑む仕事である。消え入りたい感情に襲われるときもあるけれど、でも、このまま下を向いていたら書いていけない、生きていけないと思い直す。

スポーツのさまざまな場面で、敗者あるいは勝者に感情移入してひどく心を揺さぶられることがある。たんなる熱狂ではない。それは、だれもが味わう人生の苦楽や浮き沈みをアスリートのむきだしの姿に投影するからだ。二二年十一〜十二月、カタールで開催されたＦＩＦＡワールドカップでの日本代表チームの試合。対ドイツ、二―一で勝利。対コスタリカ、〇―一で敗戦。対スペイン、二―一で勝利。対クロアチア、一―一（ＰＫ一―三）で決勝トーナメント敗退。七大会連続出場のワールドカップで目指した「新しい景色」を見ることはできなかったけれど、「サッカーの試合は人生そのもの」と言われる以上に、フィールドを走る選手たちの一挙手一投足には破格の熱量と感情があり、いつまでも残像が消えない。いっぽう、カタール招致をめぐる汚職や会場建設現場での劣悪な労働環境について報道され、おなじように談合や汚職事件がぞろぞろと明るみに出る東京オリンピックの内情は、このまま札幌での二〇三〇年冬季オリンピックの招致計画を進めていいのかと懸念するほど杜撰《ずさん》なものだった。スポーツは人生の縮図を描き出すが、善くも悪くも社会の縮図を背負う一面がある。

コロナ禍をすっぽり含んだ格好の五年間を経て、ようやく『ルポ　筋肉と脂肪　アスリートに訊け』と題した一冊を編むことができた。まず、アスリートを始め、取材に応じてご協力くださった諸氏に心より感謝申し上げます。

「ルポ」つまりルポルタージュと明記したのは、本書が、スポーツの現場で生み出された貴重な肉声と言葉によって成り立っているからだ。毎回、立てたテーマの柱に沿って手探りで構想し、

このひとにしか聞けない言葉があるはずだと思い定めて会いに行くと、果たして、覚醒を促される示唆や見解、あるいは後日「そういう意味だったのか」と気づかされるオリジナルな言葉や視線や空気がさまざまにあった。また、「筋肉」「脂肪」は、身体を形成するうえで生理的な役割を担うとともに、とかく意識にも介入しがちな、扱いようによってはややこしい存在でもあるとわかってくる。身体をめぐって浮上する有形無形のことがらを数珠《じゅず》繋《つな》ぎにし、さまざまに縒《よ》り合わせながら、しだいに確信していった――アスリートには、自分だけが知る身体の声がある。発せられた声の価値を、その意味を、少しでも汲み取れていたらと願うばかりだ。もちろん、文責はすべて筆者である私にある。

執筆のスタートは「小説新潮」での連載だった。同誌編集長・西麻沙子、単行本化にあたっての担当編集者・田中範央、両氏に感謝申し上げる。すべての取材に同行、意見を交わし合いながら的確な助言を授かり、終始大きな支えと励ましをいただいた。入念なファクト・チェックをしてくださった校閲担当の方々、装幀によって本書に息を吹き込んでくださった装幀室・望月玲子、そのほか関係各氏にも感謝したい。

この五年間のうちに父と母が相次いで世を去った。永訣《えいけつ》の場で、かさかさと白く、まだ熱い骨を拾って壺に収めながら、たったいま、いよいよ肉体を手放し切った父や母の安堵《あんど》や安寧について馳せた想いは、予想もしない感情だった。晩年、つらかった不調や苦渋のおおもとになった身体からの解放。温かな骨壺を抱くと、不意に強烈な実感が湧き上がってきた。受け取った骨壺を胸に抱えて歩いている自分の筋肉や脂肪や内臓や、つまり動く身体そのものが、私という人間が

生きている証なのだった。父のときも、母のときも、おなじ想念がやってきた。

いっぽう、明らかに自分の身体なのに、いつもどこか御《ぎょ》しきれない他人行儀な感覚もある。生ある限り、身体から離れては生きていけない。私はいつか、身体にたいするぎくしゃくとした距離を埋めることがあるだろうか。

本書を手に取り、ページをめくって下さった読者の方々に心から感謝申し上げます。

二〇二三年一月　平松洋子

主要参考文献

『内臓とこころ』三木成夫著（河出文庫）
『生命とリズム』三木成夫著（河出文庫）
『エビデンスに基づく競技別・対象別スポーツ栄養』髙田和子・田口素子編著（建帛社）
『スポーツ栄養学』寺田新著（東京大学出版会）
『古武術に学ぶ身体操法』甲野善紀著（岩波現代文庫）
『身体能力を高める「和の所作」』安田登著（ちくま文庫）
『ジョコビッチの生まれ変わる食事』ノバク・ジョコビッチ著／タカ大丸訳（扶桑社）
『臨床栄養』vol.134（医歯薬出版株式会社）
『私、プロレスの味方です』村松友視著（情報センター出版局）
『真説・長州力　１９５１－２０１８』田崎健太著（集英社文庫）
『スポーツ栄養学　最新理論』寺田新著（市村出版）
『新しい筋トレと栄養の教科書』岡田隆・上村香久子著（池田書店）
『現代思想』二〇〇二年二月臨時増刊「総特集プロレス」（青土社）
『「プロレス」という文化』岡村正史著（ミネルヴァ書房）
『パパはわるものチャンピオン』板橋雅弘作／吉田尚令絵（岩崎書店）
『２０１１年の棚橋弘至と中邑真輔』柳澤健著（文藝春秋）
『レスラーめし』大坪ケムタ著（ワニブックス）
『Number981』「プロレス総選挙ＴＨＥ　ＦＩＮＡＬ」（文藝春秋）
『石井直方の筋肉の科学』石井直方著（ベースボール・マガジン社）
『筋肉強化の教科書』石井直方・柏口新二・髙西文利著（東京大学出版会）
『さよならムーンサルトプレス　武藤敬司35年の全記録』福留崇広著（イースト・プレス）

『武藤敬司自叙伝』武藤敬司著（経済界）
『Newton別冊　筋肉と技の科学知識』（ニュートンプレス）
『Newton別冊　人体の取扱説明書』（ニュートンプレス）
『薬がみえる　vol.1　第2版』医療情報科学研究所（メディックメディア）
『学研の図鑑　キン肉マン「超人」』（学研）
『果てなき渇望』増田晶文著（草思社）
『桑原流　カラダづくりの鉄則』総合監修・桑原弘樹（枻出版社）
『身体の聲』光岡英稔著（ＰＨＰ研究所）
『脱・筋トレ思考』平尾剛著（ミシマ社）
『タニタ75年、成長の軌跡』（社史）
『タニタの働き方革命』谷田千里・株式会社タニタ編（日本経済新聞出版社）
『土と内臓』デイビッド・モントゴメリー、アン・ビクレー著／片岡夏実訳（築地書館）
『腸と森の「土」を育てる』桐村里紗著（光文社新書）
『内臓が生み出す心』西原克成著（ＮＨＫブックス）
『理論と実践　スポーツ栄養学』鈴木志保子著（日本文芸社）
『基礎から学ぶ！　スポーツ栄養学』鈴木志保子著（ベースボール・マガジン社）
『スポーツ栄養マネジメント』鈴木志保子著（日本医療企画）
『食べかた上手　食を変えて100歳まで生きる』中村丁次著（幻冬舎）
『臨床栄養学者　中村丁次が紐解く　ジャパン・ニュートリション』中村丁次著（第一出版）
『食生活論』細谷憲政・難波三郎・花村満豊・藤澤良知著（第一出版）
『心が震えるか、否か。』香川真司・ミムラユウスケ構成（幻冬舎）
『スポーツする人の栄養・食事学』樋口満著（集英社新書）
『駒大陸上部の勝負めし』大八木京子監修（枻出版社）

『戦士の食卓』落合博満著（岩波書店）
『鉄人中澤佑二の食トレ』中澤佑二著（ダイヤモンド社）
『ダイエット幻想』磯野真穂著（ちくまプリマー新書）
『ほんとうのランニング』マイク・スピーノ著／近藤隆文訳（木星社）
『みんなの当事者研究』熊谷晋一郎編（金剛出版）
『第2回日本筋学会学術集会　プログラム・抄録集』（第二回日本筋学会学術集会事務局）
「Biochemical and Biophysical Research Communications」Vol. 480, No. 4（エストロゲンは雌のマウスの骨格筋においてミトコンドリア脱共役タンパク質3のレギュレーションに加え運動持久力を調節する）Saki Nagai, Kazuhiro Ikeda, Kuniko Horie-Inoue, Sachiko Shiba, Saya Nagasawa, Satoru Takeda, Satoshi Inoue
『「女子」の時代！』馬場伸彦・池田太臣編著（青弓社）
『絶対やせるミコのカロリーＢＯＯＫ』弘田三枝子著（集団形星）
『我が友、スミス』石田夏穂著（集英社）
『日本人の食事摂取基準２０２０年版』（第一出版）

初出　小説新潮
二〇一九年三月号、五月号、七月号、九月号、十一月号
二〇二〇年一月号、三月号、八月号
二〇二一年二月号、八月号、九月号
二〇二二年六月号

単行本化に際して大幅に加筆修正をほどこし、あらたに構成し直しています。

なお、組織の部署名や肩書き等は、注記した箇所以外、インタビュー当時のもので、文中の敬称は省略しています。

ルポ　筋肉《きんにく》と脂肪《しぼう》　アスリートに訊《き》け

発　行　二〇二三年　一　月二〇日

著　者　平《ひら》松《まつ》洋《よう》子《こ》

発行者　佐藤隆信

発行所　株式会社新潮社

〒一六二-八七一一　東京都新宿区矢来町七一

電話　編集部(〇三)三二六六-五四一一　読者係(〇三)三二六六-五一一一

https://www.shinchosha.co.jp

乱丁・落丁本は、ご面倒ですが小社読者係宛お送り下さい。
送料小社負担にてお取替えいたします。

価格はカバーに表示してあります。

 ISBN978-4-10-306475-6 C0095

装　幀　新潮社装幀室

印刷所　大日本印刷株式会社

製本所　大口製本印刷株式会社